Erfolgsfaktoren und Auswirkungen der Kooperation von Controllerbereich und Interner Revision

Controlling & Business Accounting

Herausgegeben von Barbara E. Weißenberger

Band 9

PL ACADEMIC RESEARCH

Martin A. Binner

Erfolgsfaktoren und Auswirkungen der Kooperation von Controllerbereich und Interner Revision

Eine empirische Untersuchung deutscher Unternehmen

PL ACADEMIC RESEARCH

Bibliografische Information der Deutschen Nationalbibliothek
Die Deutsche Nationalbibliothek verzeichnet diese Publikation in der Deutschen Nationalbibliografie; detaillierte bibliografische Daten sind im Internet über http://dnb.d-nb.de abrufbar.

Zugl.: Gießen, Univ., Diss., 2012

Gedruckt auf alterungsbeständigem,
säurefreiem Papier.

D 26
ISSN 1867-304X
ISBN 978-3-631-64073-9

PL Academic Research ist ein Imprint der Peter Lang GmbH

www.peterlang.de

Geleitwort

Innerhalb der betrieblichen Finanzfunktionen nehmen Controllerbereich und Interne Revision für sich jeweils eine bedeutsame Rolle ein, allerdings mit unterschiedlichem Fokus. Während es die Aufgabe des Controllerbereichs ist, den Management-Prozess der Zielbildung, Planung und Steuerung durch geeignete Informationen zu unterstützen, stellt die Interne Revision vor allem auf die Prüfung unternehmensinterner Prozesse und Aktivitäten ab. Allerdings ergeben sich wichtige Schnittstellen, die sich insbesondere auf die Frage der zielführenden Gestaltung von Managementprozessen beziehen. Beide Funktionsträger sammeln im Rahmen ihrer Aktivitäten nämlich Informationen und Methodenwissen, das nicht nur substitutiv, sondern auch komplementär für die Optimierung von internen Prozessen verwendet werden kann.

Vor diesem Hintergrund setzt sich seit den 1970er Jahren ein breiter Literaturstrang mit der konzeptionellen Ausgestaltung und den möglichen Auswirkungen einer Kooperation von Controllerbereich und Interner Revision auseinander. Eine erste großzahlige Untersuchung von Birl (2007) stellt vor allem auf die Effekte bezüglich der Controllerarbeit ab und belegt positive Wirkungen zumindest bezogen auf die Rationalitätssicherungsdimension. Allerdings liegen noch eine Reihe von Forschungsdefiziten vor, die Martin Binner in seiner Dissertationsschrift ebenfalls empirisch im Rahmen einer großzahligen fragebogengestützten Erhebung adressiert. Im Einzelnen sind dies die folgenden Fragestellungen:

1. Worin bestehen wesentliche Erfolgsfaktoren der Kooperation von Controllerbereich und Interner Revision?

2. Wie wirkt sich die Kooperation auf die Qualität der Controllerarbeit bzw. der Aktionsfelder innerhalb der Internen Revision aus?

3. Gibt es Unterschiede zwischen Controllerbereich und Interner Revision bezüglich der Beurteilung einer erfolgreichen Zusammenarbeit?

Die Ergebnisse von Martin Binner sind für Praktiker wie auch für Wissenschaftler spannend: Sowohl in Controllerbereich als auch in der Internen Revision sind Kooperationsmotivation, der Umfang der ausgetauschten Informationen, die informelle Interaktion der Mitarbeiter und auch die Stabilität der Zusammenarbeit maßgebliche Einflussfaktoren auf den Kooperationserfolg. Erfolg in der Kooperation aber wirkt sich in beiden Bereichen positiv auf die jeweiligen Arbeitsfelder aus. Das Fazit liegt auf der Hand: Es lohnt sich, in die Kooperation von Controllerbereich und interner Revision zu investieren.

Die vorliegende Dissertationsschrift ist als fundierte Lektüre für einen breiten Leserkreis zu empfehlen und ich wünsche ihr die verdiente Aufnahme in der Community.

Gießen, im Dezember 2012

Univ.-Prof. Dr. Barbara E. Weißenberger

Vorwort

Controllerbereich und Interner Revision werden im Rahmen einer effizienten Unternehmenssteuerung und -überwachung in Forschung und Praxis getrennt voneinander zentrale Rollen beigemessen. Obwohl Führungskräfte, Kapitalgeber und Regulatoren in jüngerer Vergangenheit immer höhere Anforderungen an die Effizienz und Effektivität von Controllerbereich und Interner Revision stellten, blieb ihr Kooperationspotenzials weitgehend unbeachtet.

Die Arbeit verfolgt das Ziel, den Kenntnisstand dieses Kooperationspotenzial zu erweitern, praxisrelevante Handlungsempfehlungen zu erarbeiten, die zu einer verbesserten Zusammenarbeit zwischen Controllerbereich und Interner Revision beitragen und dabei sach-analytische mit empirischer Forschung zu verbinden.

Die Dissertation entstand berufsbegleitend während meiner Zeit als externer Doktorand an der Professur für Controlling und integrierte Rechnungslegung der Universität Gießen. Ich möchte dieses Vorwort dazu nutzen, denjenigen Personen zu danken, die zum Gelingen dieser Arbeit beigetragen haben.

Frau Prof. Dr. Barbara E. Weißenberger danke ich für ihre Unterstützung als akademische Lehrerin. Ihre wertvollen Anregungen sowie ihre jahrelange und motivierende Betreuung haben maßgeblich zum erfolgreichen Abschluss dieses Dissertationsvorhabens beigetragen. Mein Dank gilt zudem Herrn Prof. Dr. Axel C. Schwickert für die Übernahme des Korreferats der Arbeit.

Ferner möchte ich mich bei allen Teilnehmern der Doktorandenkolloquien und Mitgliedern der Professur für die offenen und konstruktiven Diskussionen bedanken.

Abschließend danke ich meiner Familie für die jahrelange Unterstützung während der Erstellung der Arbeit. Mein besonderer Dank gilt dabei meiner Verlobten Tatjana Heinrich, die mich unablässig in meinem Vorhaben bestärkte und dabei oftmals auf gemeinsame Zeit verzichten musste.

Martin A. Binner

Inhaltsverzeichnis

Abbildungsverzeichnis

Tabellenverzeichnis

Abkürzungsverzeichnis

Abs. .... Absatz
AktG .... Aktiengesetz
BaFin .... Bundesanstalt für Finanzdienstleistungsaufsicht
bspw. .... beispielsweise
bzw. .... Beziehungsweise
COSO .... Committee of Sponsoring Organizations of the Treadway Commission
d.h. .... das heißt
DEV .... Durchschnittlich erfasste Varianz
DIIR .... Deutsches Institut für Interner Revision e.V.
ECIIA .... European Confederation of Institutes of Internal Auditing
e.V. .... eingetragener Verein
emp. .... empirisch
et al. .... et alii
etc. .... et cetera
F&E .... Forschung & Entwicklung
f. .... folgende
ff. .... fortfolgende
Fla. .... Florida
GFI .... Goodness of Fit Index
ggf. .... gegebenenfalls
Hrsg. .... Herausgeber

i.d.R. .... in der Regel

i.S.d. .... im Sinne der/des

IGC .... International Group of Controlling

IFRS .... International Financial Reporting Standard(s)

IIA .... Institute of Internal Auditors

IIR .... Institut für Interne Revision

IKS .... Internes Kontrollsystem

Inc. .... Incorporated

KWG .... Kreditwesengesetz

Korr .... Korrelation

LISREL .... Linear Structural Relations

LV .... latente Variable

MaRisk .... Mindestanforderungen an das Risikomanagement

MIMIC .... Multiple Indicators, Multiple Cause

MW .... Mittelwert(e)

n.s. .... nicht signifikant

Nr. .... Nummer

O.-Prüfung .... Ordnungsmäßigkeitsprüfung

PLS .... Partial Least Squares

quadr. .... quadriert

R.-Prüfung .... Risikoprüfung

S. .... Seite

SA .... Standardabweichung

sog. .... sogenannt

u.a. .... unter anderem

vgl. .... vergleiche

Vol. .... Volume

vs. .... versus

W.-Prüfung .... Wirtschaftlichkeitsprüfung

z.B...................... zum Beispiel

ZIR..................... Zeitschrift für Interne Revision

A Einleitung

„Du hast das nicht, was andre haben,

Und andern mangeln deine Gaben.

Aus dieser Unvollkommenheit

Entspringet die Geselligkeit."

Christian Fürchtegott Gellert. †1769, „Der Blinde und der Lahme"

1 Problemstellung

Zwar treffen mit dem Controllerbereich und der Internen Revision in dieser Untersuchung weder ein Blinder noch ein Lahmer aufeinander, es verbleibt jedoch die interessante Frage, ob der gemeinsame Einsatz ihrer unterschiedlicher Fähigkeiten es ihnen in ähnlicher Weise ermöglicht, einander zu mehr befähigen, als der Einzelne zu leisten im Stande ist.

Es wäre ihnen zu wünschen, denn ihr Umfeld hat sich in den letzten Jahren wesentlich verändert. Zunehmende Globalisierung und steigende Marktdynamik gehen einher mit erhöhtem Wettbewerbsdruck und gestiegenen Anforderungen von Kapitalgebern und Regulatoren. Dabei wird Unternehmen gleichzeitig eine erhöhte Leistungs- und Anpassungsfähigkeit sowie eine verstärkte Nutzung von unternehmensexternen wie -internen Synergien abverlangt.[1] Wenn Controllerbereich und Interne Revision die Unternehmensführung in diesem Umfeld weiterhin unterstützen wollen, müssen sie sich dieser Entwicklung anpassen.[2]

Effizienz ist hierfür eine notwendige, aber für sich allein nicht hinreichende Bedingung; erst durch ihre Verbindung mit Effektivität stellt sich ein langfristiger Unternehmenserfolg ein.[3] Gemeinsam gewährleisten sie, dass Ressourcen innerhalb eines Unternehmens sowohl sparsam als auch zielführend eingesetzt

---

1 Vgl. North (2005), S. 71, Lachnit/Müller (2006), S. 1, Jung (2007), S. 3, Weißenberger (2007), S. 25f.. Weber (2008), S. 36 sowie Siebert (2010), S. 7

2 Vgl. Jung (2010), S. 3 sowie Weber (2008), S. 37.

3 Vgl. Thompson/Frank (2005), S. 751 sowie Gladen (2008), S. 201.

werden.[4] Diese Forderung beschränkt sich nicht nur auf die Unternehmensebene, sondern richtet sich auch an die einzelnen Funktionsbereiche innerhalb eines Unternehmens.[5]

Zur Gewährleistung von Effizienz und Effektivität bedarf es einer entsprechenden Steuerung und Überwachung der Unternehmenstätigkeit. Die Steuerungs- bzw. Überwachungsorgane stellen hierbei sicher, dass die einzelnen Funktionsbereiche die Effizienz- und Effektivitätskriterien des Unternehmens erfüllen; dieser Aufgabe können sie jedoch nur dann gerecht werden, wenn auch ihre eigenen Aktivitäten diesen Ansprüchen gerecht werden. Controllerbereich und Interner Revision kommt dabei eine wichtige Rolle zu, da sie im Rahmen der Unternehmenssteuerung und -überwachung einen zentralen Beitrag leisten.[6] Eine Steigerung ihrer Leistungsfähigkeit geht mit einer Förderung der Effizienz und Effektivität in allen anderen Unternehmensbereichen einher.[7]

Bei näherer Betrachtung zeigt sich jedoch auch, dass sich Controllerbereich und Interne Revision einer Vielzahl von Herausforderungen gegenüber sehen, welche die Verwirklichung eigener Effizienz- und Effektivitätspotenziale erschweren.

Die Probleme, die sich dem Controllerbereich stellen, reichen von der kontinuierlichen Anpassung des eigenen Rollenverständnisses als kompetenter Dienstleister der Unternehmensführung[8], der ressourcenintensiven Erfüllung von Anforderungen der IFRS und des Sarbanes-Oxley-Acts[9] bis hin zur notwendigen Integration des internen und externen Rechnungswesens.[10] Zudem wird ein zunehmender Teil der Ressourcen des Controllerbereichs durch die steigende

---

4 Vgl. Gladen (2008), S. 201f. sowie Siebert (2010), S. 24.

5 Vgl. Staats (2009), S. 29.

6 Vgl. Peemöller (1995), S. 1250 Freidank/Paetzmann (2004), S. 1, vgl. Freidank/Velte (2007), S. 737f. sowie Eberl/Hachmeister (2007), S. 317f.

7 Vgl. Lück/Henke/Hunecke (2000), S. 32, Dyckhoff/Ahn (2002), S. 116., Heese (2006), S. 65 sowie Berwanger/Kullmann (2008), S. 79.

8 Vgl. Weber (2008), S. 15.

9 Vgl. Weißenberger (2007), S. 374.

10 Vgl. Weißenberger (2006), S.75 sowie Weißenberger (2007), S. 44.

Nachfrage nach internen Beratungsleistungen gebunden, was den Rationalisierungsbedarf innerhalb der eigenen Prozesse zusätzlich erhöht.[11]

Diese Entwicklung zeigt, dass der Controllerbereich, der vormals die Effizienz und Effektivität anderer Unternehmensbereiche hinterfragte, sich heute selbst den ‚Spiegel' vorhalten muss.[12] Die Zielsetzung des Controllerbereichs muss es demnach sein, sich als leistungsstarke und schlanke Unterstützungsfunktion der Unternehmensführung zu behaupten und dabei Synergiepotenziale und mögliche Effizienzvorteile zu nutzen und auszubauen.[13] Damit stellt sich weiterhin die Frage, ob der Controllerbereich zur Erreichung dieser Ziele in Ergänzung seiner eigenen Bemühungen und in Ermangelung freier Kapazitäten nicht in Kooperation mit anderen Unternehmensbereichen treten sollte, um sich selbst zu entlasten und einen zusätzlichen Nutzen aus den speziellen Fähigkeiten seiner Kooperationspartner zu ziehen.

In einer vergleichbaren Situation befindet sich die Internen Revision, die zur Erfüllung gegenwärtiger und zukünftiger Herausforderungen ebenfalls die eigenen Aufgabenschwerpunkte und Zielsetzungen neu überdenken muss.[14] So sieht sich die Interne Revision einem erhöhten Prüfungsbedarf aufgrund gestiegener externer Anforderungen in den Bereichen Corporate Governance und Internes Kontrollsystem (IKS) wie bspw. dem bereits erwähnten Sarbanes-Oxley-Act oder den COSO I & II Regelungen gegenüber.[15] Weitere Anforderungen ergeben sich aus branchenspezifischen Regelungen wie etwa Basel II & III.[16]

Ähnlich dem Controllerbereich werden auch von der Internen Revision vermehrt Beratungsleistungen erwartet, die in Ergänzung zu den regulären Prü-

---

11 Vgl. Weber/Schäffer (2000), S. 199 sowie Weber (2008), S. 210.

12 Vgl. Weber (2008), S.27f.

13 Vgl. Weißenberger/Angelkort (2007), S. 8.

14 Vgl. Lück/Henke/Hunecke (2000), S. 16f. sowie Hofmann (2005), S. 76.

15 Vgl. Crumbley (2004), S. 544 Schartmann/Lindner (2006), S. 55, Eberl/Hachmeister (2007), S. 317, Kaminski (2007), S. 59, Marx (2007), S. 931ff., Peemöller (2007), S. 10, Paetzmann (2007), S. 30 sowie Berwanger/Kullmann (2008), S. 54.

16 Vgl. Heese (2006), S. 66.

fungstätigkeiten erbracht werden müssen, ohne dabei die notwendige Unabhängigkeit von den zu prüfenden Unternehmenseinheiten zu verlieren.[17]

Weiterhin steigt die Nachfrage nach einer adäquaten, zeitnahen, einheitlichen und zugleich visuell ansprechenden internen Berichterstattung von Revisionsfeststellungen sowie einer entsprechend zeitnahen und umsetzungsorientierten Formulierung von Lösungsvorschlägen.[18]

Abgerundet wird dieses Anforderungsspektrum durch die allgemein erforderliche Anpassung der Revisionstätigkeit in Folge von Veränderungen der Unternehmenstätigkeit und deren Umfeld sowie dem stetigen Druck, auch die eigenen Prozesse rationalisieren zu müssen.[19] Dies ergibt sich nicht zuletzt aus der kontinuierlichen Weiterentwicklung bestehender Best Practice Anforderungen des Berufstands selbst.[20]

Trotz entsprechender Anstrengungen zur Rationalisierung bedarf es auch auf Seiten der Internen Revision der Generierung neuer Kompetenzen und damit auch Kapazitäten.[21] Nur in wenigen Fällen wird die Unternehmensleitung dazu bereit oder in der Lage sein, der Internen Revision zusätzliche Ressourcen zur Verfügung stellen.[22] Revisionsexterne Alternativen wie das Outsourcing von Revisionsfunktionen oder die verstärkte Anwendung von Self-Auditing Konzepten zur Lösung dieses Problems stoßen zwar in Theorie und Praxis bislang meist auf Ablehnung[23], werden jedoch wiederholt zur Diskussion gestellt.

Es zeigt sich, dass sowohl Controllerbereich als auch Interne Revision mit einer Vielzahl neuer und teilweise sehr unterschiedlicher Aufgaben konfrontiert sind, aufgrund ihrer Überwachungs- und Unterstützungsfunktion innerhalb des Unternehmens jedoch auch eine Vielzahl an Berührungspunkten aufweisen.[24]

---

[17] Vgl. Blohm (1991), S.5f., Lück/Henke/Hunecke (2000), S. 22 sowie Berwanger/Kullmann (2008), S. 51.

[18] Vgl. Crumbley (2004), S.22f sowie Berwanger/Kullmann (2008), S. 151.

[19] Vgl. Lück/Henke/Hunecke (2000), S. 3 sowie Kaminski (2007), S. 60.

[20] Nähere Erläuterung zu den Best Practice Anforderungen und zur Organisation des Berufsstands des Internen Revisors werden in Abschnitt B2 gegeben.

[21] Vgl. Peemöller (2001), S. 1349 sowie Heerlein (2009), S. 86.

[22] Vgl. Berwanger/Kullmann (2008), S. 75f.

[23] Vgl. Lück/Henke/Hunecke (2000), S. 8f. sowie Hofmann (2005), S. 76.

[24] Vgl. Birl/Hirsch/Weber (2008), S. 254.

Schon die Leitbilder dieser beiden Unternehmensbereiche offenbaren einige Gemeinsamkeiten; das Bestreben des Controllerbereichs, eine leistungsstarke und zugleich schlanke Unterstützungsfunktion der Unternehmensführung zu sein, ähnelt sehr dem Ziel der Internen Revision, die Unternehmensführung mit ihren Dienstleistungen bei der Einführung und Anwendung effizienter Führungs- und Überwachungssystemen zu unterstützen.[25]

Aus welchen Gründen und in welcher Form nun eine Zusammenarbeit gerade dieser beiden Unternehmensbereiche stattfinden könnte bzw. sollte, dazu finden sich in der Literatur vielfältige Beispiele, jedoch nur wenige empirische Belege oder konkrete Handlungsempfehlungen:

- Die Zusammenarbeit von Controllerbereich und Interner Revision wird als wesentliches Instrument zur erfolgreichen Ergebnisüberwachung gesehen, das sich im Hinblick auf die unterschiedlichen und ergänzenden Tätigkeitsschwerpunkte der beiden Bereiche nahezu „aufdrängt“.[26]
- Controllerbereich und Interne Revision sollen ihre Aktivitäten koordinieren und durch klare Aufgabenverteilung Doppelarbeiten, verstärkte Konkurrenz und Überwachungslücken vermeiden.[27]
- Controllerbereich und Interne Revision sollen sich methodisch ergänzen, d.h. ihre unterschiedlichen Mittel und Möglichkeiten dazu einsetzten, den Kooperationspartner bei der Erfüllung seiner Aufgaben zu unterstützen. Ihre Zusammenarbeit wird dabei nicht nur als möglich, sondern teilweise gar als notwendig eingeschätzt.[28]
- Controllerbereich und Interne Revision sollen sich aufgrund ihres gemeinsamen Interesses am IKS bzw. im Sinne ihrer partnerschaftliche Zielsetzung zur Zukunftssicherung des Unternehmens gegenseitig auf Schwachstellen und Verbesserungsmöglichkeiten hinweisen.[29]

---

[25] Vgl. IIR Revisionsstandard Nr. 1., S. 1.
[26] Zünd (1973), S. 201.
[27] Vgl. Schmid (1990), S. 387.
[28] Vgl. Deppe (1987), S. 127.
[29] Vgl. Peemöller (1995), S. 1251f., Lück/Henke/Hunecke (2000), S. 32 sowie Birl (2007), S.2.

Hiernach bietet eine Zusammenarbeit von Controllerbereich und Interner Revision eine für beide Seiten Erfolg versprechende Chance zur Begegnung gegenwärtiger und zukünftiger Herausforderungen bei Vorliegen knapper Ressourcen und komplementärer Kompetenzen. Dieses interne Synergiepotenzial unbeachtet zu lassen und damit den Austausch sich ergänzender Ressourcen bzw. Kompetenzen auf diesem internen Markt zu vernachlässigen, würde demnach bedeuten, eine optimale Nutzung der unternehmensinternen Ressourcen zu verhindern und negative Auswirkungen auf die Verwirklichung der Ziele des Gesamtunternehmens in Kauf zu nehmen.[30]

Controllerbereich und Interner Revision werden im Rahmen einer effizienten Unternehmenssteuerung und -überwachung in Forschung und Praxis jeweils getrennt voneinander zentrale Rollen beigemessen. Forschungsdefizite bestehen jedoch hinsichtlich ihres Synergiepotenzials bzw. der Erfolgsfaktoren ihrer Kooperation. So beinhalten bisherige Untersuchungen zum Zusammenwirken von Controllerbereich und Interner Revision bspw. keine ganzheitliche Durchdringung der Problemstellung, die sich auf Entwicklungen und Begebenheiten in beiden Unternehmensbereichen gleichgewichtet konzentriert. Ferner bilden großzahlige empirische Studien zur Überprüfung vermuteter Wirkungsbeziehungen auf diesem Forschungsgebiet bedauerlicherweise immer noch eine Ausnahme.

[30] Vgl. Müller-Stewens/Knoll (2005), S. 802f., Thompson/Frank (2005), S. 751, Mellewigt/Decker (2006), S. 55f. sowie Weber (2008), S. 157.

2 Zielsetzung der Untersuchung

Das Ziel dieser Arbeit ist es, den Kenntnisstand der Forschung bezüglich der Erfolgsfaktoren und Auswirkungen von Kooperationen des Controllerbereich und der Internen Revision zu erweitern und somit die eingangs erwähnten Forschungsdefizite zu vermindern.

Zunächst sollen hierfür die wesentlichen Erfolgsfaktoren der Kooperation von Controllerbereich und Interner Revision identifiziert werden und durch Operationalisierung in ein entsprechendes Forschungsmodell[31] überführt werden. Darauf aufbauend soll der Einfluss einer Zusammenarbeit auf die individuelle Zielerreichung der Kooperationspartner quantifiziert und abschließend die wesentlichen Unterschiede zwischen den Kooperationspartnern in der Beurteilung einer erfolgreichen Zusammenarbeit untersucht werden. Der damit angestrebte Erkenntnisfortschritt auf dem Gebiet des Controlling bzw. der Revisionstätigkeit soll dazu dienen, Handlungsempfehlungen zu erarbeiten, die zu einer verbesserten Zusammenarbeit zwischen Controllerbereich und Interner Revision beitragen und somit beide Kooperationspartner bei der Erfüllung ihrer individuellen Aufgaben im Unternehmen gleichermaßen unterstützen. Dadurch soll nicht nur der direkte Beitrag der Kooperationspartner zum Unternehmenserfolg gesteigert werden, sondern auch indirekt eine verbesserte und ggf. bereichsübergreifende Nutzung von Ressourcen innerhalb des Controllerbereichs und der Internen Revision ermöglicht werden. Dies trägt dazu bei, den eingangs geschilderten Herausforderungen, denen sich sowohl der Controllerbereich als auch die Interne Revision bei Vorliegen begrenzter Ressourcen verstärkt gegenüber sehen, effektiver begegnen zu können und somit einen zusätzlichen Mehrwert für das Gesamtunternehmen zu erzeugen.

Das dyadische Forschungsdesign der vorliegenden Arbeit soll eine parallele Untersuchung beider Unternehmensbereiche ermöglichen und durch die

[31] Das Forschungs- bzw. Kausalmodell dieser Arbeit besteht aus zwei Elementen, dem Struktur- und dem Messmodell. Während das Strukturmodell die unterschiedlichen hypothetischen Konstrukte über Pfaddiagramme miteinander verknüpft, beinhalten die entsprechenden Messmodelle die jeweiligen latenten Variablen und die ihnen zum Zwecke der indirekten Messung zugeordneten Indikatoren. Vgl. hierzu Albers/Götz (2006), S. 669 sowie Abschnitt D2.

gleichrangige Berücksichtigung von Auskünften aus dem Controllerbereich und der Internen Revision einen Key Informant Bias verhindern, wie ihn die bisherige Forschung befürchten lässt.[32] Darüber hinaus soll es Rückschlüsse darüber ermöglichen, ob die formulierten Handlungsempfehlungen für beide untersuchten Gruppen Gültigkeit besitzen oder ob die Kooperationspartner unterschiedliche Präferenzen hinsichtlich der Ausgestaltung einer erfolgreichen Zusammenarbeit besitzen.

Aus dieser Zielsetzung der Untersuchung lassen sich folgende drei Forschungsfragen formulieren:

Forschungsfrage 1: Welches sind die wesentlichen Erfolgsfaktoren der Kooperation von Controllerbereich und Interner Revision?

Forschungsfrage 2: Wie wirkt sich die erfolgreiche Kooperation von Controllerbereich und Interner Revision auf die Aktionsfelder der Kooperationspartner aus?

Forschungsfrage 3: Welche wesentlichen Unterschiede bestehen zwischen Controllerbereich und Interner Revision hinsichtlich der Beurteilung einer erfolgreichen Zusammenarbeit?

Die Beantwortung dieser Forschungsfragen soll dazu beitragen, die aufgezeigte Forschungslücke in der Kooperationsforschung zwischen Controllerbereich und Interner Revision zu schließen und darauf aufbauend Handlungsempfehlungen zu formulieren, welche die Zusammenarbeit dieser beiden Unternehmensbereiche in der Praxis zu verbessern helfen.

---

[32] Vgl. Birl (2007), S. 236.

3 Gang der Arbeit

Die Arbeit gliedert sich in sechs Teile und weist die in Abbildung 1 dargestellten Inhalte auf. Die einzelnen Abschnitte dienen dazu, sukzessive die Beantwortung der Forschungsfragen zu ermöglichen.

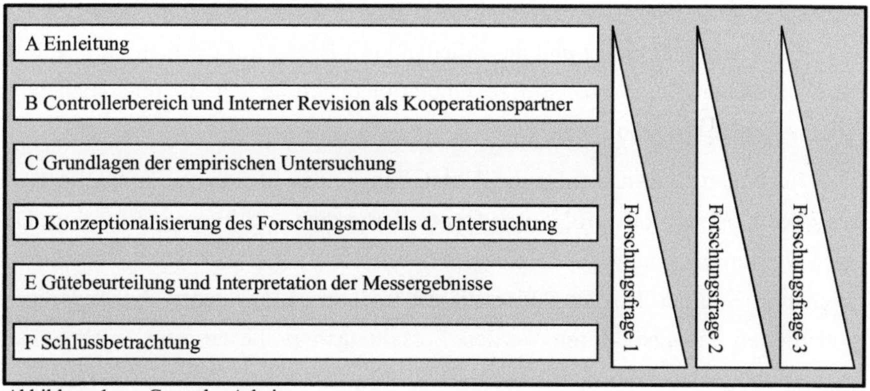

Abbildung 1: Gang der Arbeit

In Teil B werden die internen Kooperationspartner Controllerbereich und Interne Revision vorgestellt. Hierzu erfahren die Führungsunterstützungsfunktionen Controlling und Revisionstätigkeit eine konzeptionelle Fundierung sowie eine Kategorisierung in entsprechende Aktionsfelder. Darauf aufbauend werden Erläuterungen zu deren Institutionalisierung gegeben, die als Grundlage für die weitere Betrachtung von Kooperation dieser beiden Unternehmensbereiche dient. Abgeschlossen wird Teil B mit einem Überblick über die bisherige Forschungsliteratur zur Kooperation von Controllerbereich und Interne Revision und einer Zusammenfassung der wesentlichen Ergebnisse.

In Teil C werden die methodischen Grundlagen der empirischen Untersuchung erläutert. Hierfür wird zunächst auf Basis der Eigenschaften und Prämissen der zur Verfügung stehenden Forschungsstrategien die Wahl des Forschungsdesigns begründet. In Anlehnung an die gewählte Forschungsstrategie werden im Anschluss die unterschiedliche Datenerhebungsverfahren und damit einhergehenden Verfahren der Datenauswertung vorgestellt und auf ihre Zweckdienlichkeit in Bezug auf die Themenstellung überprüft. Als Ausgangspunkt der empirischen Untersuchung dient ein offenes Strukturmodell, das im weiteren Verlauf gemäß der Themenstellung konkretisiert wird.

Teil D dient besagter Konkretisierung bzw. der Konzeptionalisierung eines spezifischen Forschungsmodells zur Kooperation von Controllerbereich und Interner Revision. Hierzu wird zunächst der Begriff Kooperation im Sinne der vorliegenden Arbeit definiert und anschließend mit Bezug auf die bisherige Kooperationsforschung eine zweistufige Operationalisierung der zu untersuchenden Themenfelder vorgenommen.

Im ersten Schritt erfolgt die Vorstellung eines Messmodells zur Feststellung des Kooperationserfolgs von Controllerbereich und Interner Revision. Danach werden die potentiellen Erfolgsfaktoren der Kooperation von Controllerbereich und Interner Revision identifiziert und operationalisiert. Anhand dieser potentiellen Erfolgsfaktoren werden Forschungshypothesen zum Wirkungszusammenhang zwischen dem jeweiligen Erfolgsfaktor und dem Kooperationserfolg formuliert. Dieser Teil der Modellierung dient der Beantwortung der ersten Forschungsfrage nach den wesentlichen Erfolgsfaktoren auf den Kooperationserfolg.

Im zweiten Schritt werden die Aktionsfelder der beiden Kooperationspartner operationalisiert und in Bezug zum Kooperationserfolg gesetzt. Auch hierauf folgt die Formulierung entsprechender Forschungshypothesen zur Wirkungsweise des Kooperationserfolgs auf die individuellen Aktionsfelder der Kooperationspartner. Dies dient der Beantwortung der zweiten Forschungsfrage.

Abschließend werden die zuvor operationalisierten Erfolgsfaktoren der Kooperation sowie deren Beitrag zu den Aktionsfeldern der Kooperationspartner zu einem gesamtheitlichen Forschungsmodell zusammengefügt.

In Teil E erfolgt die empirische Untersuchung der Problemstellung bzw. die Überprüfung der formulierten Forschungshypothesen anhand der gewonnenen Messergebnisse. Einleitend wird eine Darstellung des Erhebungsverlaufs sowie eine Vorstellung der wesentlichen Stichprobenmerkmale gegeben. Daran schließt sich die Beurteilung der Güte der erzielten Messergebnisse und der gewählten Messkonstrukte anhand des in Teil C vorgestellten Kriterienkatalogs an.

Nachdem Messergebnisse und Messmodell einer entsprechenden Gütebeurteilung unterzogen wurden, erfolgt die Überprüfung der Forschungshypothesen, die Interpretation der Ergebnisse und somit die Beantwortung der ersten Forschungsfrage nach den Erfolgsfaktoren sowie der zweiten Forschungsfrage nach den Auswirkungen erfolgreicher Kooperationen. Dadurch wird die anschließende Beantwortung der dritten Forschungsfrage nach den wesentlichen Unterschieden zwischen Controllerbereich und Interner Revision in der Beurteilung einer erfolgreichen Zusammenarbeit ermöglicht. Zu guter Letzt werden die Ergebnisse um eine explorative Datenanalyse der dyadischen Rückläufe ergänzt.

Der abschließende Teil F beinhaltet eine Zusammenfassung der zentralen Untersuchungsergebnisse sowie eine kritische Würdigung der Implikationen für die berufliche Praxis und für zukünftige Forschungsvorhaben.

B Controllerbereich und Interne Revision als Kooperationspartner

1 Der Controllerbereich

1.1 Controlling als Führungsunterstützungsfunktion

1.1.1 Konzeptionelle Fundierung der Controllingfunktion

In der Literatur finden sich zahlreiche Erklärungsansätze für den Begriff Controlling, die in Wissenschaft und Praxis kontinuierlich Anlass zu Diskussionen bieten.[33] Zwar lassen sie hinsichtlich mehrerer Teilaspekte Gemeinsamkeiten erkennen[34], wie bspw. die Einigkeit darüber, dass Controlling eine Unterstützungsfunktion der Unternehmensführung darstellt[35], eine einheitliche Abgrenzung dessen, was unter Controlling zu verstehen ist, existiert jedoch nicht. Bekannte Beispiele für diese Erklärungsansätze sind der informationsökonomische, der koordinationsorientierte und der rationalitätssicherungsorientierte Ansatz.[36]

Der informationsorientierte Erklärungsansatz des Controlling beschäftigt sich allgemein mit der Analyse und modelltechnischen Überwindung asymmetrischer Informationsverteilungen zwischen unterschiedlichen Wirtschaftssubjekten zur Ermöglichung optimalen Handelns,[37] stellt also eine „Systematik zur Verbesserung der Entscheidungsqualität" der Unternehmensführung dar.[38] Nach Ewert (2002) bildet diese Konzeption deshalb streng genommen keinen eigenständigen Erklärungsansatz von Controlling, sondern beinhaltet vielmehr einen allgemeinen, informationsökonomischen Analyseansatz zur Lösung von Controllingproblemen.[39]

Der koordinationsorientierte Erklärungsansatz nach Horváth begreift Controlling als „dasjenige Subsystem der Führung, das Planung und Kontrolle sowie Informationsversorgung systembildend und systemkoppelnd ergebniszielorien-

---

[33] Vgl. Horváth/Reichmann (2003), S.122 sowie Weber (2004), S. 22.
[34] Vgl. Schäfer/Binder/Gmür (2006), S. 405-413.
[35] Vgl. Weber/Schäffer (2000), S. 178ff. sowie Horváth (2009), S. 123ff.
[36] Vgl. Sturm (2006), S. 315.
[37] Vgl. Heigl (1989), S. 3 sowie Ewert (2002), S. 21ff.
[38] Reichmann (2001), S. 13.
[39] Vgl. Ewert (2002), S. 21f.

tiert koordiniert und so die Adaption und Koordination des Gesamtsystems unterstützt".[40] Küpper (2001) weitet diese koordinationsorientierte Controlling-Konzeption auf die gesamte Unternehmensführung aus.[41] Demnach beinhaltet Controlling „im Kern die Koordination des Führungsgesamtsystems zur Sicherstellung einer zielgerichteten Lenkung".[42]

In der jüngeren Literatur weit verbreitet ist das von Weber/Schäffer (1999) vertretene Verständnis von Controlling, als Rationalitätssicherung der Führung. Danach kann dem Controlling eine Führungsunterstützungsfunktion beigemessen werden, die unter anderem darin besteht, die Angemessenheit führungsrelevanter Daten, Methoden und Systeme zu gewährleisten.[43] Bezogen auf Führungshandlungen wird die Rationalitätssicherung hierbei als Instrument zur Sicherstellung von Effizienz und Effektivität verstanden.[44]

Bei der Suche nach einem gemeinsamen Kern der hier vorgestellten, unterschiedlichen Erklärungsansätze kann auf das Controllingverständnis von Weißenberger (2002) als *Lehre von der Messung güterwirtschaftlicher Sachverhalte für betriebliche Entscheidungen* zurückgegriffen werden.[45]

Dieses integrative Verständnis begreift Controlling als Teilfunktion der Führung, dessen übergeordnete Zielsetzung in der Bereitstellung von Messgrößen zur Fundierung betriebswirtschaftlicher Entscheidungen der Unternehmensführung liegt. Die Controllingfunktion umfasst dabei alle Messaufgaben zur Unterstützung der Unternehmensführung und nicht nur solche, die im Sinne des internen Rechnungswesens als monetäre Messaufgaben definiert sind.[46] Damit beinhaltet dieses Verständnis nicht nur die Controllingpraxis im deutschsprachigen Raum[47] sondern ermöglicht es weiterhin, Controlling als eigenständiges Teilgebiet der Betriebswirtschaftslehre präzise abzugrenzen.[48]

---

[40] Horváth (2009), S. 125.
[41] Vgl. Küpper (2001), S. 13ff.
[42] Küpper et al. (1990), S. 283.
[43] Vgl. Weber/Schäffer (1999), S. 734 sowie Weber (2004), S. 47 ff.
[44] Vgl. Weber/Schäffer (1999), S. 733 sowie Dyckhoff/Ahn (2002), S. 116.
[45] Vgl. Weißenberger (2002), S. 400. sowie Weißenberger (2004), S. 294f.
[46] Vgl. Weißenberger (2002), S. 399.
[47] Vgl. Löhr (2010), S. 17.
[48] Vgl. Weißenberger (2002), S. 398ff.

1.1.2 Aktionsfelder der Controllerarbeit

Um das funktionale Begriffsverständnis von Controlling und damit einhergehende Aufgaben des Controllers im Hinblick auf mögliche Kooperationsansätze mit der Internen Revision untersuchen zu können, bedarf es einer vorherigen Kategorisierung der Controllerarbeit im Sinne von Aktionsfeldern.

Vorrangig lassen sich die unterschiedlichen Aufgaben des Controllers in Anlehnung an Weißenberger (2007) in die drei „originären" Aktionsfelder der Controllerarbeit einteilen. Diese beinhalten die Planung, einschließlich Prognose- bzw. Budgetierungstätigkeiten, das Berichtswesen, als „standardisierte Abbildung güterwirtschaftlicher Sachverhalte"[49] sowie die Performancesteuerung[50] zur Ermöglichung einer dezentralisierten und koordinierten Unternehmensführung.[51] Ergänzend stellt die Beratung der Unternehmensführung nachweislich einen immer wichtigeren Bestandteil der Controllerarbeit dar[52], weshalb Beratungsleistungen in der vorliegenden Arbeit als viertes, separates Aktionsfeld der Controllerarbeit Einzug in die Untersuchung halten sollen.

a) Der Prozess der Planung bedeutet „die geistige Vorwegnahme zukünftigen Handelns durch Abwägung verschiedener Alternativen und Entscheidungen" zur bestmöglichen Verwirklichung eines Ziels.[53] Dem Controller kommt in diesem Zusammenhang die Aufgabe zu, auf Basis der verfügbaren Informationen und unter Verwendung seiner spezialisierten Fähigkeiten und Kenntnisse, die Unternehmensführung bei der Entscheidungsfindung zu Gunsten der bestmöglichen Handlungsalternativen zu unterstützen.[54]

Zwar stellt die Ermittlung einer optimalen Lösung für ein Planungsproblem den Idealfall der Planung dar, dieser lässt sich jedoch in der Praxis oftmals nicht verwirklichen. Der Planungsprozess ist wie jeder andere Prozess eines Unternehmens dem Wirtschaftlichkeitsprinzip unterworfen, d.h. die Kosten einer ver-

---

49 Weißenberger (2002), S. 400.

50 Der Begriff Performancesteuerung beinhaltet im Folgenden neben der Performancemessung, d.h der Messung von Effizienz und Effektivität einzelner Unternehmensbereiche, auch die Beeinflussung ihres Handelns im Sinne der Unternehmensstrategie.

51 Vgl. Weißenberger (2004), S. 303f. sowie Weißenberger (2007), S.35ff.

52 Vgl. Weber et al. (2006), S. 45 sowie Angelkort (2010), S. 124f.

53 Baier (2008), S. 75.

54 Vgl. Weber (2008), S.113f.

besserten Planungsgenauigkeit, bspw. aufgrund einer intensivierten Informationsbeschaffung, müssen im Verhältnis zum dadurch erzielbaren Nutzen stehen.[55]

Die Inhalte der Planungsaufgaben sind sehr vielfältig; zu ihnen gehören neben Gewinn-, Investitions- und Finanzierungsplänen bspw. auch Pläne zu Absatz- und Produktionsmengen des jeweiligen Unternehmens.[56] Hierzu bedarf es neben den eigentlichen Planungsaktivitäten ebenfalls der Ausgestaltung und Etablierung entsprechender Planungssysteme.[57]

Die Planungsaktivitäten eines Controllers lassen sich in die strategische und die operative Planung unterteilen. Die strategische Planung dient der langfristigen Existenzsicherung bzw. der Nutzung von Erfolgspotenzialen.[58] Zielsetzung ist es, vornehmlich anhand qualitativer Kriterien die langfristigen Sachziele des Unternehmens zu formulieren.[59]

Die operative Planung beinhaltet die kurzfristige Koordination von Leistungserstellungs- und Leistungsaustauschprozessen bei gegebenem Ressourcenniveau.[60] Dabei werden vornehmlich anhand quantitativer Größen Formalziele für die operativen Tätigkeiten des Unternehmens definiert, die auf den durch die strategische Planung vorgegeben Sachzielen beruhen.[61]

b) Das Berichtswesen stellt das Bindeglied zwischen Informationsentstehung und Informationsverwendung innerhalb eines Unternehmens dar und bildet vornehmlich dessen Innenwelt ab.[62] Es beinhaltet die Beschaffung, Verdichtung, Weitergabe und Interpretation quantifizierbarer Informationen über innerbetriebliche Vorgänge zur Unterstützung der Entscheidungsträger bei der Steuerung

---

[55] Vgl. Bischof (2002), S. 56f. , Ewert/Wagenhofer (2005), S. 361, Laux (2005), S. 368 sowie Baier (2008), S. 75.

[56] Vgl. Sturm (2006), 321 sowie Barth/Barth (2008), S. 6.

[57] Vgl. Berwanger/Kullmann (2008), S. 78, Barth/Barth (2008), S. 95, Weber (2008), S. 354 sowie Horváth (2009), S. 168f.

[58] Vgl. Schroeter (2002), S. 127, Jung (2007), S. 413f. sowie Weber (2008), S.113.

[59] Vgl. Buchholz (2009), S. 46.

[60] Vgl. Sturm (2006), S. 318 sowie Jung (2007), S. 370.

[61] Vgl. Weißenberger (2002), S. 400, Horváth (2009), S. 201, Gehring (2009), S. 77 sowie Buchholz (2009), S. 46.

[62] Vgl. Weißenberger (1997), S. 27. sowie Barth/Barth (2008), S. 150.

des Unternehmens.[63] Die Herausforderung hierbei besteht darin, das Berichtswesen nach dem sich kontinuierlich verändernden Informationsbedarf des jeweiligen Unternehmens auszurichten.[64]

Die Erstattung von Berichten an die Unternehmensführung kann entweder in standardisierter Form, d.h. in inhaltlich und zeitlich vorab definierter Weise, oder fallweise in Form von Abweichungs- oder Bedarfsberichten erfolgen.[65]

c) Die Zielsetzung der Performancesteuerung liegt darin, bei zunehmender Komplexität der Unternehmensaktivitäten eine Delegation von Entscheidungskompetenzen an verschiedene Hierarchiestufen des Unternehmens zu ermöglichen.[66] Gründe für eine solche Delegation sind bspw. die Ausnutzung von Spezialisierungsvorteilen der unterschiedlichen Unternehmensbereiche wie höhere Marktnähe oder besseres Produkt-Know-How.[67] Weitere Vorteile sind eine erhöhte Flexibilität und verkürzte Entscheidungswege.[68]

Die Performancesteuerung besteht dabei aus der Messung von Effizienz und Effektivität der unterschiedlichen Unternehmensbereiche und der Ausrichtung ihres Handelns an der Unternehmensstrategie.[69] Dazu müssen Performancemaße definiert werden, die sicherstellen, dass der einzelne Entscheidungsträger bei der Erfüllung seiner Aufgaben auch ohne intensive Kontrollaktivitäten der Unternehmensleitung gemäß der vorgegebenen Zielsetzung handelt bzw. soweit nötig extrinsisch motiviert wird.[70] Wichtig ist hierbei, dass das jeweilige Steuerungssystem transparent sowie einfach zu quantifizieren und zu analysieren ist und dass die gewählten Performancemaße dem Controllability-Prinzip

---

63 Vgl. Weber/Schäffer (2000), S. 312, Schroeter (2002), S. 330.

64 Vgl. Friedl (2003), S. 94, Weißenberger (2007), S. 29 sowie Barth/Barth (2008), S. 151

65 Weißenberger (1997) spricht in diesem Zusammenhang von einer Berichtsphilosophie nach dem „management by exception". Vgl. Weißenberger (1997), S. 37 sowie Barth/ Barth (2008), S. 151.

66 Vgl. Jung (2007), S. 238

67 Vgl. Weißenberger (2004), S. 303 sowie Weber (2008), S. 56.

68 Vgl. Friedl (2003), S. 306.

69 Vgl. Bischof (2002), S. 56, Weißenberger (2002), S. 295, Ewert/Wagenhofer (2005), S. 15 sowie Horváth (2009), S. 561f.

70 Vgl. Weißenberger (2004), S. 304 sowie Gladen (2008), S. 210.

folgend auch durch den Entscheidungsträger beeinflusst werden können.[71] Kennzahlen aus dem externen Rechnungswesen sind hierfür nur eingeschränkt nutzbar, da sie oftmals nur auf die obersten Hierarchieebenen eines Unternehmens anwendbar sind.[72]

d) Die Beratung stellt eine notwendige Ergänzung zu den übrigen Aktionsfeldern des Controllers dar. Zukünftig wird die Beratung der Unternehmensleitungen einen Schwerpunkt der Controllerarbeit darstellen[73]; Voraussetzung hierfür ist jedoch die Schaffung entsprechender Kapazitäten durch Rationalisierungsmaßnahmen in den übrigen Aktionsfeldern wie bspw. eine Standardisierung und Automatisierung der Datenbeschaffung und -prüfung.[74] Sich lediglich auf traditionelle Aufgabenfelder zu beschränken, birgt für den Controller die Gefahr, die Nähe zur Unternehmensleitung zu verlieren bzw. nicht mehr als kompetenter betriebswirtschaftlicher Bewertungs- und Beratungspartner wahrgenommen zu werden.[75] Dem Controller kommt bei seiner Beratungstätigkeit die Fach- und Methodenkompetenz zu Gute, die er bei der Erfüllung der übrigen Aktionsfelder gewonnen hat.[76] So dient der Controller bei der Ausübung des Berichtswesens nicht nur als bloßer Zahlenlieferant, er stellt idealerweise für den Empfänger der Information einen kompetenten Ansprechpartner bei deren Interpretation dar.[77] Weiterhin kann der Controller die Unternehmensleitung bei der Umsetzung der eingangs erwähnten strategischen Planung beratend unterstützen, indem er bspw. entsprechende Strategien und Maßnahmenpakete vorschlägt bzw. formuliert.[78] Ergänzend können sich die Beratungsinhalte des Controllers auch auf die Einführung neuer Instrumente und Produkte beziehen und mitunter

---

71 Vgl. Bischof (2002), S. 57, Ewert/Wagenhofer (2005), S. 523ff., Jung (2007), S. 172 sowie Gladen (2008), S. 179.

72 Vgl. Weißenberger (2005), S. 207f. sowie Weißenberger (2006), S. 70f.

73 Vgl. Schlüter (2009), S. 31, Weber (2008), S. 108f. sowie Gehrig (2009), S. 231f.

74 Vgl. Weißenberger (2007), S. 244.

75 Vgl. Weber/Schäffer (2006), S. 6, Weber (2008), S. 39.

76 Vgl. David (2005), S. 176, Weber (2008), S. 110 sowie Schlüter (2009), S. 13.

77 Vgl. Friedl (2003), S. 94 sowie Preißler (2007), S. 135.

78 Vgl. Jung (2007), S. 15 sowie Preißler (2007), S. 33.

Warnung vor Ergebnisrisiken und unvorhergesehenen Geschäftsentwicklungen enthalten, die bislang keine Berücksichtigung fanden.[79]

Es zeigt sich, dass die Arbeit des Controllers auf diesem Aktionsfeld einen weiteren bedeutenden Beitrag zum Erfolg des Unternehmens leisten kann, bei der er gleichzeitig auf seinen umfassenden Informationsstand über die Unternehmensaktivitäten und sein Methodenwissen auf den anderen Aktionsfeldern zurückgreifen kann.

1.2 Institutionalisierung der Controllingfunktion

Da das Ziel dieser Arbeit darin besteht, die Kooperation zweier Unternehmensbereiche zu untersuchen, bedarf es neben der funktionalen Betrachtung von Controlling ebenso einer institutionellen Einordnung desselbigen innerhalb des Unternehmens. Als Folge der unterschiedlichen funktionalen Controllingverständnisse besteht in der Literatur auch hier kein einheitliches Bild, wie eine solche Einordnung erfolgen sollte.[80]

In dieser Arbeit wird der Controllerbereich als derjenige Unternehmensbereich definiert, in dem solche Mitarbeiter organisiert sind, die dem Verständnis des vorangegangen Abschnitts folgend als Controller bezeichnet werden, d.h. die beschriebenen Aktionsfelder ausfüllen.[81] Hierbei unberücksichtigt bleiben Mitarbeiter, die zwar ggf. einzelne Controllertätigkeiten im Unternehmen ausführen, jedoch dem Leiter des Controllerbereichs nicht disziplinarisch unterstellt sind.[82]

Seine Existenzberechtigung erfährt der Controllerbereich dadurch, dass an die Unternehmensführung mit zunehmender Komplexität der geschäftlichen Prozesse auch höhere Steuerungs- und Überwachungsanforderungen gestellt werden, die ohne Delegation einzelner Aspekte der Führungsfunktion nicht mehr erfüllbar wären.[83] Dem Controllerbereich kommt demnach eine Entlas-

[79] Vgl. David (2005), S. 234.
[80] Vgl. Mosiek (2002), S. 1.
[81] Vgl. David (2005), S. 12.
[82] Vgl. Sill (2008), S. 8.
[83] Vgl. Weißenberger (1997), S. 25.

tungs- bzw. Unterstützungsfunktion zu, die dem Zweck dient zeitliche bzw. ressourcentechnische Restriktionen der Unternehmensführung auszugleichen. Eine Informations- bzw. Dienstleistungsbeziehung besteht jedoch nicht nur zwischen Unternehmensführung und Controllerbereich, auch die unterschiedlichen Geschäftseinheiten eines Unternehmens profitieren von den Berichten und Analysen des Controllerbereichs.

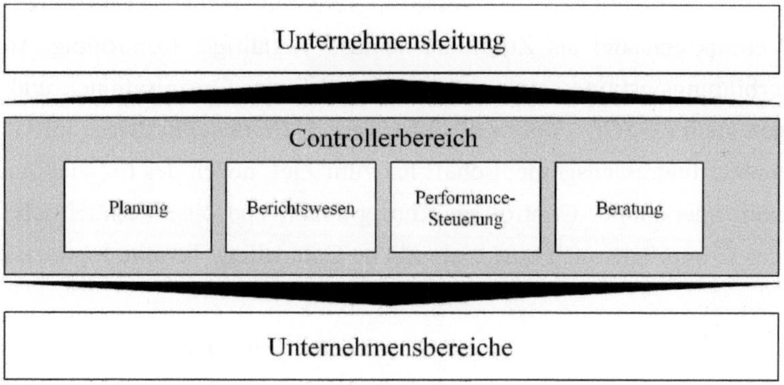

Controllerleitbild der International Group of Controlling:

„Controller gestalten und begleiten den Management-Prozess der Zielfindung, Planung und Steuerung und tragen damit eine Mitverantwortung für die Zielerreichung."(ICG 2002)

Abbildung 2: Controllerbereich

Einen weiteren Vorteil eines eigenständigen Controllerbereichs bildet die Möglichkeit durch Spezialisierung effizientere Methoden zur Koordination von Planung, Kontrolle und Informationsversorgung zu gewinnen, zu deren Entwicklung die Unternehmensführung aufgrund ihrer vielfältigen Aufgaben nicht in der Lage gewesen wäre.[84] Welche Skalenerträge sich durch eine Delegation

[84] Vgl. Schneider (2000), S. 209, Weber/Schäffer (2001), S. 147, Pietsch (2003), S. 113, Weber (2004), S. 41, David (2005), S.54, Weber/Schäffer (2006), S. 37 sowie Weißenberger (2007), S. 32.

verwirklichen lassen, hängt jedoch maßgeblich von der Organisation des Controllerbereichs und der in ihm gebündelten Aufgabenfelder ab.[85]

Der Berufsstand des Controllers ist in mehreren nationalen wie internationalen Interessensverbänden organisiert. Ein bekanntes Beispiel hierfür ist der *Internationale Controller Verein e.V.*, der insbesondere dem Erfahrungsaustausch und der Kommunikation seiner Mitglieder und der Verbindung von praktischer Erfahrung mit aktuellen Forschungsergebnissen dient. Auf Betreiben dieses Vereins entstand als Zusammenschluss vielfältiger Controlling Aus- und Weiterbildungsinstitute sowie anderer interessierter Organisationen und Unternehmen auch die *IGC - International Group of Controlling*. Diese im Jahr 1995 gegründete Interessensgemeinschaft hat zum Ziel, neben der Entwicklung branchenweit anerkannter Controlling-Konzeptionen und einem einheitlichen Leitbild des Controllers auch eine einheitliche Controlling-Terminologie zu etablieren.

Ergänzt wird dieses Angebot durch eine Reihe fachspezifischer Internetportale und Foren, die Controllern Informationen und Hilfestellung zu aktuellen Themen aus Forschung und Praxis bieten.[86]

2 Die Interne Revision

2.1 Revisionstätigkeit als Führungsunterstützungsfunktion

2.1.1 Konzeptionelle Fundierung der Revisionsfunktion

Der Begriff Revision stammt von dem lateinischen Verb *revidere* ab und wird im wirtschaftswissenschaftlichen Kontext mit *prüfen* oder *überprüfen* gleichgesetzt, wobei der Begriff *Prüfung* einen isolierten Vorgang bzw. eine Folge gezielter Handlungen und *Revision* eine Funktion beschreibt.[87]

[85] Vgl. Horváth (2009), S. 785f. Zum empirisch vielfach belegten Zusammenhang zwischen der Unternehmensgröße und der Größe des Controllerbereichs vgl. beispielhaft Wufka (2007), S. 85f., Weber (2009), S. 55 sowie Grieshop (2010), S. 189.

[86] Hierzu beispielhaft www.Controllingportal.de und www.Competence-Site.de/Controlling

[87] Vgl. Schneider (2000), S. 68.

Ihren Ursprung hat die Arbeit des Revisors in der Prüfung von Richtigkeit und Vollständigkeit der Aufzeichnungen des Frachtverkehrs von Handelsschiffen früher italienischer Handelshäuser.[88] Entscheidende Impulse hierfür gingen von dem zunehmenden Handel und der wachsenden Industrie des Mittelalters aus. Die Ausdehnung der dafür erforderlichen Organisationsstrukturen führte zu einer zunehmenden Dezentralisierung und folglich zu einem zunehmenden Bedarf an organisationsinterner Kontrolle.[89] Die ursprüngliche Prüfung des Rechnungs- und Finanzwesens, wurde allerdings bis Ende des letzten Jahrhunderts auf sämtliche Teile der Unternehmenstätigkeit ausgeweitet.[90]

Eine Prüfung bzw. der Prüfungsprozess besteht aus mehreren Schritten: der Planung und Vorbereitung der Prüfung, der Durchführung der selbigen, einer Berichterstattung der Prüfungsergebnisse sowie ggf. einer anschließenden Überwachung der als Folge des Prüfungsergebnisses zu treffenden Maßnahmen:[91]

- *Prüfungsplanung* – Diese umfasst weitestgehend die Identifikation des Prüfungsobjekts, die Festlegung des Prüfungsziels sowie die Bestimmung der zur Prüfungsdurchführung notwendigen Ressourcen und Kompetenzen.[92] Das Prüfungsziel ist bei Soll/Ist-Vergleichen vornehmlich in der Aufdeckung von Abweichungen bzw. Schwachstellen sowie einer Ursachenanalyse zu sehen, die ggf. um Empfehlungen zu Verbesserungsmaßnamen ergänzt werden können.[93] Sollten keine Sollvorgaben existieren, obliegt es dem Prüfer diese zu bestimmen.[94]

---

88 Vgl. Peemöller/Richter (2000), S. 28f.

89 Vgl. Berwanger/Kullmann (2008), S. 53.

90 Vgl. hierzu ausführlich Hofmann (1972), der schon früh unter dem Begriff Internal Control alle Methoden und Maßnahmen zur Überwachung eines Unternehmens in Bezug zu der Tätigkeit der Internen Revision setzte und sich für eine unternehmensweite Ausrichtung der Prüfungstätigkeit aussprach. Für eine Übersicht zur historischen Entwicklung der Internen Revision seit dem Mittelalter vgl. Hofmann (1997), S. 53ff.

91 Vgl. Pickett (2005), S. 143, Berwanger/Kullmann (2008), S. 128 sowie Lück (2009), S. 110.

92 Vgl. hierzu ausführlich Berwanger/Kullmann (2008), S. 129ff.

93 Diese Empfehlungen sollten jedoch nur dann erfolgen, wenn sie der Unabhängigkeit des Prüfenden nicht entgegenstehen, d.h. es sollten keine Empfehlungen gegeben werden, die

- *Prüfungsvorbereitung* – Sie beinhaltet die Beschaffung der für die Prüfung benötigten Informationen in Abhängigkeit vom jeweiligen Prüfungsumfang bzw. Prüfungsziel. Des Weiteren fällt die Formulierung eines Prüfungsauftrags bzw. eine entsprechende Prüfungsankündigung[95] unter diesen Prozessschritt.[96]
- *Prüfungsdurchführung* – Dazu zählt die Analyse des Prüfungsobjekts in Abhängigkeit von Art, Umfang und Ziel der Prüfung, die Auswertung entsprechender Dokumente oder Daten anhand von Stichproben sowie die Beobachtung und Befragung der involvierten Personen.[97]
- *Berichterstattung* – Abschließend werden die Ergebnisse der Prüfung bzw. die erlangten Erkenntnisse bezüglich des Prüfungsobjekts dokumentiert und an die entsprechenden unternehmensinternen sowie –externen Adressaten kommuniziert. Sollten Handlungen zur Behebung von Revisionsfeststellungen notwendig sein, erfolgt ebenfalls eine Überwachung der Umsetzung der vereinbarten Maßnahmen.[98]

2.1.2 Aktionsfelder der Revisionstätigkeit

Da sich die Revisionstätigkeit im Allgemeinen auf unterschiedliche Prüfungsinhalte bezieht bzw. über mehrere Aufgabengebiete erstreckt, bedarf es zur weiteren Untersuchung, analog zu den Aktionsfeldern des Controllerbereichs, einer entsprechenden Kategorisierung. Um die unterschiedlichen Aktionsfelder der Revisionstätigkeit im Sinne dieser Arbeit operational zu kategorisieren, kann in Anlehnung an Lück/Henke/Hunecke (2000) folgende Unterscheidung getroffen werden:[99]

---

bei zukünftigen Prüfungen die Objektivität des Prüfenden negativ beeinflussen könnten. Vgl. hierzu ausführlich Abschnitt B2.2

94 Vgl. Krey (2001), S. 27.

95 Ausnahmen bilden bspw. Kassen- und Unterschlagungsprüfungen bei denen einen vorherige Ankündigung das Prüfungsziel gefährden könnte (vgl. Peemöller (2007), S. 13).

96 Vgl. hierzu ausführlich Berwanger/Kullmann (2008), S. 137ff.

97 Vgl. Crumbley (2004), S. 288, Pickett (2005), S. 245 sowie Peemöller (2007), S. 13.

98 Vgl. Berwanger/Kullmann (2008), S. 128.

99 Vgl. Lück/Henke/Huneke (2000), S. 18ff.

a) Ordnungsmäßigkeitsprüfung
b) Wirtschaftlichkeitsprüfung
c) Risikoprüfung

Bei Ordnungsmäßigkeitsprüfungen wird die Einhaltung formaler Ordnungsprinzipien geprüft, d.h. es gilt Abweichungen von formalen, fest definierten, unternehmensexternen wie -internen Normen zu identifizieren.[100] Beispiele hierfür sind die Befolgung gesetzlicher bzw. regulatorischer Vorgaben, die Einhaltung interner Entscheidungsbefugnisse sowie die Befolgung von Regelungen zu Zugangsberechtigungen und zur Nutzung von Betriebseigentum. Werden Verstöße gegen betriebliche oder gesetzliche Vorgaben identifiziert, obliegt es der Internen Revision entsprechende Sanktionen gegenüber den verantwortlichen Personen zu bewirken bzw. zu empfehlen.[101] Aufgrund der intensivierten Einrichtung interner Kontrollsysteme hat die Gewichtung von Ordnungsmäßigkeitsprüfungen innerhalb der Revisionstätigkeit in den letzen Jahren abgenommen, sie stellen jedoch weiterhin einen festen Bestandteil der Prüfungsaktivitäten dar.[102]

Wirtschaftlichkeitsprüfungen werden durchgeführt, um die zu überwachenden Unternehmensprozesse hinsichtlich ihrer Zielsetzung, Ausgestaltung und Umsetzung auf Effizienz bzw. Wirtschaftlichkeit zu prüfen. [103] Die Interne Revision überprüft dabei, ob die Zielsetzung der begutachteten Prozesse im Einklang mit den Zielen des Unternehmens stehen (i.d.R. dem Minimum-/Maximum-Prinzip folgend) und ob die Prozessgestaltung eine effiziente und effektive Verfahrensweise zur Erreichung dieser Ziele darstellt.[104] Die Formulierung entsprechender Sollwerte obliegt dabei der Internen Revision, da aufgrund des ausgeprägten unternehmensspezifischen Charakters oftmals keine eindeutigen Vorgaben existieren bzw. nicht extern formuliert werden können.[105] Da solche Sollwerte oft nur unscharfe Beurteilungsmaßstäbe darstellen, können Abweichungen

[100] Vgl. Keller/Weber (2008), S. 198 sowie Boecker (2010), S. 205.
[101] Vgl. Peemöller (2004), S. 154f.
[102] Vgl. Kagermann/Küting/Weber (2006), S. 7.
[103] Vgl. Lück (2001), S. 366.
[104] Vgl. Keller/Weber (2008), S. 198f.
[105] Vgl. Lück (2001), S. 366.

nicht als Fehler bzw. Verstöße i.S.d. Ordnungsmäßigkeitsprüfung verstanden werden.[106] Aus ihnen lassen sich vielmehr Verbesserungsvorschläge zur Steigerung des Unternehmenserfolgs ableiten.[107]

Wirtschaftlichkeitsprüfungen weisen wie kaum ein anderes Aktionsfeld potentielle Überschneidungen mit den Aufgaben eines Controllerbereichs auf. Die klare Formulierung und Trennung von Zuständigkeiten hilft, diese zu minimieren. Wesentlicher Unterscheidungspunkt ist, dass die Interne Revision bei Wirtschaftlichkeitsprüfungen zur Wahrung ihrer Neutralität abseits der geprüften Inhalte stehen muss, während der Controllerbereich eine enge Einbindung in die Tätigkeitsfelder der Unternehmensbereiche anstrebt.[108]

Risikoprüfungen umfassen alle Maßnahmen eines risikoorientierten Prüfungsvorgehens.[109] Durch einen risikoorientierten Prüfungsansatz soll die Revisionstätigkeit den unternehmerischen Risikobereichen eines dynamischen Unternehmensumfelds angepasst[110] und unter Berücksichtigung der begrenzten Ressourcen der Revisionsabteilung bestmögliche Assekuranz gewährleistet werden.[111] Während bei Ordnungsmäßigkeits- und Wirtschaftlichkeitsprüfungen lediglich diejenigen Risiken implizit berücksichtigt werden, die für das jeweilige Prüfungsziel relevant sind, ist für Risikoprüfungen sicherzustellen, dass während des Prüfungsprozesses alle wesentlichen Risiken eines Unternehmensbereichs Berücksichtigung finden.[112]

Kennzeichnend für dieses Aktionsfeld bzw. für diese Form der Prüfung ist eine dokumentierte Risikoanalyse des zu prüfenden Bereichs, auf deren Basis eine entsprechende Prüfungsplanung vorgenommen wird.[113] Anschließend er-

---

[106] Vgl. Peemöller/Richter (2000), S. 79.
[107] Vgl. Bubendorfer/Krumm (2007), S. 49.
[108] Vgl. Berens/Schmitting (2004), S. 62.
[109] Vgl. Lück (2001), S. 291.
[110] Vgl. Krey (2001), S. 21.
[111] Vgl. Berwanger/Kullmann (2008), S. 49.
[112] Vgl. Krey (2001), S. 41 sowie Eberl/Hachmeister (2007), S. 320. Im Gegensatz zu Ordnungsmäßigkeits- und Wirtschaftlichkeitsprüfungen, bei denen relevanten Risiken implizit berücksichtigt werden, tritt bei Risikoprüfungen die Identifikation von Risiken und die Risikoorientierung der Prüfungshandlungen in den Vordergrund.
[113] Vgl. IIA Standard 2010.A1.

folgt im Zuge der Prüfung eine Beurteilung des entsprechenden IKS bzw. Risikomanagements in Bezug auf das Prüfungsobjekt.[114]

Der herausragenden Bedeutung von Risikoprüfungen innerhalb der Revisionstätigkeit trägt das Deutsche Institut für Interne Revision e.V. (DIIR) durch die Veröffentlichung eines spezifischen Revisionsstandards für die Prüfung des Risikomanagementsystems durch die Interne Revision Rechnung. In ihm werden Ausgangspunkte, Ziele und Umfang einer solchen Prüfung festgelegt.[115] Diese umfassen u.a. die Prüfung der Methoden zur Analyse und Bewertung der vorhandenen Risiken, wie auch der damit verbundenen Kontroll- und Steuerungsmaßnahmen.[116]

Der eigene Anspruch verpflichtet dabei die Interne Revision, sowohl Effektivität als auch Effizienz der geprüften Kontrollmechanismen und des Risikomanagementsystems als Ganzem zu beurteilen.[117] Somit vereint die Prüfung des IKS bzw. Risikomanagementsystems sowohl Aspekte der Ordnungsmäßigkeitsprüfung als auch der Wirtschaftlichkeitsprüfung.

Innerhalb der Revisionstätigkeit werden Ordnungs-, Wirtschaftlichkeits- und Risikoprüfung durch das Aktionsfeld der Beratungsleistungen ergänzt. Gemessen am Gesamtarbeitsaufwand der Internen Revision kommt der Beratungstätigkeit eine stetig wachsende Bedeutung zu.[118] Die Interne Revision ist aufgrund ihrer umfassenden Kenntnis von Strukturen und Prozessen innerhalb des Unternehmens prädestiniert interne Beratungsleistungen zu erbringen.[119] Prüfungsnahe Beratungsleistungen beinhalten Lösungen bzw. Lösungsvorschläge bei im Rahmen der Prüfung festgestellten Mängeln, prüfungsunabhängige Beratungsleistungen können sich auf alle Unternehmensbereiche beziehen, oder auch die Planung, Konzeption und Einführung von Neuerungen im Unternehmen beinhalten, sofern die jeweilige Revisionsabteilung über entsprechende Kompeten-

[114] Vgl. Lück (2001), S. 291.
[115] IIR Revisionsstandard Nr. 2 Prüfung des Risikomanagements durch die Interne Revision.
[116] Vgl. IIR Revisionsstandard Nr. 2., S. 9ff.
[117] Vgl. IIR 2009, Definition.
[118] Vgl. Lück/Henke/Heneke (2000), S. 22 sowie Hunecke/Henke (2006), S. 158 sowie Kundiger (2007), S. 32.
[119] Vgl. Lück/Henke/Heneke (2000), S. 22 sowie Berwanger/Kullmann (2008), S. 175f.

zen verfügt.[120] Die Umsetzung der Beratungsinhalte verbleibt jedoch in der Verantwortung der jeweiligen Unternehmensbereiche.[121]

Empfänger dieser Beratungsleistungen sind vornehmlich die Unternehmensleitung sowie die geprüften Unternehmensbereiche, wobei die Interne Revision häufig selbst eine Beratung anregt.[122] Voraussetzungen für eine erfolgreiche Beratungsleistung durch die Interne Revision stellen jedoch die Wahrung der eigenen Unabhängigkeit sowie ausreichende Kapazitäten zur Erfüllung der Prüfungsleistungen dar.[123]

Lück/Henke/Hunecke (2000) nennen schließlich Sicherheitsprüfungen und Zweckmäßigkeitsprüfungen als weitere Aufgabenfelder der Internen Revision.[124] Die Zielsetzung von Sicherheitsprüfungen ist die Vermeidung von Verstößen gegen bestehende Auflagen oder der Gefährdung des Unternehmens.[125] Zweckmäßigkeitsprüfungen beurteilen, ob Prozesse für eine effiziente Erfüllung ihrer Zielsetzung geeignet sind.[126] Nach der obigen Definition von Ordnungsmäßigkeits- bzw. Risikoprüfungen können die Vermeidung von Verstößen gegen Auflagen als Bestandteil von Ordnungsmäßigkeitsprüfungen, die Vermeidung der Gefährdung des Unternehmens als Bestandteil von Risikoprüfungen erachtet werden. Des Weiteren werden Zweckmäßigkeitsprüfungen ebenfalls nicht gesondert betrachtet; nach der vorangestellten Definition von Wirtschaftlichkeitsprüfungen, wird die Zweckmäßigkeitsprüfung im Sinn dieser Arbeit als Spezialfall der Wirtschaftlichkeitsprüfung verstanden.

2.2 Institutionalisierung der Revisionsfunktion

Ein internes Überwachungssystem ist durch organisatorische Sicherungsmaßnahmen und interne Kontrollen bzw. Prüfungen gekennzeichnet und dient der stetigen und umfassenden Überwachung und Evaluierung der Unternehmens-

[120] Vgl. Hunecke/Henke (2006), S. 163 sowie Horváth (2007), S. 213.
[121] Vgl. Peemöller (2007), S. 14.
[122] Vgl. Hunecke/Henke (2006), S. 160.
[123] Vgl. Horváth (2007), S. 213.
[124] Vgl. Lück/Henke/Heneke (2000), S. 58ff.
[125] Vgl. Peemöller (2004), S. 155.
[126] Vgl. Kagermann/Küting/Weber (2006), S. 8.

prozesse.[127] Der Internen Revision, als organisationale Institutionalisierung der Revisionstätigkeit[128], kommt aufgrund ihrer unternehmensweiten, unabhängigen und objektiven Prüfungs- und Beratungsdienstleistungen in diesem Zusammenhang eine wesentliche Bedeutung zu.[129]

Die Interne Revision ist prozessunabhängig und prüft bzw. beurteilt sowohl Struktur als auch Aktivitäten eines Unternehmens.[130] Nach der Definition des DIIR sind ihre Dienstleistungen darauf ausgerichtet, Mehrwerte zu schaffen, Unternehmensprozesse zu verbessern und weiterführend die Unternehmensleitung bei der Einführung und Anwendung effizienter Führungs- und Überwachungsprozesse zu unterstützen.[131] Bei konsequenter Umsetzung beinhaltet dieses Leitbild auch die Intensivierung der Zusammenarbeit mit anderen Unternehmensbereichen, sofern eine Zusammenarbeit besagte Mehrwerte bzw. Verbesserungen in den Unternehmensprozessen erwarten lässt.

Die Unabhängigkeit der Internen Revision ist von zentraler Bedeutung für die objektive Umsetzung der Prüfungs- und Überwachungsaufgaben der Revisoren. Die Konzeption eines unabhängigen und objektiven Überwachungsorgans kann nur dann wirksam werden, wenn die Interne Revision weitestgehend frei von Weisungsgebundenheit und unter Loslösung von den übrigen Unternehmensprozessen handlungsfähig bleibt.[132] Aus dieser Unabhängigkeit ergibt sich ein wesentlicher Unterschied zum Controllerbereich, der als integrierte Unterstützungsfunktion der Unternehmensführung nicht außerhalb des zu prüfenden bzw. zu überwachenden Systems steht.[133]

Die Gewährleistung von Unabhängigkeit ist auch eine zentrale Forderung des Berufsstands der Revisoren, der die Voraussetzung für wirkungsvolle Revisionsausübung nur dann erfüllt sieht, wenn die Leitung der Internen Revision

[127] Vgl. Schmitz/Wehrheim (2006), S. 138.
[128] Da in Literatur und Praxis hinsichtlich der begrifflichen Einordnung von Revisionstätigkeit sowie deren Institutionalisierung weitgehend Einigkeit besteht, wird hier im Vergleich zu Controlling und Controllerbereich auf eine differenzierende Betrachtung verzichtet.
[129] Vgl. Heigl (1978), S. 28, Knapp (2005), S. 29 sowie Paetzmann (2007), S. 27.
[130] Vgl. Schmitz/Wehrheim (2006), S. 140 sowie Freidank/Altes (2007), S. 240.
[131] Vgl. IIR Revisionsstandard Nr. 1, S. 1.
[132] Vgl. Knapp (2005), S. 36f.
[133] Vgl. Peemöller (1995), S. 1250 sowie Eberl/Hachmeister (2007), S. 322.

direkt an eine Unternehmensebene berichtet, die diese Unabhängigkeit von Weisungen und Geschäftsprozessen innerhalb des Unternehmens gewährleisten kann.[134] In der Regel wird dies dadurch erreicht werden, dass der Leiter der Internen Revision direkt an die Unternehmensleitung berichtet; in Deutschland entsprechend an Vorstand und Aufsichtsrat.

Nach Definition des DIIR endet jedoch die Zuständigkeit der Internen Revision nicht mehr bei der vergangenheitsorientierten Aufdeckung von Schwachstellen, es gilt nun ebenfalls zukunftsorientierte Verbesserungsvorschläge zur Prozessgestaltung zu entwickeln.[135] Dies schließt die Begutachtung von Plänen zur Einführung neuer Produkte oder zur Erschließung neuer Geschäftsfelder ein. Die Revisionstätigkeit erfasst dabei die erforderlichen kaufmännischen, technischen und gesetzlichen Aspekte aller Aktivitäten eines Unternehmens.[136]

Da es das Ziel der Internen Revision ist es, einerseits vergangenheitsorientiert Abweichungen von Normen zu identifizieren und andererseits präventiv mögliche Fehlerquellen bzw. Schwachstellen innerhalb des Unternehmens zu erkennen, kann sie somit sinnbildlich als prüfendes „Auge und Gewissen" der Unternehmensleitung verstanden werden.[137] Dabei sollen traditionell die Richtigkeit, Ordnungsmäßigkeit und Zweckmäßigkeit sowie die Wirtschaftlichkeit der geprüften Unternehmensprozesse und Kontrollmechanismen untersucht werden.[138]

Länderübergreifend ist der Berufstand des Internen Revisors unter dem Dachverband *The Institute of Internal Auditors (IIA Inc.)* in Altamonte Springs, Fla, USA organisiert. Diese Vereinigung veröffentlicht in stetiger Anpassung an die globalen Anforderungen an effiziente und effektive Revisionstätigkeit ihre Best-Practice Verfahrenstandards für mustergültige Revisionstätigkeit. Ebenso werden international anerkannte Fortbildungsprogramme angeboten und umfassende wissenschaftliche Untersuchungen initiiert und gefördert.

134 Vgl. IIA Standard 1100.
135 Vgl. Lück/Unmuth (2005), S. 18.
136 Vgl. Berwanger/Kullmann (2008), Vorwort.
137 Blohm (1991), S. 4.
138 Vgl. Kagermann/Küting/Weber (2006), S. 2f.

Darauf aufbauend streben nationale Verbände, wie das DIIR, in ihrem jeweiligen Wirkungskreis nach einer konstruktiven Verbindung zwischen Wissenschaft und Praxis, um neue Erkenntnisse und Verfahrensweisen für eine verbesserte Revisionstätigkeit zu bewirken.[139]

Gesetzliche Regelungen zur Einführung und Unterhaltung einer unabhängigen Internen Revision sind nur in Ausnahmefällen zu finden.[140] Eines der wenigen Beispiele bietet § 91 Abs. 2 AktG: „Der Vorstand hat geeignete Maßnahmen zu treffen, insbesondere ein Überwachungssystem einzurichten, damit den Fortbestand der Gesellschaft gefährdende Entwicklungen früh erkannt werden.“ Hiernach besteht noch keine explizite Verpflichtung zur Einrichtung einer Internen Revision. Die entsprechende Gesetzesbegründung des Deutschen Bundestags beinhaltet jedoch, dass der Vorstand dazu verpflichtet ist, „für ein angemessenes Risikomanagement und eine angemessene Interne Revision zu sorgen“.[141]

Die explizite Nennung von Risikomanagement und Interner Revision weist nicht darauf hin, dass eine grundsätzliche Verpflichtung seitens der Internen Revision besteht, das Risikomanagementsystem einer Prüfung zu unterziehen. Es ist jedoch davon auszugehen, dass die Unternehmensleitung größerer Unternehmen im Rahmen ihrer allgemeinen Verantwortung nicht ohne Unterstützung durch die Interne Revision die Überwachung des Risikomanagementsystems gewährleisten kann.[142]

---

[139] Eine umfängliche Darstellung der Aufgaben, Grundsätze und Ziele sowie Einblicke in die Organisationsstruktur finden sich auf den Internetseiten der jeweiligen Vereinigungen. (exemplarisch http://www.diir-2009.de/ueber-das-diir/).

[140] Vgl. Berwanger/Kullmann (2008), S. 89.

[141] Deutscher Bundestag (Gesetzesbegründung 1998), S. 15.

[142] Vgl. IIR Revisionsstandard Nr.2, S. 3.

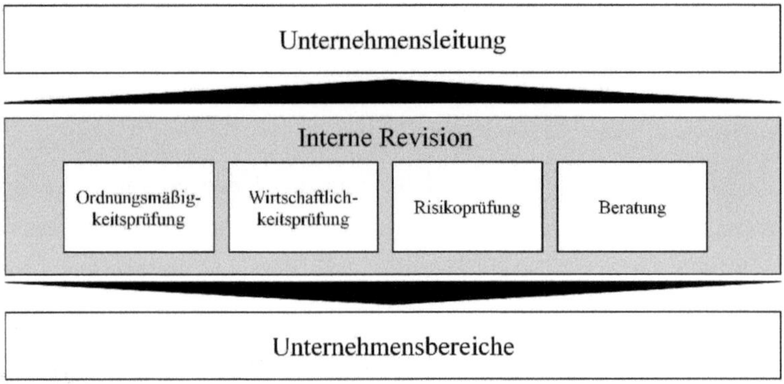

Rollenverständnis der Internen Revision:

„Die Interne Revision erbringt unabhängige und objektive Prüfungs- ("assurance"-) und Beratungsdienstleistungen, welche darauf ausgerichtet sind, Mehrwerte zu schaffen und die Geschäftsprozesse zu verbessern. Sie unterstützt die Organisation bei der Erreichung ihrer Ziele, indem sie mit einem systematischen und zielgerichteten Ansatz die Effektivität des Risikomanagements, der Kontrollen und der Führungs- und Überwachungsprozesse bewertet und diese verbessern hilft." DIIR (2009)

Abbildung 3: Interne Revision

Explizitere Regelungen zur Prüfungstätigkeit einer Internen Revision finden sich für die Finanzbranche; die Einrichtung einer Internen Revision wird hier nach § 25a Abs. 1 Satz 3 Nr. 2 KWG zwingend vorgeschrieben. Die sich nach § 25a Abs. 1 KWG ergebenden Möglichkeiten der Bundesanstalt für Finanzdienstleistungsaufsicht (BaFin) zur Konkretisierung bestehender gesetzlicher Vorgaben kommt in den Mindestanforderungen an das Risikomanagement zum Ausdruck. Diese stellen u.a. die im vorherigen Abschnitt behandelten Risikoprüfungen im Sinne einer risikoorientierten und prozessunabhängigen Prüfung des IKS bzw. Risikomanagements in den Vordergrund der Revisionstätigkeit.

Weiterhin wird die bereits erwähnte Voraussetzung der institutionellen Unabhängigkeit konkretisiert: „Die Interne Revision ist ein Instrument der Geschäftsleitung, ihr unmittelbar unterstellt und berichtspflichtig. Sie kann auch einem Mitglied der Geschäftsleitung, nach Möglichkeit dem Vorsitzenden, unterstellt sein."[143]

[143] BaFin Rundschreiben 5/2007: Mindestanforderungen an das Risikomanagement, S. 9.

3 Möglichkeiten und Grenzen der Kooperation von Controllerbereich und Interner Revision

3.1 Bisherige Veröffentlichungen und Stand der Forschung

3.1.1 Themenschwerpunkte bisheriger Veröffentlichungen

Nachdem die beiden Kooperationspartner Controllerbereich und Interne Revision in den vorangegangenen Abschnitten vorgestellt wurden, sollen nun die Möglichkeiten und Grenzen von Kooperationen zwischen diesen beiden Unternehmensbereichen näher erläutert bzw. der diesbezügliche Kenntnisstand der Forschung erörtert werden.

Die folgenden Ausführungen geben einen Überblick über die Literaturdiskussion der vergangenen Jahrzehnte zur Zusammenarbeit von Controllerbereich und Interner Revision, beginnend mit den ersten umfangreichen Beiträgen der siebziger Jahre und nachdem der Begriff Controlling im deutschsprachigen Raum Mitte der sechziger Jahre eine hinreichende Verbreitung in Forschung und Praxis erfahren hatte.[144] Vorab kann konstatiert werden, dass die überwiegende Mehrheit der Beiträge sachlich-analytischer Natur ist und nur vereinzelt eine empirische Untersuchung der behandelten Problemstellungen erfolgt.

Eine Systematisierung dieser Beiträge erfolgt anhand der thematisierten Aspekte der Zusammenarbeit von Controllerbereich und Interner Revision.[145] Im Ergebnis konnten drei wesentliche Aspekte der Zusammenarbeit identifiziert werden, die im Folgenden als Systematisierungskriterien dienen: Die strikte, organisationale Trennung von Controllerbereich und Interner Revision, der Austausch von Informationen und Methodenwissen sowie die gegenseitige Unterstützung durch den Austausch von Mitarbeitern bzw. die Bildung gemeinsamer Arbeitsgruppen.

[144] Vgl. Lück (2001), S. 57.

[145] Für Forschungsbeiträge, die zugleich mehrere Aspekte der Zusammenarbeit des Controllerbereichs und der Internen Revision thematisieren, erfolgt eine getrennte Auswertung der Ergebnisse gemäß dieser Systematisierung.

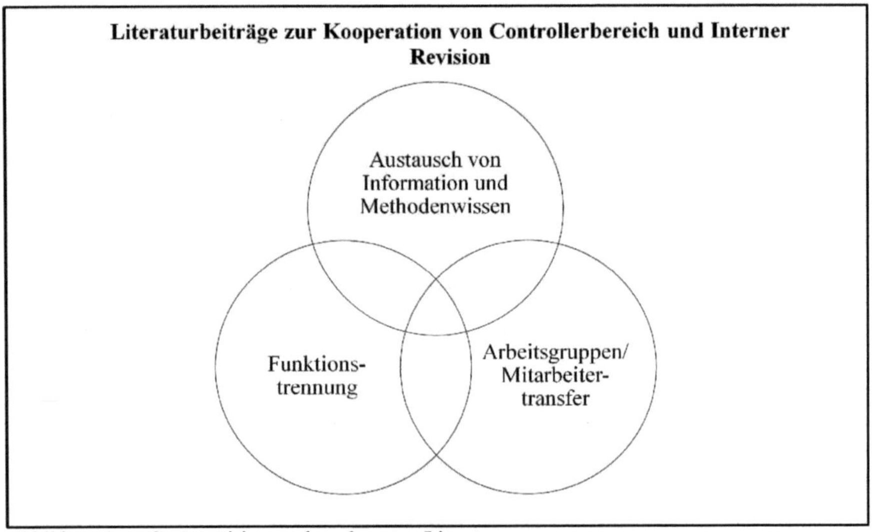

Abbildung 4: Systematisierung der relevanten Literatur

a) *Funktionstrennung* – Schon früh griff Deyhle (1975) die Frage nach der organisationalen Trennung von Controllerbereich und Interner Revision auf. Bei seiner Untersuchung des Tätigkeitsfeld und der strategischen Ausrichtung des Controllerbereichs stellt er die Frage nach der Zweckdienlichkeit einer Integration der Internen Revision in den Controllerbereich. Er weist auf generell fließende Übergänge zwischen dem Controllerbereich und der Internen Revision hin und bezieht sich dabei insbesondere auf den Bereich der Planung.[146] Deyhle (1975) attestiert der Revisionstätigkeit zwar eine „heilsame" Wirkung auf den Planungsprozess macht jedoch auch deutlich, dass die Interne Revision zur Wahrung ihrer Unabhängigkeit nicht an der Gestaltung des Prozesses teilhaben sollte.[147] Dieser Anspruch stellt folglich ein Hemmnis für die Integration dieser beiden Unternehmensbereiche dar.

Ein klares Bekenntnis für eine Abgrenzung von Controllerbereich und Interner Revision stellt die gleichnamige Arbeit von Schmid (1990) dar. Er weist u.a. auf die Notwendigkeit einer klaren Aufgabenverteilung hin um Doppelar-

[146] Vgl. Deyhle (1975), S. 82f.
[147] Deyhle (1975), S. 83.

beiten, verstärkte Konkurrenz und/oder Überwachungslücken zu vermeiden.[148] Im Hinblick auf eine steigende Nachfrage nach Steuerung, Koordination und Information sieht er die Rolle des Controllerbereichs als Koordinationsinstrument, die Interne Revision hingegen als Analyse und Ermittlungsinstrument.[149]

Blohm (1991) kommt bei seinem Ausblick auf die zukünftige Entwicklung der Internen Revision zu dem Schluss, dass sich eine partnerschaftliche Zusammenarbeit der beiden Stabsstellen Interne Revision und Controllerbereich generell anbietet, diese jedoch eine klare Abgrenzung der Verantwortlichkeiten voraussetzt.[150] Weiterführend stellt Blohm (1991) die Frage, ob zukünftig mit einer strikteren Arbeitsteilung oder mit einer verstärkten Konkurrenzsituation der beiden Bereiche zu rechnen ist. Der Verfasser geht von Letzterem aus, was auch in späteren Arbeiten durch die wiederkehrende Behandlung des Konfliktpotenzials zwischen Interner Revision und Controllerbereich aufgegriffen wird.

Zwischenzeitlich wurde in der Zeitschrift für Interne Revision (ZIR) sogar eine Diskussion angeregt, ob Controllerbereich und Interne Revision in einem Unternehmensbereich zusammengeführt werden sollten. Als Gründe dafür nennt Hadaschik (1993), neben einer optimierten und koordinierten Nutzung von Ressourcen und Kompetenzen, einen ganzheitlicheren Ansatz bei der Informationsbeschaffung, inhaltlichen Validierung von Berichtsinhalten sowie einer Stärkung des IKS. Einzig im verstärkten Koordinationsbedarf von Revisions- und Controllingtätigkeiten in Zeiten erhöhter Planungsaktivitäten des Controllerbereichs wird eine Problemstellung gesehen, diese jedoch als durchaus lösbar erachtet.[151]

Mehrheitlich wurde eine Zusammenlegung von Controllerbereich und Interner Revision jedoch aufgrund der verminderten Prozessunabhängigkeit abgelehnt.[152] Eine Ausnahme bilden dabei kleinere Unternehmen, bei denen eine

[148] Vgl. Schmid (1990), S. 387.
[149] Vgl. Schmid (1990), S. 381.
[150] Vgl. Blohm (1991), S. 11.
[151] Vgl. Hadaschik (1993), S. 34f.
[152] Vgl. Pfestorf (1993), S. 160.

Trennung von Controllerbereich und Interner Revision aufgrund des verminderten Kontroll- und Überwachungsbedarfs nicht zweckmäßig erscheint.[153]

Später heben Lück/Henke/Hunecke (2000) in ihrer Vorstellung von Entwicklungstendenzen der unternehmensinternen Überwachung die Bedeutung einer Zusammenarbeit der Internen Revision mit dem Controllerbereich bei der Bewältigung zukünftiger Herausforderungen hervor. Beiden Bereichen wird eine partnerschaftliche Zielsetzung zur Zukunftssicherung des Unternehmens attestiert.[154] In diesem Zusammenhang wird jedoch auch auf die notwendige Trennung der beiden Unternehmensbereiche aufgrund der unentbehrlichen Unabhängigkeit der Internen Revision und der operativen Mitverantwortung des Controllerbereichs verwiesen.[155]

Schneider (2003) stellt in seiner Untersuchung des Controllerbereichs und der Internen Revision ein Modell zur optimierten Zusammenarbeit dieser beiden Unternehmensbereiche vor. Besondere Aufmerksamkeit wird dabei den Aufgaben der Internen Revision in Bezug auf das IKS sowie der Planungs- und Kontrollaufgaben des Controllerbereichs zuteil. Schneider (2003) betont jedoch das Nebeneinander, anstelle des Miteinanders der beiden Unternehmensbereiche. Demnach werden wenige Ansatzpunkte für einen koordinierten Einsatz von Ressourcen und Kompetenzen gegeben. Optimierungspotenziale der Zusammenarbeit werden hauptsächlich in der Vermeidung von Überschneidungen bzw. in der Verhinderung von Defiziten bei der Aufgabenverteilung zwischen Controllerbereich und Interner Revision gesehen.[156] Konflikte zwischen dem Controllerbereich und der Internen Revision sollen im Rahmen dieser strikten Aufgabenverteilung grundsätzlich vermieden, im Falle des Auftretens jedoch auch als Chance zur Sicherstellung der gemeinsamen Zielausrichtung verstanden werden.[157]

Die European Confederation of Institutes of Internal Auditing (ECIIA) untersuchte 2007 im Rahmen einer empirischen Studie die Rolle der Internen

[153] Vgl. Pfestorf (1993), S. 161.
[154] Vgl. Lück/Henke/Hunecke (2000), S. 32.
[155] Vgl. Lück/Henke/Hunecke (2000), S. 34.
[156] Vgl. Schneider (2003), S. 34.
[157] Vgl. Schneider (2003), S. 36.

Revision im Corporate Governance System europäischer Unternehmen.[158] Dabei wurde auch die Zusammenarbeit von Controllerbereich und Interner Revision als wichtiger Bestandteil des Corporate Governance Systems identifiziert. Ähnlich wie Schneider (1993) weist auch die ECIIA (2007) auf die Notwendigkeit einer klaren Aufgabenverteilung zwischen Controllerbereich und Interner Revision hin, um die Duplizierung von Tätigkeiten zu vermeiden. Jedoch wird explizit auf die Notwendigkeit der Koordination von Revisionstätigkeit und Analysearbeit des Controllerbereichs hingewiesen. Als Beispiel werden wesentliche Soll/Ist Abweichungen angeführt, die vom Controllerbereich im Rahmen seiner Analysetätigkeit an die Revision gemeldet werden und somit bei der Planung von Prüfungen berücksichtigt werden können.[159]

Bragg (2009) weist in seiner Abhandlung über die Arbeit des „Managerial Accountant“ anschaulich daraufhin, mit welchen Nachteilen eine mangelnde Trennung zwischen dem Controllerbereich und der Internen Revision verbunden sein kann. So sieht er in der Verknüpfung ihrer Berichtslinien eine eklatante Gefährdung der Prüfungs- und Überwachungsfunktion der Internen Revision: „Consequently, if the internal audit staff reports to this area, it is common for the controller or CFO to design audit programs that focus on relatively innocuous areas, or else, to focus on other parts of the company, while ignoring the accounting and finance areas. An alternative result is for the internal audit results to be buried, so that senior management does not review any information that is critical of the way in which accounting and finance areas are being managed.”[160]

Es lässt sich insgesamt festhalten, dass die Funktionstrennung von Controllerbereich und Interner Revision als einer der frühsten Themenschwerpunkte nach wie vor in der nationalen wie internationalen Forschungsliteratur fest etabliert ist.

b) *Austausch von Information und Methodenwissen* – Eine der ersten Arbeiten zur Zusammenarbeit von Controllerbereich und Interner Revision und den Möglichkeiten effektiver Zusammenarbeit dieser beiden Unternehmensbe-

---

[158] Vgl. ECIIA (2007), S. 7f.
[159] Vgl. ECIIA (2007), S. 44.
[160] Bragg (2009), S. 114.

reiche stellt die Untersuchung von Zünd (1973) dar. Bei seinen Ausführungen zur Kontrolle und Revision multinationaler Unternehmen nennt er den Controllerbereich und die Interne Revision als die wichtigsten Institutionen der Ergebnisüberwachung.[161] Ihre Zusammenarbeit wird als wesentliches Instrument zur erfolgreichen Erfüllung dieser Überwachungsaufgaben gesehen, welches sich im Hinblick auf die unterschiedlichen und ergänzenden Tätigkeitsschwerpunkte der beiden Bereiche nahezu „aufdrängt".[162] Eine Einschränkung wird jedoch dahingehend vorgenommen, dass routinemäßige Prozesse des Controllerbereichs nach wie vor Prüfungsgegenstand der Internen Revision sind. Zünd (1973) nennt als den wesentlichen Inhalt einer Kooperation den gegenseitigen Informationsaustausch zur verbesserten Wahrnehmung der individuellen Überwachungsaufgaben.[163]

Spiller (1975) stellt in seiner Arbeit über seine praktischen Erfahrungen und in seiner als vornehmlich Controllerbereich-orientiert bezeichneten Sichtweise fest, dass sich Unternehmen mit einem immer stärker werdenden Zwang nach Informationen auseinander setzen müssen[164], der auch erhöhte Anforderungen an den Controllerbereich und die Interne Revision stellt.[165] Zur Erfüllung dieser Anforderungen sieht Spiller (1975) den gegenseitigen Informationsaustausch als wesentliche Grundlage einer Zusammenarbeit und nennt dabei den Controller als einen der „Hauptkunden" der Internen Revision[166], wobei der Controllerbereich seinerseits aufgrund seines umfassenden Methodenwissens und seiner Erfahrungen in der Interpretation von Zahlen der reinen Kommunikation den Status einer Kooperation verleiht.[167] Die Interne Revision wiederum trägt nach Spiller (1975) durch die Sicherstellung der Qualität der Informationen dazu bei, dass der Controllerbereich auf die Ordnungsmäßigkeit der ihm zur Verfügung stehenden Informationen vertrauen kann.[168]

[161] Vgl. Zünd (1973), S. 204.
[162] Zünd (1973), S. 201.
[163] Vgl. Zünd (1973), S. 201f.
[164] Vgl. Spiller (1975), S. 66.
[165] Vgl. Spiller (1975), S. 67.
[166] Spiller (1975), S. 72.
[167] Vgl. Spiller (1975), S. 70.
[168] Vgl. Spiller (1975), S. 71.

Ähnlich wie Spiller (1975) nennt auch Heigl (1978) als wesentliches Kooperationsmotiv die Unterstützung des Controllerbereichs durch die Interne Revision in Form einer Sicherstellung der Informationsqualität.[169] Ergänzend stellt Heigl (1978) fest, dass auch die Abweichungsanalyse im Rahmen der Plankostenrechnung eine gemeinsame Aufgabe von Controllerbereich und Interner Revision darstellt.[170] Erläuterungen zur möglichen Ausgestaltung einer Kooperation erfolgen jedoch nicht. Auch zu einem späteren Zeitpunkt steht bei Heigl (1989) die Untersuchung von Kooperationsmotiven, und nicht die Ausgestaltung der eigentlichen Zusammenarbeit im Vordergrund. Eine Zusammenarbeit wird jedoch als zweckmäßig erachtet[171], wobei Zusammenarbeit vornehmlich als „enge Abstimmung" zwischen den beiden Unternehmensbereichen verstanden wird.[172]

Auch Deppe (1987) sieht in seiner Untersuchung der Möglichkeiten und Grenzen der Zusammenarbeit des Controllerbereichs und der Internen Revision das größte Potenzial im Austausch von Informationen[173], weist jedoch darauf hin, dass sich die beiden Bereiche durchaus auch methodisch bei der Erreichung ihrer individuellen Ziele unterstützen können. Begründet wird dieser Vorschlag mit den unterschiedlichen Mitteln und Möglichkeiten, die dem Controllerbereich und der Internen Revision zur Erfüllung ihrer Aufgaben zur Verfügung stehen und die eine Zusammenarbeit nicht nur möglich machen, sondern teils gar notwendig erscheinen lassen.[174]

In Ergänzung seines Appells für eine strikte Trennung von Controllerbereich und Interner Revision nennt Schmid (1990) vielfältige Themenfelder einer als „fruchtbar" erachteten Zusammenarbeit.[175] So beschreibt auch Schmid (1990) einen gegenseitigen Informationsaustausch als wesentlichen Kooperationsgegenstand. Hierbei kann die Interne Revision aufgrund ihrer Erkenntnisse aus Prüfungen nicht nur Hinweise auf Schwachstellen an den Controllerbereich

[169] Vgl. Heigl (1978), S. 28.
[170] Vgl. Heigl (1978), S. 70.
[171] Vgl. Heigl (1989), S. 15.
[172] Heigl (1989), S. 184.
[173] Vgl. Deppe (1987), S. 137.
[174] Vgl. Deppe (1987), S. 127.
[175] Schmid (1990), S. 389.

übermitteln, um die Fehlinterpretation von Daten zu verhindern, sondern auch, um dem Controllerbereich die Möglichkeit zu geben, Verbesserungsprozesse zu initiieren. Der Controllerbereich hingegen kann seinerseits bei der Prüfungsplanung der Internen Revision auf mögliche Schwachstellen im Unternehmen hinweisen oder ggf. Sonderprüfungen durch die Interne Revision zweckdienlich erscheinen lassen.[176]

Auch Göbel (1990) sieht Informationen als wesentliches Element einer Zusammenarbeit von Controllerbereich und Interner Revision. Als wesentlichen Unterschied zwischen diesen beiden Unternehmensbereichen nennt er deren Informationsquellen. Während der Controllerbereich bei seiner Informationsbeschaffung auf unternehmensinterne Informationssysteme zurückgreifen muss, kann die Interne Revision aufgrund ihrer Prüfungstätigkeit Informationen direkt vor Ort erlangen. Durch die Prüfung des Informationsursprungs und dessen Erfassung in den internen Informationssystemen gewährleistet die Interne Revision nach Göbel (1990) die Ordnungsmäßigkeit der durch den Controllerbereich genutzten Daten.[177]

Neben der genannten Gewährleistung der Ordnungsmäßigkeit des Zahlenmaterials sowie dem Austausch von Informationen sind nach Peemöller (1995) weitere Gründe für eine Zusammenarbeit von Controllerbereich und Interner Revision das gegenseitige Hinweisen auf Schwachstellen und Verbesserungsmöglichkeiten sowie das gemeinsame Interesse am IKS des Unternehmens.[178]

Bei seiner empirischen Studie zur Zusammenarbeit der Internen Revision und des Personalwesens untersucht Rossow (1994) ebenfalls Schnittstellen der Internen Revision zu personalbezogenen Überwachungsträgern, wie beispielsweise dem Personalcontrolling. Die Umfrage fand unter zwanzig deutschen Großunternehmen statt und richtete sich an die entsprechenden Konzernrevisionen. Neben der Feststellung einer in der Praxis üblichen Trennung von Controllerbereich und Interner Revision weist Rossow (1994) daraufhin, dass speziell

[176] Vgl. Schmid (1990), S. 389f.
[177] Vgl. Göbel (1990), S. 41.
[178] Vgl. Peemöller (1995), S. 1251f.

der Informationsaustausch zwischen diesen beiden Bereichen einer umfassenden Abstimmung von Inhalt und Auswertungsmethodik bedarf. Sollte der Koordinationsaufwand jedoch als zu hoch eingeschätzt werden, wird sogar ein Verzicht auf einen Informationsaustausch bzw. eine Zusammenarbeit und stattdessen die Ermittlung eigener Kennzahlen in getrennten Informationssystemen in Erwägung gezogen.[179]

Flesher/Zanzig (2000) überprüfen in ihren empirischen Studien die Beurteilung der Dienstleistungen der Internen Revision durch den Controllerbereich. Ziel ist es, Aufschluss darüber zu erhalten, ob die Interne Revision als nützlicher interner Dienstleister, oder als Hindernis bei der Erfüllung operativer Aufgaben wahrgenommen wird. Hierfür wurden 77 Revisoren und 64 Controller von U.S. Unternehmen dazu aufgefordert, unterschiedliche Revisionskonzepte und Charaktereigenschaften von Revision zu beurteilen.[180] Die Ergebnisse zeigen, dass unter Controllern und Revisoren Einigkeit darüber besteht, dass vornehmlich ein verbesserter Informationsaustausch die beiden Bereiche bei der Erfüllung ihrer jeweiligen Ziele unterstützt. Damit wird nach Flesher/Zanzig (2000) nicht nur eine verbesserte Wahrnehmung der Internen Revision als nützlicher interner Dienstleister erreicht, sondern auch Mehrwerte für das gesamte Unternehmen geschaffen.[181]

Sisaye (2001) behandelt in seiner Arbeit die Innovationsfähigkeit von Controllerbereich und Interner Revision und hebt dabei den Informationsaustausch zwischen Interner Revision und Controllerbereich als „Key Factor" der Kooperation dieser beiden Bereiche hervor und betont, dass diese freiwillige Form der Zusammenarbeit in zunehmendem Maße dazu beiträgt, komplexe Dienstleistungen und Prozesse zu niedrigeren Kosten anzubieten bzw. auszuführen.[182]

Die Bedeutung eines regelmäßigen Informationsaustauschs zwischen der Internen Revision und Controllerbereich zeigt sich auch innerhalb der fortlaufenden Diskussion der Auslagerung von Revisionsleistungen an externe Prü-

---

[179] Vgl. Rossow (1994), S. 97.
[180] Vgl. Flesher/Zanzig (2000), S. 332.
[181] Vgl. Flesher/Zanzig (2000), S. 335.
[182] Sisaye (2001), S. 259.

fungsgesellschaften. So stellen Rittenberg/ Covaleski (2001) fest, dass die Gegner einer solchen Auslagerung ihre Argumente wiederholt auf „unique local knowledge and command of private information“[183] der Internen Revision stützen. Dies stellt einen entscheidenden Wettbewerbsvorteil gegenüber externen Prüfungsinstanzen dar, den die Interne Revision nicht zuletzt dem regelmäßigen, unternehmensinternen Austausch von Informationen mit dem Controllerbereich verdankt.

Es zeigt sich, dass auch dieser Themenschwerpunkt vielseitige Anknüpfungspunkte für eine erfolgreiche Zusammenarbeit von Controllerbereich und Interner Revision bietet und sich durch eine hohe Relevanz für die vorliegende Untersuchung auszeichnet.

c) *Arbeitsgruppen/Mitarbeitertransfer* – Zünd (1973) nennt, neben dem bereits erwähnten gegenseitigen Austausch von Informationen, die Bildung gemischter Arbeitsgruppen zur gegenseitigen Unterstützung bei der Lösung von Problemen als einen wesentlichen Inhalt einer Zusammenarbeit von Controllerbereich und Interner Revision.[184] Eine Einschätzung, die Deppe (1987) nicht uneingeschränkt teilt; so steht er, trotz der von ihm erwähnten Vorteilhaftigkeit des Austauschs von Methodenwissen zwischen Controllerbereich und Interner Revision, einem Austausch von Mitarbeitern, wie z.B. dem zeitlich befristeten Einsatz von Controllern als Gastrevisoren, kritisch gegenüber. Eine Auffassung, die in der Unternehmenspraxis jedoch keinen Anklang gefunden hat.[185]

So rechnet Schmid (1990), der bereits auf die Notwendigkeit einer Funktionstrennung und auf die Vorteilhaftigkeit eines Informationsaustausches zwischen dem Controllerbereich und der Internen Revision hinweist, mit positiven Implikationen aus der Zusammenarbeit in Projektgruppen. Diese lässt nach Schmid (1990) nicht nur eine verbesserte bzw. effizientere Erfüllung der eigenen Aufgaben erwarten, sondern führt auch bei Projekten „zu einer umfassenderen und dadurch fundierten Problemlösung“.[186] Es wird weiterhin auf die Vor-

[183] Vgl. Rittenberg/ Covaleski (2001), S. 639.
[184] Vgl. Zünd (1973), S. 201f.
[185] Vgl. Deppe (1987), S. 137 sowie Albrecht (2007), S. 331.
[186] Schmid (1990), S. 390.

teilhaftigkeit von Projektgruppen hingewiesen, die bspw. bei Rationalisierungsvorhaben oder Unternehmensbewertungen zum Einsatz kommen können.[187]

Sisaye (2001) nennt Teamwork per Definition als einen weiteren „Key Factor“ von Kooperationen, der den bereits erwähnten Informationsaustausch ergänzt, um Ressourcen über fachliche und organisationale Grenzen hinweg effektiver nutzbar zu machen. Er gibt jedoch weiterhin zu bedenken, dass interne Steuerungsmechanismen oftmals die Vorteilhaftigkeit solcher Kooperationen unzureichend berücksichtigen[188] und bisweilen Bereichsegoismen fördern können.[189]

Albrecht (2007) behandelt in seiner Untersuchung der Zusammenarbeit von Controllerbereich und Interner Revision einzelne Inhalte der Controlling- und Revisionstätigkeit und zeigt positive Wirkungszusammenhänge zwischen ihnen auf. So werden beispielsweise unternehmensweite Revisionsplanung, die Prüfung des Controllerbereichs durch die Interne Revision, sowie Personaltransfers zwischen den beiden Unternehmensbereichen behandelt. Albrecht (2007) empfiehlt diesbezüglich neben einer frühzeitigen Einbindung des Controllerbereichs in die Prüfungsvorbereitungen der Internen Revision zur Risikoidentifizierung und -bewertung auch den Rückgriff auf die Fachkompetenz des Controllerbereichs zur Priorisierung von Prüfungsinhalten. Des Weiteren wird ein positiver Einfluss von Revisionsprüfungen auf die Informationsprozesse innerhalb des Controllerbereichs festgestellt.[190] Sowohl bei der Einbeziehung von Revisoren in Controllingprojekte als auch bei der Unterstützung von Prüfungstätigkeiten durch Controller nennt Albrecht (2007) die Wahrung der Unabhängigkeit der Internen Revision als notwendige Voraussetzung.[191] Eine empirische Evaluierung seiner Ausführungen erfolgt indes nicht.

Bragg (2009) hingegen, spricht sich zwar für eine klare Trennung von Controllerbereich und Interner Revision und für die Berücksichtigung von Informa-

---

[187] Vgl. Schmid (1990), S. 390.
[188] Vgl. Sisaye (2001), S. 259
[189] Zur Gestaltung von Entlohnungsystemen zur Förderung eines „Boundaryless Behaviour“ vgl. North (2005), S. 270f.
[190] Vgl. Albrecht (2007), S. 330.
[191] Vgl. Albrecht (2007), S. 331.

tionen aus dem Controllerbereich bei der Erstellung von Revisionsplänen aus, einen Austausch von Mitarbeitern sieht er jedoch für ein erfolgreiches Zusammenwirken dieser beiden Bereiche nicht vor. Vielmehr sieht er in Revisoren einen potentiellen Führungsnachwuchs, der sich durch eine durchlaufene "tour of duty" in der Internen Revision für eine Stelle im Controllerbereich empfiehlt.[192]

Im Vergleich zu den beiden vorangegangenen Themenschwerpunkten ist der Austausch von Mitarbeitern bzw. die Bildung gemeinsamer Arbeitsgruppen zwar selten alleiniger Gegenstand der Forschung, dennoch wird dieser Themenschwerpunkt in den meisten Untersuchungen zum Zusammenwirken von Controllerbereich und Interner Revision als unerverzichtbar erachtet.

3.1.2 Themenübergreifende empirische Studien in Deutschland

Anhand einer großzahligen empirischen Erhebung unter vornehmlich deutschen Controllingleitern wird von Birl (2007) erstmalig der Versuch unternommen, die Kooperation von Controllerbereich und Interner Revision umfassend zu operationalisieren und deren Güte und Einflussfaktoren zu bewerten. Dabei finden sowohl die Trennung von Controllerbereich und Interner Revision, als auch der Austausch von Informationen und Methodenwissen sowie die Bildung gemeinsamer Projektgruppen Berücksichtigung.

Die Untersuchung erfolgt in drei getrennten Modellen. Zunächst wird die Güte der Kooperation von Controllerbereich und Interner Revision anhand eines Dreifaktorenmodells gemessen; demnach wird Güte der Kooperation durch die Güte des formellen Informationsaustauschs, des informellen Informationsaustauschs und der Collaboration bestimmt.[193] Collaboration wird dabei definiert als „an affective, volatile, mutual/shared process where two departments work together, have mutual understanding, have a common vision, share resources,

[192] Vgl. Bragg (2009), S. 113.
[193] Vgl. Birl (2007), S. 130.

and achieve collective goals".[194] Im Ergebnis erwies sich die Collaboration als der Faktor mit dem größten Beitrag zur Güte der Kooperation.[195]

Die Untersuchung von Kontextfaktoren erfolgt getrennt hiervon, anhand struktureller wie relationaler Determinanten in separaten Messmodellen;[196] die Entwicklung eines einheitlichen Forschungsmodells erfolgte demnach nicht. Als wichtigster struktureller Einflussfaktor werden interfunktionale Teams, als wichtigste relationale Einflussfaktoren einseitige und gegenseitige Abhängigkeiten genannt.[197]

Die Auswirkungen der Zusammenarbeit von Controllerbereich und Interner Revision wurden im Hinblick auf die Führungsunterstützungs- und Rationalitätssicherungsfunktion des Controllerbereichs überprüft.[198] Im Ergebnis weist Birl (2007) vorwiegend auf einen positiven Einfluss auf die Rationalitätssicherung hin.[199] Eine Untersuchung der Auswirkungen einer Zusammenarbeit auf die Aktionsfelder der Internen Revision konnte aufgrund der einseitigen Befragung nicht erfolgen.

Themenübergreifend beschäftigt sich auch das DIIR mit der Zusammenarbeit der Internen Revision mit anderen Unternehmensbereichen. Bei einer unter Revisionsabteilungen in Deutschland, Österreich und der Schweiz durchgeführten empirischen Erhebung kommt das DIIR (2008) zu dem Schluss, dass eine Zusammenarbeit der Internen Revision hauptsächlich mit Abschlussprüfern, dem Controllerbereich und dem Risikomanagement stattfindet, und das sich diese Zusammenarbeit nach Meinung der befragten Leiter der Internen Revision weiter verstärken wird.[200] Bei Unternehmen, die effizienzorientierte Ziele verfolgen, ist die Zusammenarbeit mit dem Controllerbereich dabei am intensivs-

---

[194] Kahn (1996), S. 139
[195] Vgl. Birl (2007), S. 229.
[196] Vgl. Birl (2007), S. 187 bzw. Birl (2007), S. 206.
[197] Das Konstrukt *Abhängigkeit* umfasst hierbei die Komplementarität der Ziele und Aufgaben der beiden Kooperationspartner sowie deren Konfliktpotenzial einschließlich ressourcentechnischer Dependenzen und Interdependenzen.
[198] Vgl. Birl (2007), S. 157.
[199] Vgl. Birl (2007), S. 229.
[200] Vgl. DIIR (2008), S. 31.

ten.[201] Dies steht im Einklang mit einer früheren Erhebung des DIIR (2004), bei der ebenfalls die Zusammenarbeit mit dem Controllerbereich eine hervorgehobene Stellung einnimmt.[202]

3.1.3 Wesentliche Ergebnisse

Folgende wesentlichen Themeninhalte einer erfolgreichen Zusammenarbeit von Controllerbereich und Interner Revision konnten aufgrund der vorangegangenen Literaturdiskussion identifiziert werden:

Autoren	Jahr	Funktions-Trennung	Informations/ Methoden-Austausch	Arbeitsgruppen/ Mitarbeiter-Transfer
Zünd, A.	1973	√	√	√
Spiller, K.	1975	√	√	
Deyhle, A.	1975	√	√	
Heigl, A.	1978	√	√	
Deppe, H.	1987	√	√	
Schmidt, R.	1990	√	√	√
Göbel, R.	1990	√	√	
Blohm, H.	1991	√	√	
Hadaschik, M.	1993		√	√
Rossow, H. (empirisch)	1994	√	√	
Peemöller, V.	1995	√	√	
Lück, W. et al.	2000	√		√
Flesher, D./Zanzig, J. (emp.)	2000		√	
Rittenberg, L./Covaleski, M.	2001	√	√	
Sisaye, S.	2001		√	√
Schneider, T.	2003	√		
ECIIA	2007	√	√	
Birl, H. (empirisch)	2007	√	√	√
Albrecht, T.	2007	√	√	√
DIIR (empirisch)	2008	√		
Bragg, S.	2009	√	√	

Abbildung 5: Ergebnisse Literaturdiskussion/Themengebiete

201 Vgl. DIIR (2008), S. 33.

202 Vgl. DIIR (2004), S. 34ff.; hierzu auch Füss (2005), der sich aufbauend auf den Ergebnissen dieser Studie für einen regelmäßigen Austausch zwischen Controllerbereich und Interner Revision von Erkenntnissen aus ihren jeweiligen Tätigkeiten ausspricht.

a) *Funktionstrennung* – Die Notwendigkeit einer strikten Trennung von Zuständigkeiten innerhalb eines Unternehmens zur Verhinderung von Überschneidungen wie auch zur Schließung von Überwachungslücken wird in den angeführten Arbeiten wiederholt hervorgehoben. Eine Zusammenlegung von Controllerbereich und Interner Revision wird dementsprechend weitestgehend abgelehnt bzw. nur in Ausnahmenfällen als zweckdienlich erachtet. Teilweise wird einer strikten Aufgabentrennung die Förderung von Konkurrenzsituationen unterstellt, die Annahme einer partnerschaftlichen Beziehung überwiegt hierbei jedoch.

Weiterhin wird die strikte organisationale Trennung dieser beiden Bereiche als Grundvoraussetzung dafür gesehen, dass die Interne Revision auch bei intensivierter Zusammenarbeit mit dem Controllerbereich ihre notwendige Unabhängigkeit nicht verliert.

b) *Austausch von Information und Methodenwissen* – Nahezu alle Arbeiten zur Zusammenarbeit von Controllerbereich und Interner Revision nennen den gegenseitigen Informationsaustausch als Kerninhalt einer Kooperation. Dabei soll über die reine Weiterleitung von Berichten und Analysen hinaus gezielt auf Schwachstellen im Unternehmen bzw. in den Prozessen des jeweiligen Kooperationspartners hingewiesen werden, um Verbesserungen zu ermöglichen. Der Austausch von Informationen ergibt sich dabei zum einen aus den Informationssystemen, Berichten und Analysen des Controllerbereichs, die nützliche Informationen für die Interne Revision beinhalten können, und zum anderen aus den Erkenntnissen, welche die Interne Revision im Rahmen ihrer Prüfungstätigkeit über das Betriebsgeschehen gewinnt und bei Bedarf an den Controllerbereich übermittelt. Zur Ergänzung des reinen Informationsaustauschs verweisen die bisherigen Arbeiten meist auch auf die Nützlichkeit von Methodenwissen des jeweiligen Kooperationspartners zur Unterstützung des Gegenübers bei der Erreichung individueller Ziele.

So wird u.a. die Unterstützung der Internen Revision bei der Interpretation von Zahlenmaterial aus dem Controllerbereich oder bei Revisionsplanungen genannt. Dem Controllerbereich wiederum nutzen die Erfahrungen der Internen Revision bei der Erfüllung seiner Bereichsziele. Als Beispiele werden die Unterstützung und Verbesserung von Planungsprozessen oder auch die Unterstützung bei der Einrichtung zuverlässiger Informationssysteme angeführt.

c) *Arbeitsgruppen/Mitarbeitertransfer* – Um Problemstellungen auch außerhalb der üblichen Controlling- bzw. Revisionstätigkeiten effektiver lösen, und dabei auf die jeweils unterschiedlichen Fähigkeiten des Kooperationspartners zurückgreifen zu können, wird neben dem reinen Informationsaustausch auch die Bildung gemeinsamer Arbeitsgruppen empfohlen.

3.2 Forschungsdefizite

Anhand der vorangegangenen Literaturanalyse zeigt sich, dass sich die bisherige Forschung vornehmlich mit möglichen Kooperationsinhalten, jedoch nur ansatzweise mit den über den Konkurrenzgedanken hinausgehenden Erfolgsfaktoren einer erfolgreichen Zusammenarbeit beschäftigt hat. Zwar wurden vereinzelt mögliche Kooperationsausprägungen untersucht, die Voraussetzungen für eine erfolgreiche Zusammenarbeit sowie stabilisierende Faktoren bleiben jedoch weitgehend unbehandelt.

Weiterhin wird der Einfluss einer Zusammenarbeit von Controllerbereich und Interner Revision auf die unterschiedlichen Zielgrößen der beiden Unternehmensbereiche nur vereinzelt vorgenommen. Eine ganzheitliche, zweiseitige Betrachtung der Voraussetzungen und Erfolgsfaktoren einer erfolgreichen Kooperation von Controllerbereich und Interner Revision oder der Wirkungszusammenhänge zwischen dem Kooperationserfolg und den Aktionsfeldern dieser beiden Unternehmensbereiche erfolgte bislang weder sachanalytisch, noch empirisch. Erste empirische Erhebungen wurden bislang nur unter Controllern erhoben; auf Seiten der Internen Revision blieb eine empirische Untersuchung der Zusammenarbeit mit dem Controllerbereich ebenfalls unberücksichtigt oder wurde allenfalls rudimentär behandelt.

Wie in Abschnitt A vorgestellt, soll das Ziel der vorliegenden Arbeit darin bestehen, die hier aufgezeigten Forschungslücken zu schließen und den angestrebten Erkenntnisgewinn zudem empirisch zu belegen.

C Grundlagen der empirischen Untersuchung

1 Konzeption und Ablauf der empirischen Untersuchung

1.1 Untersuchungsziel und Forschungsstrategie

Die empirische Sozialforschung stellt eine Sammlung von Techniken und Methoden dar, die der wissenschaftlichen Untersuchung menschlichen Verhaltens und gesellschaftlicher Phänomene dienen.[203] Die Forschungsmethoden können grundsätzlich hinsichtlich ihrer Strategie bzw. Zielsetzung in zwei Kategorien unterteilt werden; in qualitative Forschungsstrategien, die vornehmlich bei deskriptiven oder explorativen Untersuchungen eingesetzt werden, und in quantitative Forschungsstrategien, die vornehmlich bei Untersuchungen mit präskriptivem Charakter und konfirmatorischer Datenanalyse Anwendung finden.[204]

Qualitative Forschungsmethoden sind meist dann zu empfehlen, wenn der Forschungsgegenstand weitgehend unerforscht ist und erst ein Verständnis komplexer Zusammenhänge erlangt werden muss.[205] Der angestrebte Erkenntnisbeitrag liegt darin, Theorien und Hypothesen zu generieren, die über die behandelten Einzelfälle hinaus Gültigkeit für den untersuchten Forschungsgegenstand haben.[206] Der Forschungsprozess ist dabei zirkulär angelegt, d.h. im Zuge der Theorienbildung können neue Daten erhoben werden, die einen weiteren Beitrag zur Ausdifferenzierung der eigenen Theorie leisten.[207]

Quantitative Forschungsstrategien setzen das Vorhandensein theoretischer Bezugspunkte innerhalb eines Forschungsbereichs voraus, d.h. es müssen bereits Theorien bestehen bzw. Hypothesen formulierbar sein, die empirisch überprüft werden können.[208] Der quantitative Forschungsprozess kann also im Gegensatz zur qualitativen Verfahrensweise als linear erachtet werden.[209] Ausgangspunkt einer solchen Forschungsstrategie ist ein theoriegeleitetes Vorgehen, bei dem

[203] Vgl. Schnell/Hill/Esser (2008), S.5.
[204] Vgl. Bickman/Rog (1998), S. 34 sowie Riesenhuber (2007), S. 6.
[205] Vgl. Heinze (2001), S. 27.
[206] Vgl. Brüsemeister (2008), S. 20.
[207] Vgl. Behnke/Bauer/Behnke (2006), S. 33.
[208] Vgl. Raithel (2008), S. 34.
[209] Vgl. Black (1999), S. 28 sowie Behnke/Bauer/Behnke (2006), S. 33 f.

der bisherige Forschungsstand aufgrund vorangegangener Untersuchungen oder bestehender Theorien in die Spezifikation eines Forschungsmodells einfließt bzw. dessen Grundlage bildet.[210]

Aufgrund der hinreichenden Durchdringung des Forschungsfeldes im Hinblick auf Anknüpfungsmöglichkeiten an bisherige theoriegestützte Erklärungsansatze zur Formulierung testbarer Hypothesen, erscheint es am zweckdienlichsten, für die weitere Untersuchung der Problemstellung eine quantitative Forschungsstrategie zu wählen.

1.2 Offenes Strukturmodell als Ausgangspunkt der empirischen Untersuchung

Strukturgleichungsmodelle zur Analyse kausaler Abhängigkeiten gelten in der quantitativen Forschung bislang als einzige Methode, komplexe Abhängigkeitsstrukturen zu messen und zu analysieren.[211] Bei einer Kausalanalyse wird allgemein untersucht, ob vermutete lineare Beziehungen zwischen Variablen durch empirisch gewonnene Daten bestätigt werden können.[212] Strukturgleichungsmodelle ermöglichen in diesem Zusammenhang eine eindringlichere Überprüfung formalisierter Hypothesen, als die gängigen Verfahren der multivariaten Statistik.[213] Die Modelle zeichnen sich besonders dadurch aus, dass sie auch eine Überprüfung von Beziehungen zwischen latenten, d.h. nicht direkt messbaren Variablen ermöglichen und mitunter Messfehler explizit berücksichtigen.[214]

Latente Variablen können indirekt über andere beobachtbare Indikatoren messbar gemacht werden, wenn sie zueinander in einer kausalen Beziehung stehen.[215] Diese kausale Beziehung kann entweder formativer oder reflektiver Natur sein.

---

[210] Vgl. Denz (2005), S. 38 f. sowie Black (1999), S. 30.
[211] Vgl. Homburg/Klarmann (2006), S. 728.
[212] Vgl. Backhaus et al. (2005), S. 338.
[213] Vgl. Reinecke (2005), S. 7.
[214] Vgl. Backhaus et al. (2005), S. 338.
[215] Vgl. Christophersen/Grape (2007), S. 103.

Formative Indikatoren sind ursächlich für die latente Variable[216], d.h., ändert sich einer der Indikatoren, führt dies zu einer entsprechenden Veränderung der latenten Variablen. Dabei müssen die formativen Indikatoren der latenten Variablen nicht miteinander korrelieren; in einigen Fällen kann die Senkung eines Indikators durch die Erhöhung eines anderen Indikators substituiert werden, ohne die Ausprägung der latenten Variable zu verändern.[217]

Reflektive Indikatoren dagegen geben lediglich den Wert einer latenten Variablen wieder ohne diesen zu beeinflussen. Da alle reflektiven Indikatoren einer latenten Variablen den gleichen Messgegenstand haben, sollten ihre Schwankungen bei einer Erhöhung oder Verminderung der Ausprägung der latenten Variablen miteinander korrelieren.[218] Auch Kombinationen formativer und reflektiver Indikatoren zu einem multidimensionalen Konstrukt sind bei der Untersuchung komplexer Realphänomene möglich.[219] Ein bekanntes Beispiel hierfür sind sog. MIMIC Modelle (multiple indicator and multiple causes model). Diese beinhalten mehrere Wirkungsbeziehungen mit unterschiedlichen Stufen, auf denen sowohl reflektive als auch formative Indikatoren in einem Modell zusammengefasst werden.[220]

Die Messergebnisse eines Strukturgleichungsmodells ergeben sich somit aus der Auswertung und Deutung von Abhängigkeitsbeziehungen zwischen einzelnen Modellelementen anhand der in einem Datensatz ermittelten Varianzen und Kovarianzen der verschieden Indikatoren.[221] Notwendige Bedingung für aussagekräftige Ergebnisse aus statistischen Modellen mit Strukturgleichungen ist eine der Komplexität des Modells angemessene Anzahl an empirischen Beobachtungen.[222]

Insgesamt lässt sich für die vorliegende Arbeit festhalten, dass Strukturgleichungsmodelle einen geeigneten Rahmen für die Untersuchung der Erfolgs-

[216] Vgl. Huber et al. (2007), S. 4f.
[217] Vgl. Christophersen/Grape (2007), S. 105f.
[218] Vgl. Huber et al. (2007), S. 4f.
[219] Vgl. Christophersen/Grape (2007), S. 106.
[220] Vgl. Kaplan (2000), S. 70f. sowie Esposito/Trinchera/Amato (2010), S. 51.
[221] Vgl. Kuß (2007), S. 258.
[222] Vgl. Reinecke (2005), S. 7.

faktoren der Zusammenarbeit von Controllerbereich und Interner Revision darstellen. Viele Aspekte einer erfolgreichen Zusammenarbeit von Kooperationspartnern sind nicht direkt beobachtbar. Damit erweist sich die Verwendung von Strukturgleichungsmodellen im Vergleich zu solchen multivariaten Analysemethoden, die keine Überprüfung der Beziehungen latenter Variablen zulassen, als überlegen. Weiterhin ermöglichen Strukturgleichungsmodelle die Untersuchung der Abhängigkeitsbeziehungen zwischen den bestimmenden Faktoren einer Zusammenarbeit und dem Kooperationserfolg; gemäß der gewählten quantitativen Forschungsstrategie werden die im Rahmen dieser Arbeit zu formulierenden Hypothesen damit einer empirischen Überprüfung zugänglich gemacht.

Als Ausgangspunkt für die Untersuchung der Erfolgsfaktoren und Auswirkungen einer Kooperation von Controllerbereich und Interner Revision dient zunächst ein offenes multidimensionales Strukturmodell mit einer unbestimmten Anzahl an Erfolgsfaktoren der Kooperation und einer unbestimmten Anzahl an Zieldimensionen, die durch die Kooperation positiv beeinflusst werden. Die Erfolgsfaktoren werden dabei als diejenigen latenten Variablen verstanden, die den Kooperationserfolg maßgeblich beeinflussen sind. Die Höhe des Kooperationserfolgs ist wiederum ursächlich für den Beitrag, den eine Kooperation zu den einzelnen Zieldimensionen leistet.

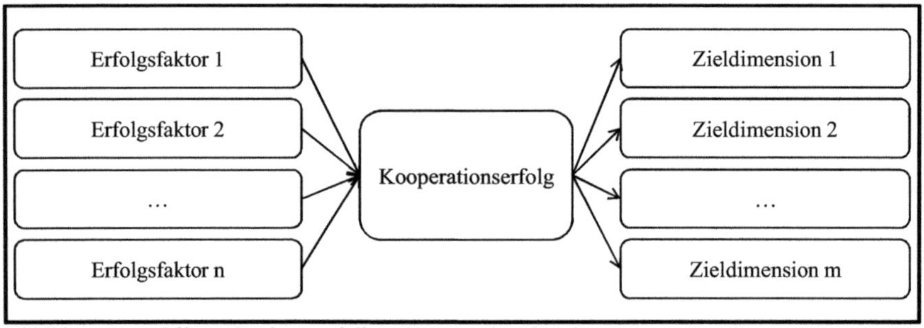

Abbildung 6: Offenes Strukturmodell zur Kooperationsforschung

Zur Konkretisierung dieses offenen Strukturmodells bzw. zur Konzeptionalisierung eines der Problemstellung der vorliegenden Untersuchung entsprechenden Forschungsmodells bedarf es nunmehr der Festlegung adäquater Modellvariablen; d.h. es müssen sowohl die Erfolgsfaktoren der Kooperation zwischen Controllerbereich und Interner Revision identifiziert als auch die Zieldimensionen der Kooperationspartner festgelegt werden.

Die Erfolgsfaktorenforschung stellt für ersteres eine besonders geeignete Herangehensweise dar, denn gemein ist den unterschiedlichen Beiträgen zur Ermittlung von Erfolgsfaktoren, dass die Erfolgsgröße als abhängige Variable verstanden wird.[223] Ziel der Erfolgsfaktorenforschung ist es dabei, diejenigen Einflussfaktoren zu identifizieren, die im Hinblick auf die zu untersuchende Erfolgsgröße von zentraler Bedeutung sind.[224] Dabei können diese Einflussfaktoren sowohl positiven als auch negativen Einfluss auf die Erfolgsgröße haben.[225] Die Grundidee, Unternehmenserfolg auf wesentliche Erfolgsfaktoren bzw. Managementmaßnahmen zurückzuführen, um aus den Ergebnissen Managementempfehlungen abzuleiten, verlieh der Erfolgsfaktorenforschung im Rahmen der Managementwissenschaften einen besonderen Stellenwert.[226]

Ihren Ursprung fand die Erfolgsfaktorenforschung in der Unternehmensberatungspraxis; schon 1961 schlug der spätere McKinsey-Geschäftsführer D.R. Daniel vor, die erstmals von ihm als Erfolgsfaktoren betitelten Einflussgrößen auf den Unternehmenserfolg durch ein entsprechendes Managementinformationssystem zu erfassen.[227] Die ersten umfassenden Untersuchungen zur Erforschung von Erfolgsfaktoren begannen in den 60er Jahren im Rahmen des PIMS-Programms (Profit Impact of Marketing Strategies).[228] Hierbei wurden die erfassten Unternehmensdaten mit Hilfe statistischer Methoden in Bezug zu Erfolgsgrößen des Unternehmens gesetzt, um aus den Ergebnissen Rückschlüsse auf die bestimmenden Faktoren des Unternehmenserfolgs zu ziehen.[229]

Einer der verbreitetsten methodischen Ansätze der Erfolgsfaktorenforschung ist die Operationalisierung von Konstrukten anhand mehrerer Indikatoren, die empirisch gemessen und anschließend anhand von Strukturglei-

223 Vgl. Nicolai/Kieser (2002), S. 581.
224 Vgl. Haenecke (2002), S. 166, Fritz (2004), S. 70 sowie Röderstein (2009), S. 33.
225 Vgl. Krüger/Schwarz (1997), S. 75.
226 Vgl. Nicolai/Kieser (2002), S. 580, Fritz (2004), S. 70 sowie Schmalen/Kunert/Wendlmaier (2005), S. 351
227 Vgl. Nicolai/Kieser (2002), S. 580.
228 Vgl. hierzu ausführlich Buzzell/Gale (1989).
229 Vgl. Haenecke (2002), S. 166 sowie Fritz (2004), S. 7.

chungsmodellen analysiert werden.[230] Ein frühes Beispiel für eine vorbereitende Identifikation und anschließende Validierung von Erfolgsfaktoren ist die Arbeit von Rockart (1979). Dieser führte mehrere explorative Einzelinterviews mit Führungskräften durch, um die bedeutsamsten Erfolgsfaktoren unterschiedlicher Unternehmen zu bestimmen. Darauf aufbauend sollten allgemeingültige Aussagen zu der Wirkung verschiedener Erfolgsfaktoren auf den Unternehmensgewinn ermöglicht werden.[231]

Bei einer Erfolgsfaktorenanalyse sind zunächst drei weit verbreitete Schwächen bisheriger wissenschaftlicher Arbeiten zu beachten[232]:

- Zu hohe Komplexität aufgrund des Bestrebens nach Vollständigkeit
- Übermäßige Aggregation und somit die Gefahr von Informationsverlusten
- Verallgemeinerung der Ergebnisse, die einer Herleitung konkreter Handlungsempfehlungen auf Basis des Untersuchungsgegenstands entgegensteht.

Um diese Unzulänglichkeiten weitestgehend zu vermeiden, wird zunächst eine umfängliche Herleitung potentieller Erfolgsfaktoren der Kooperation auf Basis des gewählten theoretischen Bezugsrahmens bzw. dem Stand der bisherigen Forschung durchgeführt. Darauf aufbauend wird eine umfassende Validierung vorgenommen, um die Menge der zu untersuchenden Erfolgsfaktoren auf diejenigen zu begrenzen, die eine entsprechende Relevanz für die Themenstellung aufweisen bzw. für die durch vorangegangene empirische Untersuchungen bereits eine entsprechende Relevanz für den Kooperationserfolg nachgewiesen werden konnte. Durch die anschließende Formulierung prägnanter Forschungshypothesen soll eine Ableitung konkreter Handlungsempfehlungen gewährleistet werden.

---

[230] Vgl. Haenecke (2002), S. 167f.; vgl. Albers/Hildebrandt (2006), S. 3.
[231] Vgl. Rockart (1979).
[232] Vgl. Krüger/Schwarz (1997), S. 75ff.

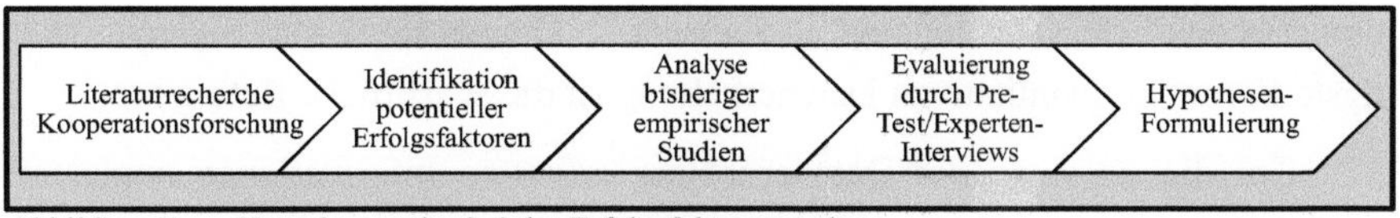

Abbildung 7: Vorgehensweise bei der Erfolgsfaktorenanalyse

Im Anschluss an die Erfolgsfaktorenanalyse erfolgt die Bestimmung der Zieldimensionen des offenen Strukturmodells, die von einer Kooperation zwischen Controllerbereich und Interner Revision beeinflusst werden. Hierzu wird auf die in Abschnitt B vorgestellten Aktionsfelder von Controllerbereich und Interner Revision zurückgegriffen.

Zunächst werden die Aktionsfelder der Kooperationspartner in Anlehnung an die bestehende Forschungsliteratur in Bezug zu den Inhalten einer Zusammenarbeit von Controllerbereich und Interner Revision gesetzt, d.h. es soll erörtert werden, inwieweit die einzelnen Aktionsfelder von einer Kooperation beeinflusst werden könnten und wie dieser Einfluss operationalisiert werden kann. Weiterhin werden Forschungshypothesen über den Beitrag einer Kooperation zu den jeweiligen Aktionsfeldern formuliert, die im späteren Verlauf anhand der empirischen Ergebnisse überprüft werden können.

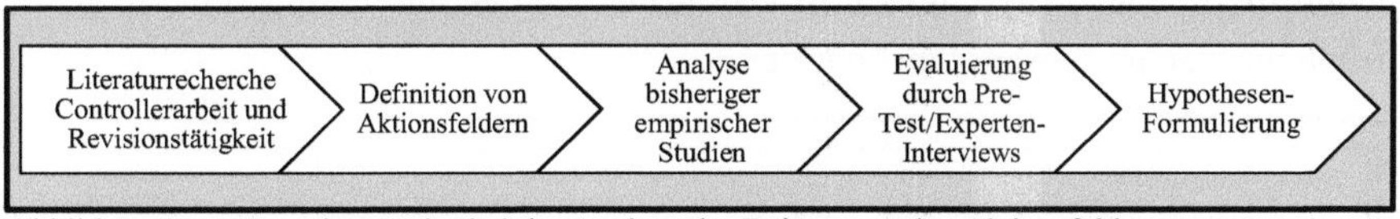

Abbildung 8: Vorgehensweise bei der Analyse des Beitrags zu den Aktionsfeldern

2 Methodik der Datenerhebung

Bei empirischen Untersuchungen kann auf zwei alternative Formen der Datenerhebung zurückgegriffen werden, die qualitativen und die quantitativen Methoden der Datenerhebung.

Quantitative Methoden der Datenerhebung weisen einen wesentlich höheren Standardisierungsgrad auf, als qualitative Datenerhebungen, d.h. die zu untersuchenden Sachverhalte werden vor der Datenerhebung durch eine entsprechende Operationalisierung und ggf. durch Reduktion ihrer Komplexität einer numerischen Erfassung zugänglich gemacht.[233] Die häufigste und zugleich wichtigste Form der quantitativen Datenerhebung ist die schriftliche Befragung.[234]

Um die im Zuge der Datenerhebung erfassten Informationen numerisch festzuhalten, dienen in der Regel Ratingskalen als quantitatives Bezugssystem.[235] Diese ermöglichen es den Teilnehmern einer Befragung, entweder ordinale Urteile durch die Vergabe von Rangordnungen und Paarvergleichen zu fällen, oder numerische Werturteile abzugeben, die intervallskaliert interpretiert werden können.[236] Intervallskalierung ist eine Grundvoraussetzung für die Anwendung statistischer Auswertungsmethoden und wird somit weitestgehend in der empirischen Forschung angestrebt oder zumindest für die entsprechende Auswertung eines Datensatzes unterstellt.[237]

Wie bei der Festlegung der Forschungsstrategie in Abschnitt C1 erläutert, erfolgte die Datenerhebung auch für die vorliegende Untersuchung weitestgehend standardisiert, um anhand der numerischen Informationen die aufgestellten Hypothesen überprüfen und die Güte des aufgestellten Messmodells beurteilen zu können. Dazu wurde bei der Durchführung der empirischen Erhebung ein internetbasiertes Umfrageportal erstellt, zu welchem die eingeladenen Leiter von Controllerbereich und Interner Revision über einen Internetlink innerhalb des Einladungsschreibens geführt wurden.

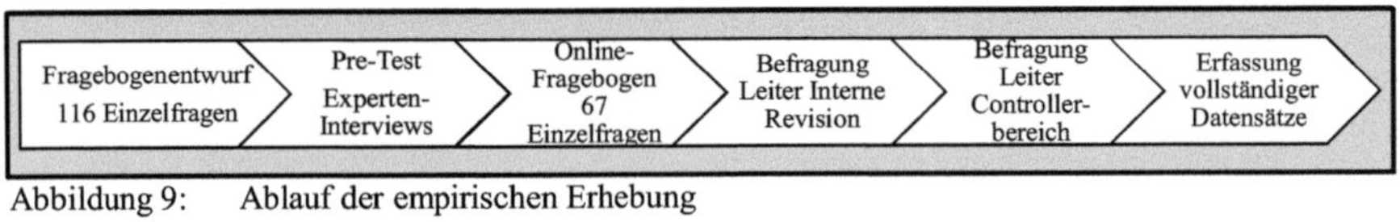

Abbildung 9: Ablauf der empirischen Erhebung

Im Rahmen der Vorbereitung der Datenerhebung wurden basierend auf der umfangreichen Literaturanalyse zwei vorläufige Fragebögen mit zunächst 116 Einzelfragen erstellt. Anschließend wurden diese in Form von elf jeweils 60 bis 90-minütigen Experteninterviews unter Führungskräften des Controllerbereichs und der Internen Revision der Deutschen Bank AG evaluiert. Sechs Interviews

[233] Vgl. Gläser/Laudel (2009), S. 27.
[234] Vgl. Raithel (2008), S. 65; Kaya (2007), S. 50.
[235] Vgl. Porst (2009), S. 69.
[236] Vgl. Litz (2000), S. 2 sowie Bortz/Döring (2006), S. 176.
[237] Vgl. Riesenhuber (2007), S. 10.

wurden innerhalb des Controllerbereichs, fünf innerhalb der Internen Revision durchgeführt. Ziel dieses Pre-Tests war es, sowohl die Operationalisierung der einzelnen Fragen als auch deren Eignung zur Beantwortung der Forschungsfragen beurteilen zu können.[238]

Im Ergebnis konnte der Umfang der Online-Fragebögen für die Leitung der beiden Unternehmensbereiche auf jeweils 67 Einzelfragen sowie 4 Kontrollvariablen reduziert werden. Des Weiteren wurde die zunächst fünfstufige Antwortskala auf sechs Stufen erweitert, um von den späteren Teilnehmern bezüglich jeder Fragestellung zumindest eine tendenzielle Antwort zu erhalten.

Wie in Abbildung 10 dargestellt, bestand der Fragebogen aus mehreren Fragenblöcken. Diese beinhalteten neben unternehmensspezifischen Angaben und der Angabe des entsprechenden Unternehmensbereichs den Einfluss der Zusammenarbeit mit dem Kooperationspartner auf die eigene Zielerreichung, den Status Quo der Zusammenarbeit sowie Fragen zu den Erfolgsfaktoren der Kooperation.

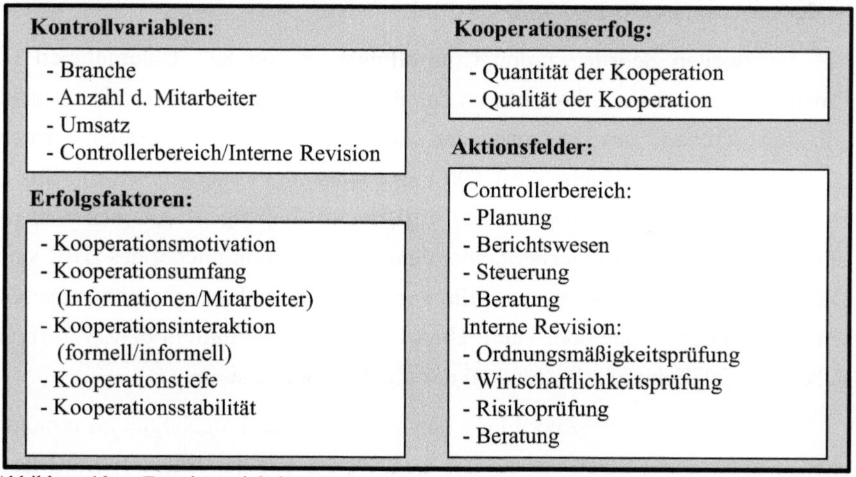

Abbildung 10: Fragebogeninhalte

[238] Die Beurteilung der Operationalisierung umfasste neben der Beurteilung der entsprechenden Frageninhalte auch deren Formulierungen bzw. die Verständlichkeit der aufgeführten Einzelfragen.

Der Online-Fragebogen wurde so konzipiert, dass zum Erreichen des jeweils folgenden Fragenblocks zunächst alle Einzelfragen beantwortet werden mussten. Weiterhin wurden nur vollständig ausgefüllte Fragebögen berücksichtigt bzw. gespeichert. Dies führte zwar zu einer Minderung der Teilnahmequote, erhöhte jedoch andererseits die Datenqualität der erhaltenen Rückläufe und erleichterte somit deren Auswertung.

Die eigentliche Datenerhebung erfolgte in zwei aufeinanderfolgenden Schritten, der Befragung von Revisionsleitern von August bis September 2010, und der Befragung von Controllingleitern von Oktober bis Dezember 2010.

Auf Seiten der Internen Revision wurden dafür insgesamt 636 Revisionsleiter dazu aufgefordert, an der Befragung teilzunehmen. Diese wurden anhand der Firmenmitgliedschaften des Deutschen Instituts für Interne Revision e.V. identifiziert und gemeinsam mit dem Institut zur Teilnahme an der Studie eingeladen; davon 220 in Form einer Email mit entsprechendem Link zum Umfrageportal und 416 in Ermangelung einer Emailadresse auf postalischem Weg unter Angabe der Internetadresse des Umfrageportals.

Im zweiten Schritt wurden Controllingleiter von 837 Unternehmen via Email dazu eingeladen, ihrerseits an der Befragung teilzunehmen. Die Kontaktadressen wurden, soweit vorhanden, auf Basis der Hoppenstedt-Firmendatenbank ermittelt, welche die 1.500 umsatzstärksten Unternehmen mit Sitz in Deutschland aufführt. Diese wurden ergänzt um diejenigen Unternehmen, die nicht in dieser Datenbank erfasst, aber dennoch Firmenmitglieder des DIIR sind. Dies traf auf 91 Unternehmen zu, die vornehmlich der Finanzbranche angehörten und demnach keine oder kaum Umsatzkennzahlen ermitteln bzw. veröffentlichen und folglich nicht Bestandteil der o.g. Datenbank sind.

Um eine dyadische Zuordnung der beantworteten Fragebögen zu ermöglichen, wurden die Teilnehmer auf der Begrüßungsseite des Internetportals dazu aufgefordert, den im individuellen Einladungsschreiben enthaltenen Zugangscode zur Anmeldung zu nutzen. Sowohl Controllerbereich als auch Interne Revision eines Unternehmens erhielten dabei den gleichen Zugangscode und konnten somit am Ende der Untersuchung anonym einander zugeordnet werden

Im Verlauf der empirischen Erhebung wurden diejenigen Unternehmen von der Studie ausgeschlossen, bei denen es sich um Verbundunternehmen handelt. Weiterhin blieben auch solche Unternehmen unberücksichtigt, in denen kein eigenständiger Controllerbereich bzw. keine getrennte Interne Revision existiert oder deren Firmenpolitik die Teilnahme an empirischen Studien untersagt. Somit ergab sich auf Seiten des Controllerbereichs eine bereinigte Grundgesamtheit von 810 Unternehmen und 601 Unternehmen auf Seiten der Internen Revision.

3 Methodik der Datenauswertung

3.1 Kovarianz- und varianzbasierte Analysemethoden

Die in Abschnitt C1.2 vorgestellten Strukturgleichungsmodelle lassen sich anhand von zwei alternativen Messansätze klassifizieren: den kovarianzbasierten und den varianzbasierten Messverfahren. Die inhaltliche Fundierung der Entscheidung für einen kovarianz- oder varianzbasierten Messansatz stellt einen für die Vermeidung methodischer Fehler elementaren Bestandteil der Schätzung von Kausalmodellen dar.[239]

Bei der Kovarianzstrukturanalyse werden Rückschlüsse auf die Beziehungen zwischen latenten Variablen auf Grundlage der Varianz-Kovarianz-Matrix der beobachtbaren Variablen gezogen.[240] Zielsetzung ist es, eine modelltheoretische Kovarianzmatrix zu generieren, die möglichst mit der empirischen Kovarianzmatrix des erhobenen Datensatzes übereinstimmt.[241] Üblicherweise erfolgt eine solche Schätzung mit Hilfe des Maximum Likelihood Verfahrens.[242]

Eine alternative Form der Analyse von Strukturgleichungsmodellen bietet das varianzbasierte Partial Least Squares (PLS) Verfahren.[243] Hierbei wird ver-

[239] Vgl. Ringle (2004a), S. 35 sowie Diamantopolulos/Winklhofer (2001), S. 271 f.
[240] Vgl. Jöreskog/Wold (1982), S. 266.
[241] Vgl. Ringle (2004a), S. 13f.
[242] Vgl. Scholderer/Balderjahn (2006), S. 62.
[243] Das PLS-Verfahren bzw. der dazugehörige Schätzalgorithmus wurde von Wold (1966) entwickelt und soll im folgenden Kurz beschrieben werden. Für eine detaillierte Darstellung vgl. beispielhaft Wold (1980), Wold (1982).

sucht, die unterschiedlichen Fallwerte der gesammelten Rohdaten mit Hilfe der Kleinst-Quadrate-Schätzung zu reproduzieren[244], also anstatt der Kovarianzmatrix der Indikatoren ihre tatsächlichen Werte zu schätzen.[245]

Die formalen Grundlagen des PLS-Verfahren stimmen mit denen der Kovarianzstrukturanalyse weitestgehend überein; so ermöglicht bspw. PLS ebenfalls die Berücksichtigung von Messfehlern.[246] Ein wesentlicher Unterschied besteht jedoch in der Möglichkeit, bei der Anwendung von PLS neben reflektiven auch problemlos formative Indikatoren zu berücksichtigen.[247] Bedingungen hierfür sind die Möglichkeit der Hypothesengenerierung aus den bisherigen Forschungserkenntnissen sowie ein adäquate Stichprobengröße der empirischen Untersuchung.[248]

Im Hinblick auf die Zielsetzung dieser Arbeit, neben der Schließung der aufgezeigten Forschungslücke ebenfalls Handlungsempfehlungen zu formulieren, welche die Zusammenarbeit von Controllerbereich und Interner Revision in der Praxis zu verbessern helfen, bietet das PLS-Verfahren einen wichtigen Vorteil gegenüber der Kovarianzstrukturanalyse.

So ermöglicht es die hohe Prognosequalität des PLS-Verfahrens präziser diejenigen Stellgrößen bzw. latenten exogenen Variablen zu identifizieren, die maßgeblich zu einer Verbesserung der latenten endogenen Variablen führen.[249] Die bessere Prognosequalität des PLS-Verfahrens kommt dabei umso mehr zum Tragen, je komplexer das betrachtete Strukturmodell ist bzw. je höher die Anzahle der latenten endogenen Variablen im Vergleich zu den latenten exogenen

244 Vgl. Backhaus et al. (2005), S. 415 sowie Fassott (2005), S. 26.

245 Vgl. Hermann/Huber/Kressmann (2006), S. 37; für einen ausführlichen Methodenvergleich siehe Ringle (2004a) sowie Scholderer/Balderjahn (2006).

246 Vgl. Ringle (2004a), S. 5.

247 Vgl. Chin/Newsted (1999), S. 310 sowie Panten/Boßow-Thies (2007), S. 316. Die in der Literatur teilweise vertretene Auffassung, formative Indikatoren ließen sich bei Kovarianzstrukturanalysen generell nicht abbilden (vgl. z.B. Fassott (2005), S. 25 und die dort angeführte Literatur), ist zwar nicht zutreffend, die damit verbundenen Anforderungen sind jedoch häufig nicht erfüllbar (vgl. z.B. Eberl (2006), S. 85, Herrmann/Huber/Kressmann (2006), S. 52ff. sowie Grieshop (2010), S. 99).

248 Vgl. Haenecke (2002), S. 175f.

249 Vgl. Hair/Ringle/Sarstedt (2011), S. 143. In der vorliegenden Arbeit stellen die zu untersuchenden Erfolgsfaktoren derartige Stellgrößen, der Kooperationserfolg wiederum die endogene latente Zielvariable dar.

Variablen ist.[250] Wie in Abschnitt C1.2 bereits angeführt, soll der latenten endogenen Variablen *Kooperationserfolg* auch in der vorliegenden Untersuchung eine Vielzahl potentieller Erfolgsfaktoren der Kooperation als latente exogene Variablen gegenüber gestellt werden.

In der erforderlichen Stichprobengröße liegt ein weiterer Vorteil des PLS-Verfahrens gegenüber der Kovarianzstrukturanalyse. So benötigt PLS eine weitaus geringere Anzahl an Erhebungen, da lediglich einzelne Regressionsgleichungen im Modellzusammenhang geschätzt werden müssen.[251] Während die Mindestgröße der Stichprobe zur Kovarianzstrukturanalyse in der Literatur meist mit einem N>100 bzw. N>200 angegeben wird[252], gilt für das PLS-Verfahren als Heuristik lediglich das Zehnfache der höchsten Indikatorenzahl eines exogenen Messmodells bzw. das Zehnfache der höchsten Anzahl an unabhängigen Variablen, die im Modell auf eine abhängige Variable wirken. Demnach liegt der empfohlene Stichprobenumfang für die vorliegende Arbeit bei N>60 bzw. N>70.[253]

Der zu erwartende Rücklauf aus der empirischen Erhebung lässt nicht vermuten, dass die Mindestanforderungen an eine kovarianzbasierte Auswertungsmethodik erfüllt werden. Zusätzlich sind für die Anwendung von PLS aufgrund der Natur der Kleinst-Quadrate-Schätzung keinerlei Verteilungsannahmen nötig[254], während bei der Kovarianzstrukturanalyse für alle beobachteten und latenten Variablen zumindest theoretisch eine multivariate Normalverteilung vorausgesetzt werden muss.[255] Somit kann festgehalten werden, dass das PLS-Verfahren im Vergleich zu einem kovarianzbasierten Vorgehen den für die vorliegende Arbeit zweckdienlicheren Messansatz darstellt.

Bei Anwendung des PLS-Verfahrens werden die zu untersuchenden kausalen Beziehungen üblicherweise anhand von Pfadmodellen dargestellt, die formal durch zwei Gleichungssysteme bestimmt sind: dem inneren Strukturmodell, das

[250] Vgl. Hair et al. (2011), S. 422f.
[251] Vgl. Chin/Newsted (1999), S. 326f. sowie Huber et al. (2007), S. 10.
[252] Vgl. Bliemel (2005), S. 11 sowie Backhaus et al. (2005), S. 370.
[253] Vgl. Chin (1998), S. 311.
[254] Vgl. Jahn (2007), S. 15.
[255] Vgl. Scholderer/Balderjahn (2006), S. 62, vgl. Huber et al. (2007), S. 13f.

die latenten Variablen (η) gemäß den theoretischen Vorüberlegungen miteinander in Verbindung setzt, und dem äußeren Messmodell, bestehend aus beobachtbaren Variablen (x), die als Indikatoren der latenten Variablen dienen:[256]

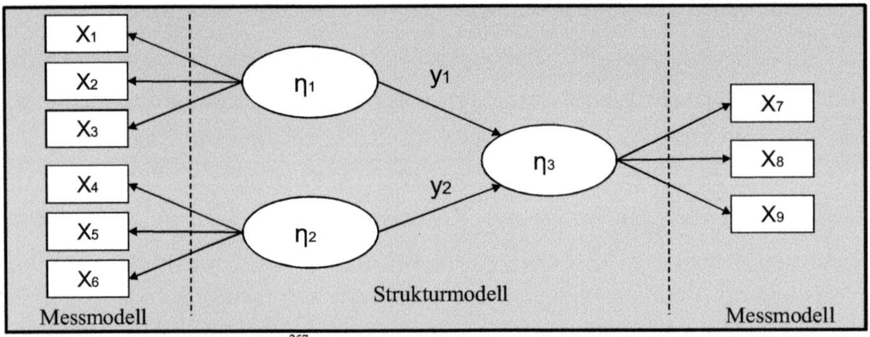

Abbildung 11: PLS-Pfadmodell[257]

Das mit dem obigen Pfadmodell einhergehende PLS-Schätzverfahren wird auf drei aufeinander folgenden Stufen durchgeführt:[258]

- Die erste Stufe bildet die Initialisierung, die einen Startwert für den Schätzalgorithmus liefert, indem zunächst eine latente Variable mit einem beliebigen Indikator gleichsetzt wird.[259]
- Auf der zweiten Stufe erfolgt die Anwendung des Schätzalgorithmus. Dabei werden mit Hilfe der partiellen Kleinst-Quadrate-Methode (PLS) die Beziehungen der einzelnen Modellvariablen durch lineare Regression geschätzt.[260] Die Schätzung erfolgt abwechselnd im Mess- und Strukturmodell für die Gewichte bzw. Beziehungen zwischen den beobachtbaren und latenten Variablen einerseits und die Konstruktwerte der latenten Variablen andererseits.[261] Diese Berechnungen erfolgen iterativ, d.h. die Ergebnisse der voran-

[256] Für ein ausführliche formale Darstellung dieser beiden Gleichungssysteme vgl. Esposito /Trinchera/Amato (2010), S. 49ff. sowie Panten/Boßow-Thies (2007).
[257] In Anlehnung an Ringle (2004a), S. 9 sowie Jahn (2007), S.4.
[258] Vgl. Baumgarth/Eisend/Evanschitzky (2009), S. 347f. sowie die dort angeführte Literatur.
[259] Vgl. Baumgarth/Eisend/Evanschitzky (2009), S. 347
[260] Die Schätzung erfolgt unter der Annahme, dass die benachbarte latente Variable bereits ermittelt ist, daher die Bezeichnung partielle Kleinst-Quadrate-Methode (vgl. Götz/Liehr-Gobbers (2004), S. 722 sowie Henseler (2005), S.72).
[261] Vgl. Henseler (2005), S.70ff.

gegangen Schätzungen dienen als Ausgangspunkt für die darauf folgende, und zielen auf eine Minimierung der Residualgrößen der Schätzung ab.[262]

- Als dritte Stufe folgt die Ermittlung der Strukturgleichungsparameter nach erfolgter Beendigung des Schätzalgorithmus, d.h. wenn eine bestmögliche Anpassung der Schätzwerte erreicht wurde bzw. keine wesentlichen Veränderungen in den Schätzwerten mehr auftreten.[263]

Die Wahl eines varianzbasierten Messverfahrens hat jedoch auch Einfluss auf die Menge der nutzbaren Gütemaße. So stehen hier beispielsweise keine globalen Gütemaße zur Verfügung. Die Beurteilung der Ergebnisgüte anhand entsprechender Kriterien ist Gegenstand des Abschnitts C4.

3.2 Multiple Gruppenanalyse

Da für die vorliegende Arbeit sowohl Leiter des Controllerbereichs als auch der Internen Revision befragt wurden und zur Beantwortung der dritten Forschungsfrage das unterschiedliche Antwortverhalten der beiden Gruppen näher untersucht werden soll, gilt es auch, eine entsprechende Methodik zum Vergleich unterschiedlicher Stichproben zu wählen.

Aufgrund der Unterscheidungsmöglichkeit beider Gruppen anhand der diskret skalierten Variablen *Bereichszugehörigkeit* nach Controllerbereich und Interner Revision, bietet sich zur Beantwortung der dritten Forschungsfrage bzw. zur Identifizierung bereichsspezifischer Unterschiede in der Gültigkeit des formulierten Hypothesensystems eine multiple Gruppenanalyse als „Standardinstrument" an.[264] Bei einer multiplen Gruppenanalyse handelt es sich um einen Spezialfall der Untersuchung von moderierenden Effekten in PLS-Strukturgleichungsmodellen, wobei das Gesamtsample anhand der diskret skalierten Moderatorvariablen in Gruppen unterteilt wird, deren Messergebnisse im

---

[262] Vgl. Götz/Liehr-Gobbers (2004), S. 722.

[263] Vgl. Götz/Liehr-Gobbers (2004), S. 722. Ein häufig verwendetes Konvergenzkriterium ist eine Veränderung der Gewichte von $\leq$ 0,001 (Vgl. hierzu beispielhaft Chin/Newsted (1999), S. 320).

[264] Weiber/Mühlhaus (2009), S. 226, vgl. Reinecke (1999), S. 95ff. sowie Henseler/Fassot (2010), S. 715.

Anschluss miteinander verglichen werden.[265] Der Effekt dieser Moderatorvariablen lässt sich somit anhand der Unterschiede der Pfadkoeffizienten der beiden Teilmodelle ermitteln.[266]

Für die vorliegende Arbeit bedeutet dies, dass sich der Einfluss der Gruppenzugehörigkeit aus dem Vergleich der Pfadkoeffizienten zwischen den unterschiedlichen Messkonstrukten bei getrennter Berechnung des Modells für die Unternehmensbereiche Controllerbereich und Interne Revision ergibt.

Zur Durchführung einer multiplen Gruppenanalyse sollten grundsätzlich folgende Bedingungen erfüllt sein:[267] (1) Die zu vergleichenden Modelle sollten die jeweiligen Gütekriterien erfüllen[268], (2) die Daten sollten weitestgehend normalverteilt sein[269] und (3) die Pfadkoeffizienten zwischen Indikatoren und Konstrukten sollten vergleichbar sein. Dadurch soll gewährleistet werden, dass in den untersuchten Gruppen das gleiche inhaltliche Verständnis der verschiedenen latenten Variablen vorherrscht.[270] Weiterhin ist darauf zu achten, dass die zu vergleichenden Messmodelle über die gleichen Indikatoren operationalisiert werden.[271]

Sind die entsprechenden Bedingungen erfüllt bzw. variieren die zu vergleichenden Modelle in ihrer Operationalisierung nur minimal voneinander, lassen

[265] Vgl. Eberl (2006), S. 132f. sowie Weiber/Mühlhaus (2009), S. 226.
[266] Vgl. Henseler/Fassot (2010), S. 714.
[267] Vgl. Eberl (2006), S. 132f.
[268] Die anzuwendenden Gütekriterien werden in Abschnitt B3 näher erläutert.
[269] Normalverteilung widerspricht zwar grundsätzlich dem verteilungsfreien Charakter des PLS-Verfahrens, ist jedoch Bedingung für die Anwendung der hier vorgestellten generell üblichen Signifikanztests im Rahmen der multiplen Gruppenanalyse. Nach Chin (2000) kann ein entsprechender Signifikanztest auch ohne die Annahme von Normalverteilung durchgeführt werden, wenn die Varianzen der zu vergleichenden Modelle nicht stark voneinander abweichen. Anhand entsprechender F-Tests (α=0.05) konnte dies für die vorliegende Arbeit bestätigt werden. Für eine Darstellung einer alternativen Berechnung von Testgrößen vgl. Nitzl (2010) sowie die dort angeführte Literatur.
[270] Vgl. Steenkamp/Baumgärtner (1998), S. 78. Absolute Modellinvarianz lässt sich in der Praxis jedoch nur in den seltensten Fällen erreichen, daher wird in der Literatur partielle Invarianz oftmals als ausreichend erachtet, vgl. hierzu Huber et al., S. 118 sowie Steenkamp/Baumgärtner (1998), S. 81f.
[271] Vgl. Nitzl (2010), S. 43.

sich signifikante Unterschiede zwischen Pfadkoeffizienten dieser Modelle anhand der entsprechenden t-Werte identifizieren:[272]

$$t = \frac{Path_{sample\_1} - Path_{sample\_2}}{\left[\sqrt{\frac{(m-1)^2}{(m+n-2)} * VAR_{sample1} + \frac{(n-1)^2}{(m+n-2)} * VAR_{\cdot sample2}}\right] * \left[\sqrt{\frac{1}{m} + \frac{1}{n}}\right]}$$

t-Test auf unterschiedliche Pfadkoeffizienten

Die Fallzahl der beiden Gruppen ist durch die Parameter m und n gekennzeichnet, VAR gibt die Varianz des jeweiligen Pfadkoeffizienten an, die im Zuge des Bootstrapping-Verfahrens ermittelt wurde.[273] Die Anzahl der Freiheitsgrade für den t-Test ergibt sich aus m+n-2. Signifikanztests unter Verwendung des PLS-Verfahrens gelten als relativ robust, da sie Unterschiede zwischen den betrachteten Gruppen erst relativ spät als signifikant einstufen.[274]

4 Beurteilung der Ergebnisgüte

4.1 Gütemaße der varianzbasierten Kausalanalyse

Um ein adäquates methodisches Vorgehen bei der Messung der zu untersuchenden Sachverhalte belegen zu können ist es unerlässlich, die erhaltenen Ergebnisse anhand der zur Verfügung stehenden Gütemaße nachvollziehbar zu beurteilen.[275]

Den vorangegangenen Abschnitten folgend, werden nun diejenigen Beurteilungsgrößen vorgestellt, die bei der Wahl einer varianzbasierten Messmethodik wie dem PLS-Verfahren zur Anwendung kommen sollten und dazu geeignet sind, die Reliabilität und Validität der Messinstrumente sicherzustellen.[276] Während die Reliabilität eines Messinstruments dadurch bestimmt wird, wie zuverlässig und stabil, und somit auch, wie reproduzierbar die Messergebnisse sind,

[272] Vgl. Chin (2000).
[273] Zu Bootstrapping und anderen Resampling-Methoden vgl. auch Abschnitt C3
[274] Vgl. Qureshi/Compenau (2009), S. 206.
[275] Vgl. Black (1999), S. 27 sowie Gefen et al. (2000), S. 47.
[276] Vgl. Homburg/Klarmann (2006), S. 732.

bestimmt die Validität die Gültigkeit der Messung, d.h. wird auch das gemessen, was beabsichtigt ist.[277]

Hierbei steht gegenüber der Kovarianzstrukturanalyse eine geringere Anzahl an möglichen Gütemaßen zur Verfügung, die dem verteilungsannahmefreien Charakter des PLS-Verfahrens gerecht werden.[278] Dennoch bestehen vielseitige Möglichkeiten einer systematischen Überprüfung von Kausalmodellen bei Anwendung des PLS-Verfahrens.[279]

In Anlehnung an Ringle (2004b) werden in den folgenden Abschnitten die Gütemaße der ersten und zweiten Generation zur Beurteilung von reflektiven Messkonstrukten und des Strukturmodells vorgestellt und im späteren Verlauf bei der Konzeptionalisierung und Operationalisierung der zu untersuchenden empirischen Fragestellungen angewendet.[280] Der Begriff Konzeptionalisierung beschreibt in diesem Zusammenhang die Entwicklung der Dimensionen eines Konstrukts; der Begriff der Operationalisierung beinhaltet die auf dieser Konzeptionalisierung basierende Entwicklung entsprechender Messinstrumente.[281]

Zur Beurteilung des Gesamtmodells stehen bei der Verwendung von PLS keine globalen Gütemaße, wie beispielsweise der Goodness of Fit Index (GFI), der im Rahmen der Kovarianzstrukturanalyse zur Überprüfung des Gesamtmodells dient, zur Verfügung. Daher sollten die hier vorgestellten einzelnen Gütemaße möglichst weitreichend erfüllt werden, um die Güte des Gesamtmodells zu beurteilen.[282]

---

[277] Vgl Himme (2009), S. 485.

[278] Vgl. Ringle (2004b), S. 13; vgl. Gefen et al. (2000), S. 42ff. sowie Hair et al. (2011), S. 427,.

[279] Vgl. Ringle (2004b), S. 25.

[280] Da in der vorliegenden Untersuchung keine formativen Messkonstrukte zur Anwendung kommen, werden die entsprechenden Gütemaße nicht weiter behandelt. Für einen umfassenden Überblick über Gütemaße für formative Messkonstrukte vgl. Anderson/Gerbing (1991), Götz/Liehr-Gobbers (2004), Huber et al. (2007) und die dort zitierte Literatur

[281] Vgl. Homburg/Giering (1996), S.6.

[282] Vgl. Ringle (2004b), S. 27.

4.2 Beurteilung reflektiver Messmodelle

Die Gütemaße der ersten Generation sind die explorative Faktorenanalyse, Cronbach'sches Alpha und die Item-to-Total-Korrelation.

Die explorative Faktorenanalyse hat zum Ziel, diejenige Faktorenzuordnung der Indikatoren aufzudecken, bei der die Indikatoren in ausreichend ausgeprägter Beziehung zu den jeweiligen Faktoren stehen und zu denen gleichzeitig eine signifikant schwächerer Beziehung zu anderen Faktoren existiert.[283] Als erste Beurteilungskriterien von Konvergenz- und Diskriminanzvalidität gelten hierbei eine Faktorladung von mindestens 0,4 sowie eine signifikant niedrigere Faktorladung zu den anderen Faktoren im Modell.[284]

Mit Hilfe des Cronbach'schen Alphas lässt sich die Reliabilität der Indikatoren eines Faktors messen, es stellt somit ein Gütemaß für die Beurteilung der internen Konsistenz dar.[285] Das Cronbach'schen Alpha ist zwischen 0 und 1 standardisiert, wobei ein hoher Wert auf eine hohe Kovarianz bzw. Korrelation zwischen den Indikatoren schließen lässt. Bei der Anwendung des Cronbach'schen Alphas ist jedoch zu berücksichtigen, dass dieses mit der Anzahl der Indikatoren steigt[286] und von einer gleichen Gewichtung aller Indikatoren ausgeht, was das Cronbach'sche Alpha im Vergleich zu entsprechenden Gütemaßen der zweiten Generation als schwächeres Kriterium erscheinen lässt.[287] Zu einem gewissen Maße kann einer steigenden Anzahl an Indikatoren mit einer Erhöhung des jeweiligen Mindestwerts begegnet werden.[288] In dieser Arbeit soll der in Literatur weit verbreitete Mindestwert von 0,7 gelten, um eine angemessene Reliabilität der betrachteten Indikatoren zu gewährleisten.[289]

---

[283] Vgl. Homburg/Giering (1996), S. 12. Der Übergang von explorativer zu konfirmatorischer Datenanalyse ist dabei fließend, eine eindeutige Differenzierung kann in der Praxis häufig nicht vorgenommen werden. Während bei der explorativen Faktorenanalyse eine gezielte Informationsreduktion in Vordergrund steht, zielt die konfirmatorische Faktorenanalyse auf die Erklärung der Datenstruktur ab, vgl. z.B. Litz (2000), S.284

[284] Vgl. Homburg/Giering (1996), S. 8 sowie Peterson (1994), S. 382.

[285] Vgl. Homburg/Giering (1996), S. 8 sowie Bortz/Döring (2006), S. 196.

[286] Vgl. Bortz/Döring (2006), S. 198f sowie Peterson (1994), S. 382.

[287] Vgl. Chin (1998), S. 320.

[288] Vgl. Hinton/Brownlow/McMurray/Cozens (2004), S.357.

[289] Vgl. Nunnally (1978), S. 274.; vgl. Homburg/Giering (1996), S. 8.

Das dritte Gütemaß der ersten Generation ist die Item-to-Total Korrelation. Im Vergleich zum Cronbach'schen Alpha wird hier die Korrelation eines einzelnen Indikators mit der Summe der anderen Indikatoren gemessen.[290] Eine hohe Item-to-Total Korrelation gilt demnach als Indikator für eine hohe Konvergenzvalidität.[291] Churchill (1979) empfiehlt in diesem Zusammenhang, denjenigen Indikator eines Faktors zu eliminieren, der bei einem Cronbach'schen Alpha von weniger als 0,7 die geringste Item-to-Total Korrelation aufweist.[292] Ein allgemein anerkannter Mindestwert existiert in der Literatur nicht.

Die Gütemaße der zweiten Generation gelten als deutlich leistungsstärker als die der ersten Generation, da sie mitunter die Berücksichtigung von Messfehlern beinhalten.[293] Es handelt sich dabei um Indikator- bzw. Faktorreliabilität, durchschnittlich erfasster Varianz und Diskriminanzvalidität; sie werden innerhalb eines reflektiven Messmodells als Gütemaße der Faktorenanalyse genutzt.

Die Reliabilität eines Indikators gibt an, wie gut einzelne Indikatoren als Maß für die latente Variable dienen können.[294] Der Wertebereich der Indikatorreliabilität liegt zwischen 0 und 1, wobei ein hoher Wert auf einen niedrigen Messfehler bzw. auf eine hohe Erklärung des Indikators durch die latente Variable hinweist. Üblicherweise sollte die Indikatorreliabilität einen Mindestwert von 0,4 nicht unterschreiten.[295] Ergänzt wird die Messung der Indikatorreliabilität durch die Signifikanzüberprüfung der Faktorladungen. Die Faktorladung eines Indikators gilt bei einem Signifikanzniveau von 5% als gegeben, wenn das Ergebnis eines entsprechenden t-Tests mindestens 1,645 beträgt.[296]

---

[290] Originär wird bei der Berechnung der Item-to-Total Korrelation, die Korrelation des jeweiligen Indikators mit der Gesamtheit aller Indikatoren (also einschließlich des betrachteten Indikators) gemessen. Von einer korrigierten Item-to-Total Korrelation spricht man, wenn bei der Berechnung der betrachtete Indikator nicht mehr in der Vergleichsgruppe enthalten ist (vgl. Norusis (1993), S. 146). In der vorliegenden Arbeit findet letztere Berechnungsweise Anwendung. In den folgenden Ausführungen entfällt jedoch der Zusatz „korrigiert".

[291] Vgl. Nunnally (1978), S. 274.

[292] Vgl. Churchill (1979), S. 68.

[293] Vgl. Homburg/Giering (1996), S. 8.

[294] Vgl. Bortz/Döring (2006), S. 196.

[295] Vgl. Homburg/Baumgartner (1995), S. 170 sowie Homburg/Giering (1996), S. 10.

[296] Vgl. Homburg/Giering (1996), S. 11.

Die Faktorreliabilität gibt an, wie gut die Gesamtheit der Indikatoren die latente Variable misst.[297] Dabei wird die interne Konsistenz der einer latenten Variablen zugeordneten Gruppe von Indikatoren beurteilt. Die Verfahrensweise entspricht der der Indikatorreliabilität, jedoch angewendet auf die Gesamtheit der Indikatoren, die einer latenten Variablen zugeordnet sind. Die Faktorreliabilität sollte einen Wert von 0,6 nicht unterschreiten.[298]

Ein weiteres Maß zur Beurteilung der Reliabilität stellt die durchschnittlich erfasste Varianz (DEV) dar. Diese gibt an, wie hoch der erklärte Anteil der Varianz der latenten Variablen im Verhältnis zum Messfehler ist. Der Mindestwert für die durchschnittlich erfasste Varianz wird in der Literatur mit 0,5 angegeben.[299] Des Weiteren eignet sich die durchschnittlich erfasste Varianz dazu, die Diskriminanz, also die Trennschärfe der latenten Variablen, zu beurteilen. Fornell/Larcker (1981) schlagen diesbezüglich vor, dass die durchschnittlich erklärte Varianz der latenten Variablen durch deren Indikatoren größer sein sollte als die quadrierte Korrelation dieser Variablen mit den anderen latenten Variablen.[300] Der Nachweis zur Einhaltung dieses Kriteriums wird in der vorliegenden Arbeit durch die Gegenüberstellung der erklärten Varianz der latenten Variablen und dem Quadrat der höchsten beobachteten Korrelation mit einer anderen latenten Variablen erbracht.

4.3 Beurteilung des Strukturmodells

Bei der Anwendung des PLS-Verfahrens lässt sich für das Strukturmodell das aus der Regressionsanalyse bekannte Bestimmtheitsmaß R^2 berechnen. Die latente endogene Variable ist bei dieser multiplen linearen Regression die abhängige Variable und die latenten exogenen Variablen stellen die unabhängigen Variablen dar. Durch das Bestimmtheitsmaß wird somit derjenige Anteil der Gesamtvarianz angegeben, der durch das Strukturmodell erklärt wird.[301] Das Be-

[297] Vgl. Ringle (2004b), S. 23.
[298] Vgl. Homburg/Baumgartner (1998), S. 361 und die dort zitierte Literatur.
[299] Vgl. Homburg/Baumgartner (1998), S. 361 und die dort zitierte Literatur.
[300] Vgl. Fornell/Larcker (1981), S. 46.
[301] Vgl. Ringle (2004b), S. 18f.

stimmtheitsmaß liegt im Wertebereich zwischen 0 und 1, wobei hohe Werte auf einen hohen Erklärungsgehalt bzw. eine hohe Anpassungsgüte des Strukturmodells hinweisen.[302] Nach Chin (1998) ist ein Bestimmtheitsmaß von 0,67 substantiell, von 0,33 durchschnittlich und von 0,19 schwach.[303]

Basierend auf dem Bestimmtheitsmaß lässt sich der Einfluss einzelner latenter unabhängiger Variablen auf die latente abhängige Variable mittels der Effektstärke messen.[304] Die Effektstärke misst dabei die Änderung des Bestimmtheitsmaßes der latenten abhängigen Variablen bei Wegfall einer der latenten unabhängigen Variablen. Bei Werten über Null kann ein Einfluss der unabhängigen Variablen unterstellt werden, wobei bei den Werten 0,02, 0,15 und 0,35 zwischen einem geringen, mittleren oder großen Einfluss unterschieden werden kann.[305]

Die Schätzrelevanz Q^2 eines Modells lässt sich mit Hilfe des von Stone (1974) und Geisser (1974) entwickelten Verfahrens zur Datenwiederverwertung beurteilen, dem sog. Stone-Geisser Test.[306] Umgesetzt wird dieses Verfahren im Rahmen der PLS-Anwendung mit Hilfe einer Blindfolding-Prozedur.[307] Dabei wird die Prognosequalität anhand eines Datenteils gemessen, mit dem der fehlende Teil der Population geschätzt wird. Zur Ermittlung von Q^2 werden die quadrierten Prognosefehler für die einzelnen Werte ins Verhältnis zu den quadrierten Fehlern für den Durchschnittswert der PLS-Schätzung gesetzt.[308] Für Werte größer Null kann dem Modell eine Schätzrelevanz unterstellt werden.[309]

Ob es sich bei den im Modell spezifizierten Relationen der latenten Konstrukte und deren Gewichtungen wiederum um statisch signifikante Resultate handelt, kann ebenfalls mit Hilfe des Jackknifing und Bootstrapping Verfahrens

[302] Vgl. Backhaus et al. (2005), S. 66.
[303] Vgl. Chin (1998), S. 323.
[304] Vgl. Chin (1998), S. 316 f.
[305] Vgl. Ringle (2004b), S. 20.
[306] Vgl. Geisser (1974) und Stone (1974).
[307] Vgl. hierzu ausführlich Chin (1998), S. 317.
[308] Vgl. Ringle (2004b), S. 20.
[309] Analog zu f^2 kann auch hier ein q^2 ermittelt werden um den relativen Einfluss einzelner latenter exogener Variablen auf Q^2 zu ermitteln:

$$q^2 = \frac{Q^2_{included} - Q^2_{excluded}}{1 - Q^2_{included}}.$$

beurteilt werden. Anhand dieser beiden Verfahren lassen sich auch für die Wirkungsbeziehungen zwischen den einzelnen Messkonstrukten des Modells Erwartungswerte und Standardabweichungen ermitteln sowie entsprechende Signifikanztests durchführen.[310]

Es konnte gezeigt werden, dass zur Beurteilung der Ergebnisse des gewählten PLS-Verfahrens eine Vielzahl an Gütekriterien zur Verfügung stehen. Die nachfolgende Abbildung enthält noch einmal zusammenfassend diejenigen Gütekriterien, die im Rahmen dieser Arbeit zur Anwendung kommen sollen:[311]

Beurteilung reflektiver Messmodelle	
Faktorladung	> 0,4
Cronbachschen Alphas	> 0,7
Item-to-Total Korrelation	N/A
Indikatorreliabilität	> 0,4
t-Wert der Faktorladung	1,645
Faktoreliabilität	> 0,6
Durchschnittlich erfasste Varianz (DEV)	> 0,5
FORNELL/LARCKER Kriterium	DEV (i) > quadr. Korrelation (i,j)
Beurteilung von Strukturmodellen	
Bestimmtheitsmaß R^2	> 0,67 (substantiell), > 0,33 (durchschnittlich), > 0,19 (schwach)
Effektstärke f^2	> 0,02 (gering), > 0,15 (mittel), > 0,35 (stark)
Schätzrelevanz Q^2	> 0

Abbildung 12: Gütekriterien

5 Datengrundlage

5.1 Rücklaufquoten

Insgesamt belief sich der Rücklauf auf 181 Fragebögen aus 162 unterschiedlichen Unternehmen, darunter 70 Fragebögen von Leitern des Controllerbereichs und 111 Fragebögen von Leitern der Internen Revision. Zudem befanden sich unter den Rückläufen 19 Fälle, in denen sowohl der Controllerbereich

[310] Vgl. Ringle (2004b), S. 22. Zum Grundprinzip von Jackknifing und Bootstrapping vgl. Reimer (2007), S.394f. Für eine umfassende Gegenüberstellung dieser beiden Resamplingmethoden vgl. Rothe (1989).

[311] Eine entsprechende Überprüfung dieser Kriterien erfolgt im Zuge der Beurteilung der Messgüte der Konstrukte des Untersuchungsmodells im Abschnitt E.

als auch die Interne Revision desselben Unternehmens an der Befragung teilnahmen. Aufgrund der im vorherigen Abschnitt erwähnten Restriktionen bei der Datenerfassung, wonach nur vollständige Fragebögen berücksichtigt wurden, waren alle 181 Rückläufe für Analysezwecke geeignet.

Aus den bereinigten Grundgesamtheiten ergab sich eine effektive Rücklaufquote von 8,7% auf Seiten des Controllerbereichs bzw. 18,4% auf Seiten der Internen Revision. Es zeigen sich somit deutliche Unterschiede in den Rückläufen der beiden Stichproben; dies kann u.a. die folgenden zwei Gründe haben:

Zum einen wurde die Umfrage auf Seiten der Internen Revision unter den Firmenmitgliedern des DIIR durchgeführt, einem Institut, das der Förderung und Weiterentwicklung des Berufsstands des Internen Revisors dient und Fachkräfte aus Wirtschaft und Wissenschaft zusammenführt. Allein aus diesem Umstand heraus ist für die Grundgesamtheit von einer erhöhten Teilnahmebereitschaft bei wissenschaftlichen Studien auszugehen. Nennenswert ist die deutlich höhere Teilnahmequote derjenigen Revisionsleiter, die in Form einer Email zur Teilnahme aufgerufen wurden und direkt über den entsprechenden Internetlink zum Umfrageportal geführt wurden (24,8%) gegenüber denjenigen Revisionsleitern, die postalisch zur Teilnahme aufgerufen wurden (15,0%).

Zum anderen beinhaltete die Grundgesamtheit der befragten Controllerbereiche auch eine geringe Anzahl an Unternehmen, die über keine eigenständige Interne Revision verfügen und folglich nicht Gegenstand der vorliegenden Studie sind. Ex post konnte eine Bereinigung der Grundgesamtheit nur bei entsprechender Rückmeldung durch die befragten Unternehmen erfolgen. Derartige Sonderfälle könnten, wenn auch nur in begrenzten Umfang, die effektive Rücklaufquote auf Seiten des Controllerbereichs negativ beeinflusst haben.

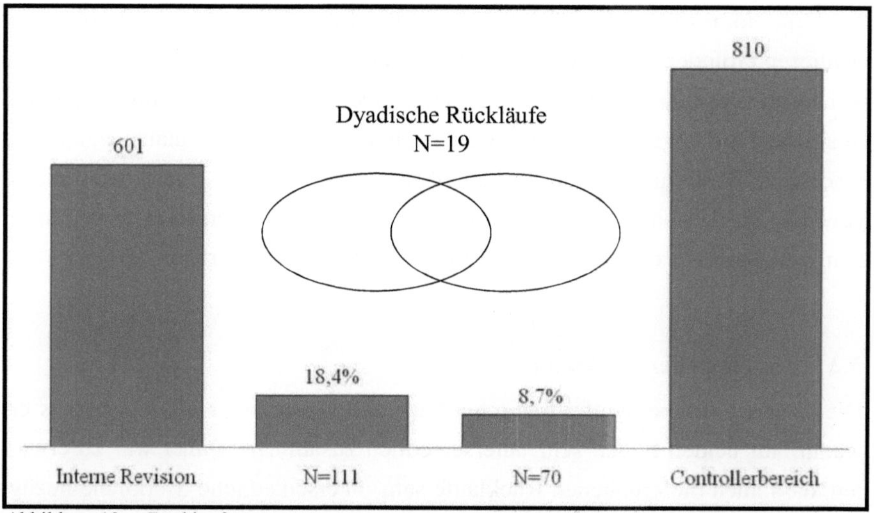

Abbildung 13: Rücklaufquote

Da von den befragten Führungskräften im Rahmen dieser empirischen Erhebung sowohl Angaben zu den unabhängigen als auch zu den abhängigen Variablen des Forschungsmodells gemacht wurden, könnte ein Common-Method Bias[312] vorliegen.[313] Eine solche methodische Verzerrung der Messergebnisse kann anhand des Harman-One-Factor-Tests überprüft werden.[314] Von einer methodischen Verzerrung ist auszugehen, wenn im Rahmen dieses Tests lediglich ein einzelner Faktor extrahiert wird, oder ein einzelner Faktor mehr als 50% der Varianz erklärt.[315] Für die vorliegende Arbeit ist nicht von einer derartigen Verzerrung auszugehen: im Zuge der Faktoranalyse wurden für die Stichprobe des Controllerbereichs 16 Faktoren extrahiert, wobei der erste Faktor lediglich 32,3% der Varianz erklärte. Auf Seiten der Internen Revision lagen die Werte bei 16 Faktoren und 30,8% erklärter Varianz.

---

[312] Bei der Erhebung der Messdaten für unabhängige und abhängige Variablen aus einer Quelle könnten die beobachteten Korrelationen aufgrund subjektiver Sichtweisen bzw. persönlichen Ansichten verzerrt sein. Vgl. hierzu ausführlich Söhnchen (2009), S.139ff.

[313] Vgl. Podsakoff /Oragan (1986), S. 533.

[314] Vgl. Podsakoff /Oragan (1986), S. 536 sowie Söhnchen (2009), S. 140.

[315] Vgl. Podsakoff et al. (2003), S. 889.

Ein Nonresponse-Bias-Test[316] wurde für die vorliegenden Stichproben aus mehreren Gründen nicht durchgeführt. Da die Einladung zur Teilnahme für die Stichprobe der Internen Revision auf unterschiedlichen Wegen erfolgte, erreichte sie die Empfänger zeitversetzt, was einen Vergleich des Teilnahmezeitpunkts erschwert. Weiterhin wurden für beide Stichproben mehrere, nicht zufällig ausgewählte Nachfassaktionen durchgeführt, um den dyadischen Rücklauf zu erhöhen, was ebenfalls eine adäquate Testdurchführung verhinderte.

5.2 Stichprobenmerkmale

Die Grundgesamtheiten der befragten Unternehmen setzen sich, wie bereits erwähnt, auf beiden Seiten sehr unterschiedlich zusammen. Daher war zu erwarten, dass auch die erhaltenen Rückläufe sehr unterschiedliche Merkmale bezüglich ihrer Größe und Branche aufweisen. Dass dem tatsächlich so ist, zeigte sich auch anhand der Mann-Whitney-U-Testergebnisse, die mit einer errechneten Irrtumswahrscheinlichkeit von $p < 0{,}05$ für Mitarbeiterzahl, Branchenstruktur und Umsatz auf signifikante Unterschiede zwischen den beiden Strichproben schließen lassen.[317]

[316] Bei der Durchführung eines Nonresponse-Bias-Test wird überprüft, ob sich die zu einen früheren Zeitpunkt erhaltenen Rückläufe signifikant von den späteren Unterscheiden. Annahmegemäß ähneln spätere Rückläufe den Antworten, die von Probanten zu erwarten waren, die der Einladung zur Teilnahme nicht gefolgt sind, vgl. grundlegend Armstrong/ Overton (1977).

[317] Die Durchführung eines Mann-Whitney-U-Tests beinhaltet den Vergleich der Mediane der betrachteten Gruppen bzw. eine Überprüfung der Unterschiede zwischen den untersuchten Stichproben auf Zufälligkeit. Wie für das PLS-Verfahren sind hierbei keine Verteilungsannahmen nötig. Vgl. Hinton/Brownlow/McMurray/Cozens (2004), S. 125 sowie Toutenburg/Heumann (2008), S. 174ff.

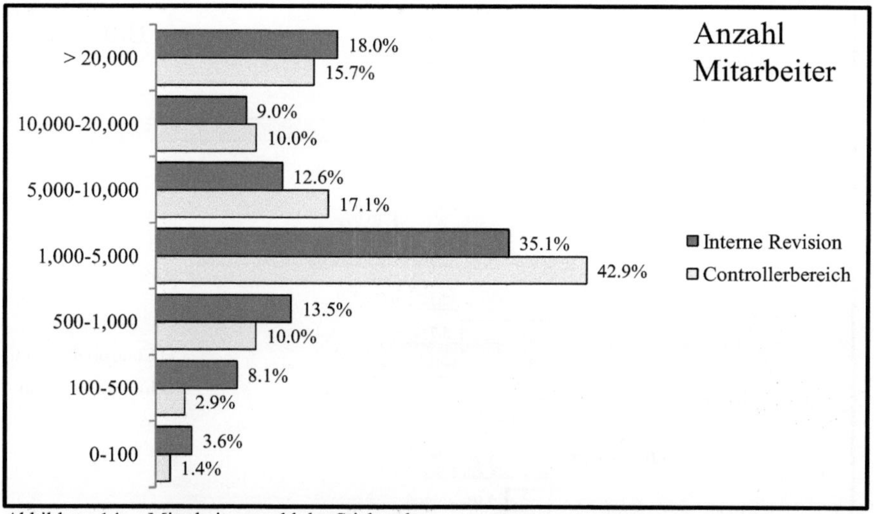

Abbildung 14: Mitarbeiteranzahl der Stichproben

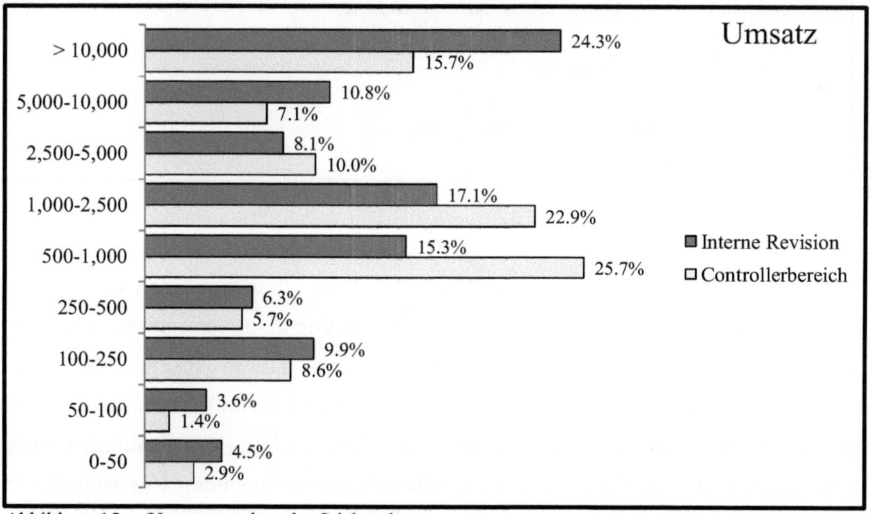

Abbildung 15: Umsatzangaben der Stichproben

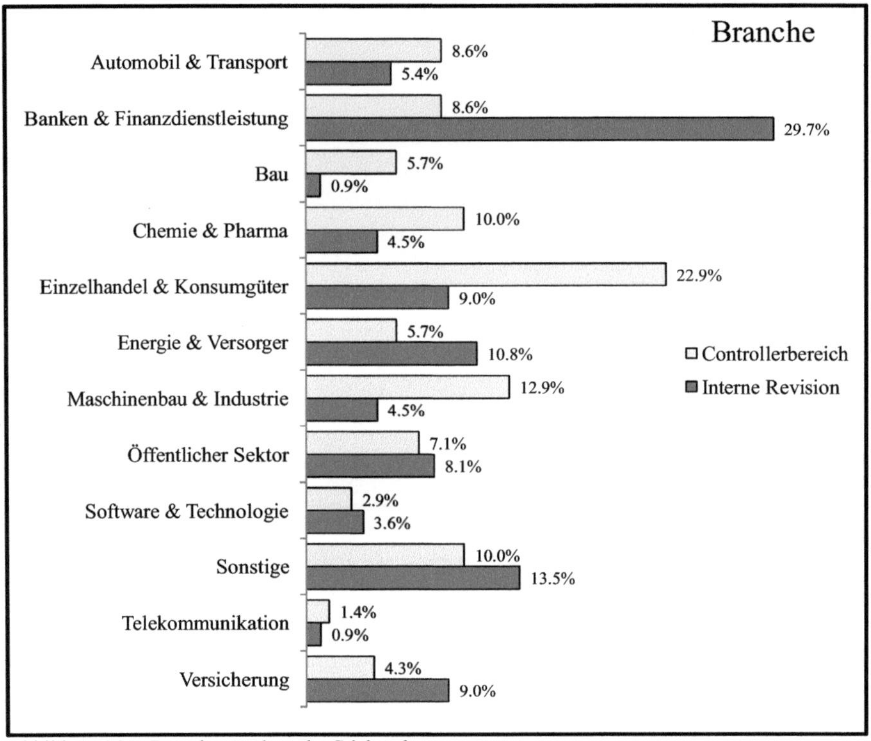

Abbildung 16: Branchenstruktur der Stichproben

Zwar schränken die signifikanten Unterschiede in den Merkmalsausprägungen für Branche, Umsatz und Mitarbeiter die Übertragbarkeit der Messergebnisse auf einzelne Gruppen ein, wesentliche Verzerrungen zur Beantwortung der Forschungsfragen werden jedoch nicht erwartet. Die in Abschnitt A2 vorgestellten Forschungsfragen sind branchenübergreifend formuliert und zielen nicht darauf ab, bei dieser erstmalig beidseitigen Untersuchung der Problemstellung, branchenspezifische Unterschiede zwischen den teilnehmenden Unternehmen zu identifizieren.[318]

[318] Auf gruppenspezifische Unterschiede soll aufgrund der vergleichsweise geringen Stichprobengrößen nur in Hinblick auf die Mitarbeiterzahl eingegangen werden. Hierbei führte die Unterteilung in Unternehmen mit einer Mitarbeiterzahl < 5000 als ‚kleinere' Unternehmen und > 5000 als ‚größere' Unternehmen als einzige zu homogenen Gruppengrößen.

D Konzeptionalisierung des Forschungsmodells

1 Der Kooperationserfolg

1.1 Definition des Kooperationsbegriffs

Zunächst kann konstatiert werden, dass sich in der Literatur keine einheitliche Definition oder Verwendung des Kooperationsbegriffs erkennen lässt.[319] Dies hat zur Ursache, dass unterschiedlichste Forschungsdisziplinen Kooperationen zum Gegenstand ihrer Untersuchungen machen und dabei den Begriff inhaltlich divergierend auslegen.[320]

Vor dem Hintergrund der Problemstellung dieser Arbeit und der wesentlichen Merkmale der Unternehmensbereiche Controllerbereich und Interne Revision soll der Begriff Kooperation wie folgt definiert werden:

„Kooperation ist die freiwillige Koordination der Aktivitäten mehrerer eigenständiger Handlungseinheiten zur Erreichung eines gemeinsamen oder individueller Ziele unter einem sich ergänzenden Einsatz der jeweiligen Ressourcen und Kompetenzen"

Die rechtliche Eigenständigkeit der beiden Handelnden, wie sie meist bei der Betrachtung von Kooperationen unterschiedlicher Unternehmen vorausgesetzt wird, ist hierbei keine Bedingung für das Eingehen einer Kooperation.[321] Weiterhin soll der Themenbereich *Netzwerke* in diesem Zusammenhang bewusst ausgeklammert werden, da hierunter eine Interaktion von mehr als zwei Parteien verstanden wird.[322] Netzwerke können zwar zwischen einzelnen Mitarbeitern der beiden Unternehmensbereiche bestehen, derartige Netzwerkaktivitäten erfolgen jedoch auf einer der hier betrachteten Kooperation zweier Unternehmensbereiche untergeordneten Ebene.

[319] Vgl. Mellewigt (2003), S. 8f.
[320] Vgl. Etter (2003), S. 40.
[321] Einen guten Überblick über die verschiedenen Kooperationsdefinitionen in der betriebswirtschaftlichen Forschung, die eine rechtliche Eigenständigkeit der Kooperationspartner beinhalten geben Etter (2003), S. 12ff. sowie Goeke (2008), S.12ff.
[322] Vgl. Bouncken/Golze (2007), S.10.

1.2 Operationalisierung des Kooperationserfolgs

Der Erfolg einer Kooperation kann basierend auf dem Kooperationsverständnis dieser Arbeit im Allgemeinen als eine durch die koordinierte Interaktion bewirkte Steigerung der Zielerreichung jedes Kooperationspartners verstanden werden.

Bei genauerer Betrachtung bedarf es jedoch im Vorfeld der Zusammenarbeit einer Formulierung gemeinsamer Kooperationsziele, die sowohl die eigenen Interessen als auch die Interessen des Kooperationspartners berücksichtigen.[323]

Die Zielsetzung einer Kooperation von Controllerbereich[324] und Interner Revision besteht darin, durch wechselseitige Kombination der Ressourcen und Kompetenzen die Kooperationspartner dazu zu befähigen, ihre individuelle Zielerreichung zu steigern. Diese Steigerung hat dabei jedoch die Kosten für die Koordination der Zusammenarbeit als auch die Opportunitätskosten der Kooperationspartner zu überkompensieren um einen Kooperationsnutzen zu erzeugen.[325]

Somit kann der Kooperationserfolg sowohl nach Effizienz- als auch nach Effektivitätskriterien beurteilt werden. Effizient ist eine Kooperation demnach dann, wenn bei ihrer Ausgestaltung diejenigen Erfolgsfaktoren besondere Berücksichtigung finden, die maßgeblich dazu geeignet sind, einen ungehinderten Austausch von Ressourcen und Kompetenzen zu ermöglichen. Die Effektivität einer Kooperation ist immer dann gewährleistet, wenn der vereinbarte Ressourcen- und Kompetenzaustausch die Kooperationspartner maßgeblich bei der Erfüllung der Kooperationsziele bzw. ihrer individuellen Zielerreichung zu unterstützen vermag.

Gemessen werden kann der Kooperationserfolg auf zweierlei Weise; zum einen durch die Messung der Quantität der Zusammenarbeit, z.B. anhand von

---

323 Vgl. Knop (2007), S. 82f.

324 Da in der Praxis generell selten eine begriffliche Unterscheidung zwischen Controlling und Controllerbereich stattfindet (vgl. Spillecke (2006), S. 12), wurde für die Operationalisierung bzw. für die Skalen innerhalb des Fragebogens Controlling synonym für Controllerbereich verwendet.

325 Vgl. Sisaye (2001), S. 259. Opportunitätskosten entstehen hierbei durch die Weitergabe von Ressourcen an den Kooperationspartner, die dadurch nicht mehr im eigenen Bereich genutzt werden können.

Aspekten der Regelmäßigkeit, wie Anzahl und zeitlicher Abstand der Kontakte, und zum anderen durch die Messung der Qualität der Zusammenarbeit, z.B. anhand der Zufriedenheit der Kooperationspartner mit den erzielten Ergebnissen, ihrer Bereitschaft, eine Empfehlung zur Nachahmung auszusprechen oder anhand des Umfangs an Verbesserungsmöglichkeiten der Zusammenarbeit.

Basierend auf der vorangegangenen Definition wurden die folgenden acht Skalen zur reflektiven Quantifizierung des Kooperationserfolgs verwendet, die sowohl die Quantität als auch die Qualität der Zusammenarbeit des Controllerbereichs und der Internen Revision beurteilen:[326]

Kooperationserfolg
Codierung: 1=trifft gar nicht zu, ..., 6 =trifft voll zu

1. Die Zusammenarbeit zwischen Controlling und Interner Revision ist sehr gut.
2. Das Miteinander ist oftmals problematisch (reverse coded).
3. Zwischen Controlling und Interner Revision findet eine regelmäßige Zusammenarbeit statt.
4. Controlling und Interne Revision unterstützen sich wiederholt bei der Lösung von Aufgaben.
5. Controlling und Interne Revision ergänzen sich selten (reverse coded).
6. Die Zusammenarbeit zwischen Interner Revision und Controlling liefert zufriedenstellende Ergebnisse.
7. Es besteht die Notwendigkeit die Zusammenarbeit weiter zu verbessern (reverse coded).
8. Kooperationen zwischen Controlling und Interner Revision sind zu empfehlen.

Abbildung 17: Operationalisierung Kooperationserfolg

[326] Die Frage nach der wiederholten Unterstützung bei der Lösung von Aufgaben wurde von Birl (2007) übernommen. Vgl. Birl (2007), S. 246.

1.3 Erfolgsfaktoren des Kooperationserfolg

1.3.1 Kooperationsmotivation

Die Bedingungen für eine erfolgreiche Zusammenarbeit, die für beide Kooperationspartner gegeben sein sollten, werden für die vorliegende Arbeit durch den Erfolgsfaktor Kooperationsmotivation dargestellt.

Grundsätzlich müssen potentielle Kooperationspartner dazu befähigt sein, eigenständige Entscheidungen zu treffen. Erst wenn die Menge der möglichen Handlungsalternativen bzw. der Aktionsraum der Beteiligten es zulässt, kann eine Entscheidung zu Gunsten einer Kooperation getroffen werden.[327] Pester (1993) formuliert als erste von vier Grundvoraussetzungen erfolgreicher Kooperationen die bewusste, eigenverantwortliche Entscheidung, eine Kooperation einzugehen. Die verbleibenden drei Grundvoraussetzungen setzen sich aus gegenseitiger Abhängigkeit, der bereits erwähnten Vorteilhaftigkeit der Zusammenarbeit und Gemeinsamkeiten der Kooperationspartner zusammen.[328]

Welchen bedeutsamen Einfluss die Eigenständigkeit der Kooperationspartner auf die Ausgestaltung der Zusammenarbeit haben kann, zeigen Knollmann/Hirsch/Weber (2008) in ihrer empirischen Analyse zu den Auswirkungen von Gestaltungsfreiräumen für den Controllerbereich. Ihre Ergebnisse zeigen, dass eine ausgeprägte Eigenständigkeit des Controllerbereichs interne Kooperationen zu intensivieren vermag, und zwar in einem stärkeren Ausmaß, als die interne Wettbewerbsintensität.[329]

---

[327] Vgl. Laux (2005), S. 20f.

[328] Vgl. Pester (1993), S. 75f. Die gegenseitige Abhängigkeit sowie die Gemeinsamkeiten der Kooperationspartner ergeben sich aus der rechtlichen Eigenständigkeit der von Pester (1993) betrachteten Verbundunternehmen. Da es sich bei den in der vorliegenden Arbeit betrachteten Kooperationsparteien um Funktionsbereiche eines Unternehmens handelt, wird von einer generellen Abhängigkeit beider Kooperationsparteien vom übergeordneten Unternehmenserfolg und ausgeprägten Gemeinsamkeiten im Sinne einheitlicher Unternehmenskultur, gemeinsamer Rahmenbedingungen und einer übereinstimmenden Verbundenheit gegenüber den Unternehmenszielen ausgegangen (vgl. hierzu auch Deutsch (1949), S. 131f.). Eine operative Abhängigkeit von Controllerbereich und Interner Revision soll hiervon ausdrücklich ausgeschlossen bleiben; dies würde der in dieser Arbeit vertretenen Auffassung von Interner Revision als prozessunabhängiger und objektiver Überwachungsinstanz widersprechen.

[329] Vgl. Knollmann/Hirsch/Weber (2008), S. 380.

Für die vorliegende Untersuchung soll die Eigenständigkeit anhand getrennter Berichtslinien, der eigenständigen Verwendung von zugewiesenen Budgets sowie dem Freiraum bestimmt werden, den die Kooperationspartner zur Vereinbarung von Kooperationsinhalten genießen.

Ist die Eigenständigkeit der Kooperationspartner gegeben, bedarf es weiterhin dem Willen, eine Kooperation einzugehen. So nennt Friese (1998) neben Kompetenz und Kompatibilität die Entschlossenheit bzw. ein hinreichendes Engagement der Kooperationspartner als Grundvoraussetzung erfolgreicher Zusammenarbeit.[330] Hagenhoff (2008) erfasst die Bereitschaft zur Zusammenarbeit als Teil einer Kooperationskultur, die ihrerseits einen positiven Einfluss auf den Kooperationserfolg hat.[331] Wesentliche Aspekte einer solchen Kooperationskultur stellen u.a. Vertrauen, Offenheit und Experimentierfreudigkeit dar.[332] Im Rahmen der empirischen Untersuchung wird die Messung der eigenen Kooperationsbereitschaft ergänzt um die Einschätzung der Kooperationsbereitschaft des jeweilig anderen Unternehmensbereichs.

Generell ist die Bereitschaft zur Kooperation abhängig vom erwarteten Kooperationsnutzen[333], sei es in Form zusätzlicher Ressourcen und Kompetenzen, die zur Erfüllung der eigenen Zielerreichung benötigt werden[334], oder in Form einer verbesserten Allokation der eigenen Ressourcen.[335] Der erwartete Kooperationsnutzen ist Bestandteil fast jedweder Beiträge zur Kooperationsforschung. Die Operationalisierung des Kooperationsnutzens als Voraussetzung für das Eingehen für Kooperationen ist dabei so vielfältig, wie die Anzahl der Maximierungs- bzw. Minimierungsprobleme, mit denen die unterschiedlichen

---

[330] Vgl. Friese (1998), S. 91.

[331] Vgl. Hagenhoff (2008), S. 71. Im Hinblick auf Controllerbereich und Interne Revision sei an dieser Stelle beispielhaft auf Preißler (2007) und Kundinger (2007) verwiesen. Preißler (2007) nennt die Fähigkeit zur Zusammenarbeit mit anderen Unternehmensbereichen eine notwendige, persönliche Eigenschaft des Controllers (vgl. Preißler (2007), S. 39f.). Ähnlich formuliert Kundinger (2007), der kommunikative und interpersonelle Kompetenzen zur Ermöglichung einer Zusammenarbeit mit anderen Unternehmensbereichen als notwendiges Attribut eines Revisors nennt, der im Einklang mit der Innovationsfunktion der Internen Revision agiert (vgl. Kundiger (2007), S. 175).

[332] Vgl. Müller-Stewens/Knoll (2005), S. 802.

[333] Vgl. Müller (2006), S. 252.

[334] Vgl. Schmid (1990), S. 390 sowie Oelsnitz (2005), S. 185.

[335] Vgl Barney (1991), S. 106.

Kooperationspartner zur Erreichung ihrer individuellen Ziele konfrontiert werden. Einige Bespiele für eine solche Operationalisierung sind der Zugewinn von Marktanteilen bzw. der Zugang zu neuen Märkten[336], die Erweiterung der eigenen Ressourcen[337], erwartete Kosteneinsparungen[338], Risikodiversifikation[339] etc.. Da Controllerbereich und Interne Revision keine erlösorientierten Unternehmensbereiche sind, ergibt sich deren Kooperationsnutzen vornehmlich aus der Verbesserung ihrer Arbeitsergebnisse sowie dem sich aus der Zusammenarbeit ergebenen Einsparungspotenzial hinsichtlich deren Kosten und Personal.[340]

Wie erläutert, ist eine ausgeprägte Motivation zur Kooperation eine wesentliche Voraussetzung für das Eingehen bzw. Gelingen von Kooperationsvorhaben. Es kann somit auf Basis der bisherigen Kooperationsforschung angenommen werden, dass ein signifikant positiver Zusammenhang zwischen der Kooperationsmotivation und dem Kooperationserfolg besteht. Die entsprechenden Forschungshypothesen lauten:

H1a: Die Kooperationsmotivation wirkt positiv auf den Kooperationserfolg des Controllerbereichs

H1b: Die Kooperationsmotivation wirkt positiv auf den Kooperationserfolg der Internen Revision

Weiterhin wurden auf Basis der vorangegangenen Literaturrecherche die folgenden neun Skalen zur reflektiven Messung der Kooperationsmotivation entwickelt:[341]

---

336 Vgl. exemplarisch Wolff (2005), Schögel (2006), Potzner (2008).

337 Vgl. exemplarisch Eisenhardt/Schoonhoven (1996), Mellewigt (2003), Fischer (2006).

338 Vgl. exemplarisch Teichert (1997), Lou (2002), Mellewigt (2003), Boldt/Gomm (2004), White/Lui (2005) sowie Birl (2007) .

339 Vgl. exemplarisch Rotering (1990), Mellewigt (2003), Tjaden (2003).

340 Beispiele für Arbeitsergebnisse von Controllerbereich und Interne Revision finden sich in den Abschnitten B1 sowie B2.

341 Die hier aufgeführten Indikatoren kamen in beiden Stichproben zur Anwendung; d.h. Fragen, die den jeweils anderen Unternehmensbereich betreffen, wurden dazu genutzt, Rück-

Kooperationsmotivation
Codierung: 1=trifft gar nicht zu, …, 6 =trifft voll zu

1. Von Seiten der Internen Revision ist die Bereitschaft zu einer Kooperation gegeben.
2. Von Seiten des Controllings ist die Bereitschaft zu einer Kooperation gegeben.
3. Die Berichtslinien der Internen Revision und Controlling sind unterhalb der Unternehmensleitung (z.B. Vorstand) unabhängig.
4. Über die eigene Budgetverwendung kann frei entschieden werden.
5. Die Kooperationsinhalte können nicht bilateral vereinbart werden (reverse coded).
6. Von einer Kooperation sind erhebliche Vorteile zu erwarten.
7. Eine Kooperation birgt Einsparungspotenzial für Interne Revision und Controlling.
8. Die Zusammenarbeit lässt verbesserte Arbeitsergebnisse im eigenen Bereich erwarten.
9. Durch die Zusammenarbeit zwischen Controlling und Interner Revision werden für beide Bereiche Vorteile geschaffen.

Abbildung 18: Operationalisierung Kooperationsmotivation

1.3.2 Kooperationsumfang

Jede Kooperation stellt einen Ressourcen- und Kompetenzaustausch bzw. eine neue Ressourcenkombination dar, die die Kooperationspartner potentiell dazu befähigt, die eigene Zielerreichung zu verbessern.[342] Dabei beabsichtigen die Kooperationspartner vornehmlich diejenigen Ressourcen und Kompetenzen von der Gegenseite zu erhalten, die ihnen selbst nicht oder nur in begrenzter Menge zur Verfügung stehen und die sie nicht anderweitig imitieren bzw. substituieren können.[343]

Bei der Zusammenarbeit zwischen Controllerbereich und Interner Revision konzentriert sich der Ressourcen- und Kompetenzaustausch auf Arbeitsergeb-

---

schlüsse auf die Fremdeinschätzung der Kooperationspartners zu ziehen. Analog wurde für die folgenden Erfolgsfaktoren verfahren.

[342] Vgl. Penrose (1959), S. 74f.

[343] Vgl Barney (1991), S. 106; vgl. S. 114 der die mangelnde Fähigkeit eine Ressource zu imitieren oder zu substituieren auch als Schutzmechanismus unterschiedlicher Organisationen versteht.

nisse der Kooperationspartner, also bspw. Prüfungsberichte der Internen Revision oder Analysen des Controllerbereichs[344], auf individuelle Fachkompetenzen bzw. Prozesskenntnisse, die sich aus den unterschiedlichen Kontroll- und Unterstützungsaufgaben der beiden Bereiche im Unternehmen ergeben[345] sowie auf den Austausch von Mitarbeitern zur Erweiterung ihrer Kompetenzen und Fähigkeiten.[346]

Neben den bereits erwähnten Ausführungen von Zünd (1973), der als wesentliche Kooperationsinhalte sowohl den gegenseitigen Informationsaustausch als auch die Zusammenarbeit in gemischten Arbeitsgruppen zur Lösung von Problemstellungen innerhalb des Controllerbereichs und der Internen Revision sieht, finden sich in der Kooperations- bzw. Erfolgsfaktorenforschung zahlreiche weitere Beispiele für die Bedeutsamkeit dieser Inhalte für eine erfolgreiche Zusammenarbeit. So identifizieren Lunze/Girmscheid (2009) neben einer transparenten Kommunikation auch Prozesstransparenz zur Entwicklung gemeinsamer Problemlösungen und zum Abbau asymmetrischer Informationsverteilung zwischen den Kooperationspartnern als einen wesentlichen Erfolgsfaktor von Kooperationen.[347] Weiterhin weist Fischer (2006) in ihrer empirischen Untersuchung von Innovationsnetzwerken einen bedeutsamen Einfluss des Erwerbs neuer Kompetenzen und Fähigkeiten auf den Kooperationserfolg nach.[348] Ähnlich argumentieren Griffin/Hauser (1996), die Mitarbeitertransfers zwischen internen Kooperationspartnern als erfolgssteigernde Maßnahmen zur verbesserten „information utilization and cross-functional coordination" sehen.[349] Einen Schritt weiter gehen Dyer/Nobeoka (1998), die dem Automobilhersteller Toyota aufgrund seiner Kooperationsstrategie, Mitarbeiter bilateral mit ihren Zulieferern auszutauschen, einen wesentlichen Wettbewerbsvorteil gegenüber anderen Herstellern attestieren. Albrecht (2007) weist für eine erfolgreiche Zusammenarbeit von Controllerbereich und Interner Revision anhand von Personaltransfers

344 Vgl. Birl/Hirsch/Weber (2008), S. 256.
345 Vgl. Schneider (2003), S. 34f.
346 Vgl. Xie/Song/Stringfellow (2003), S. 237.
347 Vgl. Lunze/Girmscheid (2009), S. 839.
348 Vgl. Fischer (2006), S. 259.
349 Griffin/Hauser (1996), S. 205.

jedoch darauf hin, dass sowohl bei der Einbeziehung von Revisoren in Controllingprojekte als auch bei der Unterstützung von Prüfungstätigkeiten durch Controller die Unabhängigkeit der Internen Revision gewahrt bleiben muss.[350]

Einschränkungen werden auch von Birl (2007) vorgenommen, der vornehmlich für die temporäre Zusammenarbeit und weniger für den permanenten Austausch von Mitarbeitern einen positiven Einfluss auf den Kooperationserfolg von Controllerbereich und Interner Revision feststellt.[351]

Aus den hier aufgeführten Erkenntnissen der Kooperationsforschung und in Anlehnung an die in Abschnitt B4.2 zusammengefassten wesentlichen Ergebnisse von Untersuchungen zur Zusammenarbeit von Controllerbereich und Interner Revision, wird der Kooperationsumfang in dieser Untersuchung durch die Konstrukte *Austausch von Informationen & Methoden* bzw. *Austausch von Mitarbeitern* abgebildet. Es kann demnach von einem erhöhten Erfolg einer Kooperation zwischen Controllerbereich und Interner Revision ausgegangen werden, je umfänglicher der gezielte Austausch von Informationen, Methoden und Mitarbeitern bzw. von Ressourcen und Kompetenzen zur Steigerung des individuellen Erfolgsniveaus der Kooperationspartner stattfindet. Die entsprechenden Forschungshypothesen lauten:

H2a: Der Austausch von Informationen und Methoden wirkt positiv auf den Kooperationserfolg des Controllerbereichs

H2b: Der Austausch von Informationen und Methoden wirkt positiv auf den Kooperationserfolg der Internen Revision

H3a: Der Austausch von Mitarbeitern wirkt positiv auf den Kooperationserfolg des Controllerbereichs

[350] Vgl. Albrecht (2007), S. 331.
[351] Vgl. Birl (2007), S. 230.

H3b: Der Austausch von Mitarbeitern wirkt positiv auf den Kooperationserfolg der Internen Revision

Zur reflektiven Messung des ersten Konstrukts wurden die folgenden fünf Items verwendet, die sowohl den Austausch von Informationen bzw. Arbeitsergebnissen als auch die Weitergabe von Methodenwissen bzw. Fachkompetenzen beinhalten:[352]

Kooperationsumfang (Information & Methoden)
Codierung: 1=trifft gar nicht zu, ..., 6 =trifft voll zu

1. Erkenntnisse und Berichte aus Prüfungen der Internen Revision sind nützlich für die Arbeit des Controllings.
2. Berichte und Analysen des Controllings sind nützlich für die Arbeit der Interne Revision.
3. Das Fachwissen der Internen Revision birgt keinen Nutzen für die Prozesse des Controllings (reverse coded).
4. Das Fachwissen des Controllings birgt keinen Nutzen für die Prozesse der Internen Revision (reverse coded).
5. Interne Revision und Controlling tauschen regelmäßig Erkenntnisse und Ergebnisse ihrer Arbeit aus.

Abbildung 19: Operationalisierung Kooperationsumfang Information

Bei der Messung der Relevanz von Mitarbeitertransfers bzw. von Erfahrung der eigenen Mitarbeiter im Arbeitsbereich des Kooperationspartners wurden die folgenden vier Skalen verwendet:

[352] Die Verwendung von Berichten und Analysen des Controllerbereichs durch die Interne Revision sieht Birl (2007) als Indikator für ein etwaiges Abhängigkeitsverhältnis der Kooperationspartner (vgl. Birl (2007), S.200). Für die vorliegende Studie wird von diesem Verständnis von Abhängigkeit aus den genannten Gründen Abstand genommen; anstelle dessen soll hier allein die Nützlichkeit von Berichten und Analysen für die Interne Revision beurteilt werden.

Kooperationsumfang (Mitarbeiter) Codierung: 1=trifft gar nicht zu, …, 6 =trifft voll zu
1. Ein Controller sollte mit der Arbeit eines Revisors vertraut sein.
2. Ein Revisor sollte mit der Arbeit eines Controllers vertraut sein.
3. Personaltransfers sind eine sinnvolle Ergänzung für Kooperationen zwischen Interner Revision und Controlling.
4. Personal des Kooperationspartners wird gern in den eigenen Bereich übernommen.

Abbildung 20: Operationalisierung Kooperationsumfang Mitarbeiter

1.3.3 Kooperationsinteraktion

Die Art und Weise, wie mehrere Kooperationspartner miteinander interagieren bzw. den Informations-, Ressourcen- und Kompetenzaustausch ausgestalten, lässt sich anhand des Formalisierungsgrads unterscheiden.[353]

Eine ausgeprägte formelle Interaktion zeigt sich beispielsweise anhand einer ausführlichen Dokumentation von Art, Umfang und Ergebnissen einer Kooperation[354], einer detaillierten schriftlichen Niederlegung von Kooperationszielen bzw. von Rechten und Pflichten, welche die Kooperationspartner zur Erreichung dieser Ziele zu wahren haben[355], oder anhand von externen Anforderungen, die an die Zusammenarbeit der Kooperationspartner gestellt werden (z.B. regulatorische Erfordernisse oder Unternehmensrichtlinien).[356]

Informelle Interaktion beschreibt den über das kodifizierte Maß hinausgehenden Austausch von Informationen, Ressourcen und Kompetenzen bzw. die

[353] Vgl. Wolff (2005), S. 24, vgl. Birl (2007), S. 45f. u. S. 116f. Da es sich bei der hier behandelten unternehmensinternen Kooperation nicht um eine Zusammenarbeit rechtlich eigenständiger Organisationen handelt, soll hier nicht näher auf die rechtlichen Ausgestaltungsmöglichkeiten derartiger Kooperationen wie Franchising, Joint Ventures etc. eingegangen werden. Eine detaillierte Behandlung kann beispielsweise Perlitz (1997), S. 629ff., Mellewigt (2003), S. 205ff. , Wolff (2005), S.24ff. und der dort angeführten Literatur entnommen werden.

[354] Pietsch (2003) nennt in diesem Zusammenhang das Berichtswesen selbst bereits als formelle Interaktion zwischen Controllerbereich und anderen Unternehmensbereichen, vgl. Pietsch (2003), S. 136.

[355] Vgl. Schlick/Killich (2006), S. 158ff.

[356] Vgl. Wohlgemuth (2002), S. 256.

Netzwerkaktivitäten zwischen den Kooperationspartnern bzw. einzelnen Controllern und Revisoren.[357]

Wie für den Kooperationsumfang finden sich auch für die Form einer Kooperation zahlreiche Beispiele in der Kooperations- bzw. Erfolgsfaktorenforschung, die deren Bedeutung für eine erfolgreiche Zusammenarbeit von Kooperationspartnern belegen. So hebt Pester (1993) neben der Formulierung gemeinsamer oder sich ergänzender Ziele auch verbindliche Vereinbarungen zur Verteilung eines etwaigen Kooperationsnutzens als Bedingungen für eine erfolgreiche Kooperation hervor.[358] Ähnlich argumentieren Bruce et al. (1995), die eine Formulierung von „Ground Rules"[359] im Vorfeld einer Kooperation bzw. eines Joint Ventures zur Entwicklung gemeinsamer Produkte empfehlen. Ihre Befragung von Führungskräften in 102 Unternehmen führte zu dem Schluss, dass hierbei die Einigung auf gemeinsame Ziele einen besonderen Stellenwert einnimmt.[360]

Bezüglich der externen Anforderungen bei der Gründung und Erweiterung von Unternehmensnetzwerken spricht Wohlgemuth (2002) von ausschlaggebenden beziehungspolitischen Faktoren im Umfeld eines Unternehmens. Gemeint sind damit dezidierte Anforderungen externer Gruppen, wie wichtige Kundenbeziehungen oder Auflagen öffentlicher Institutionen.[361]

In Hinblick auf Kooperationen zwischen Controllerbereich und Interner Revision sei auf die Arbeit von Birl (2007) verwiesen, der in seiner empirischen Untersuchung speziell für diese Schnittstelle einen signifikanten Zusammenhang zwischen der Güte der Kooperation und der des formellen Informationsaustausches feststellt.[362]

---

[357] Vgl. Birl (2007), S. 45.
[358] Vgl. Pester (1993), S. 75f.
[359] Bruce et al (1995), S. 40.
[360] Vgl. Bruce et al (1995), S. 36ff.
[361] Vgl. Wohlgemuth (2002), S. 256. Als externe Gruppen werden im Rahmen der vorliegenden Arbeit bspw. Aufsichtsbehörden zur Beurteilung der Wahrung der Unabhängigkeit der Internen Revision eines Unternehmens oder die Geschäftsleitung als Abnehmer der Dienstleistungen des Controllerbereichs und der Internen Revision verstanden.
[362] Vgl. Birl (2007), S. 129f.

Porschen (2008) weist dagegen darauf hin, dass ein Kooperationsbedarf oftmals nicht vorab schriftlich geregelt werden kann und viele Problemlösungen auf einer informellen Kooperationsebene situativ und anlassbezogen gefunden werden müssen. „Zum Anlass eines Treffens wird damit der Kooperationsbedarf und nicht ein festgelegter Termin“.[363]

Griffin/Hauser (1996) empfehlen nach ihrer Analyse der Forschungsliteratur zu Kooperationen zwischen Marketing- und F&E-Bereichen die Etablierung informeller bereichsübergreifender Netzwerke, die durch die Reduktion von Kommunikations- und Informationsbarrieren zu einer Steigerung der Informationsausnutzung und einer Verbesserung von Koordinations- und Entscheidungsprozessen führen.[364]

Zusammenfassend bleibt festzuhalten, dass der Erfolgsfaktor *Kooperationsinteraktion* ähnlich dem Kooperationsumfang anhand von zwei Konstrukten (hier: Formelle Interaktion und Informelle Interaktion) zu untersuchen ist, die jeweils unterschiedliche Aspekte der Interaktion von Controllerbereich und Interner Revision beinhalten.[365] Demnach sollen beide Aspekte anhand getrennter Hypothesen überprüft werden.

H4a: Das formelle Interaktionsniveau wirkt positiv auf den Kooperationserfolg des Controllerbereichs

H4b: Das formelle Interaktionsniveau wirkt positiv auf den Kooperationserfolg der Internen Revision

H5a: Das informelle Interaktionsniveau wirkt positiv auf den Kooperationserfolg des Controllerbereichs

---

[363] Porschen (2008), S. 198f.
[364] Vgl. Griffin/Hauser (1996), S. 19.
[365] Vgl. Birl (2007), S. 45.

H5b: Das informelle Interaktionsniveau wirkt positiv auf den Kooperationserfolg der Internen Revision

Das Ausmaß der formellen Interaktion zwischen Controllerbereich und Interner Revision wurde anhand der folgenden vier Skalen reflektiv gemessen, die sowohl die eingangs beschriebenen formellen Anforderungen der beiden Kooperationspartner als auch etwaige Anforderungen kooperationsfremder Parteien berücksichtigen:

Kooperationsinteraktion (formell)
Codierung: 1=trifft gar nicht zu, …, 6 =trifft voll zu

1. Für Kooperationsinhalte bestehen konzernweite Vorschriften.
2. Kooperationsziele werden vorab schriftlich fest gehalten.
3. An die Zusammenarbeit werden regulatorische Anforderungen gestellt.
4. Eine Dokumentation von Art, Umfang und Ergebnis einer Kooperation ist erforderlich.

Abbildung 21: Operationalisierung Formelle Kooperationsinteraktion

In Anlehnung an die vorangegangene Literaturdiskussion soll auch eine getrennte Messung der informellen Interaktion zwischen Controllerbereich und Interner Revision anhand der folgenden vier Skalen erfolgen:[366]

Kooperationsinteraktion (informell)
Codierung: 1=trifft gar nicht zu, …, 6 =trifft voll zu

1. Controlling und Interne Revision sind auch ohne entsprechende Vorschriften im ständigen Austausch.
2. Bei der Zusammenarbeit wird ein möglichst formloses Miteinander bevorzugt.
3. Es bestehen gut funktionierende Netzwerke zwischen Controllern und Revisoren.
4. Die Mitarbeiter der Internen Revision und des Controllings tauschen sich auch jenseits formeller Kontakte regelmäßig aus.

Abbildung 22: Operationalisierung Informelle Kooperationsinteraktion

[366] Zur Formulierung der letzten beiden Items vgl. auch Birl (2007), S. 246. Birl (2007) erfragt in diesem Zusammenhang, ob Controllerbereich und Interne Revision „persönlich untereinander sehr gut vernetzt sind“ und ob die Zusammenarbeit auch „abseits von Regularien und Richtlinien“ erfolgt (Birl (2007), S. 246).

1.3.4 Kooperationstiefe

Der Erfolgsfaktor *Kooperationstiefe* beschreibt inwieweit die Durchdringung der Prozessstrukturen und der Mitarbeiterhierarchie in Controllerbereich und Interner Revision zu einem Kooperationserfolg beiträgt. Diese Einflüsse sind wesentliche Aufgabenfelder des „Cooperative Management"[367], das dem Zweck dient, stetig die Prozessstruktur und organisatorische Ausrichtung des eigenen Bereichs dahingehend zu überprüfen, inwieweit Veränderungsmaßnahmen die Anbahnung und Durchführung von Kooperationsvorhaben fördern.[368]

Nach Beckmann (2004) können Veränderungsmaßnahmen bezüglich der Prozessstruktur zur Erschließung von Kooperationspotenzialen die folgenden Aspekte beinhalten:[369]

- Die Möglichkeit, Verfahrensweisen des Kooperationspartners zu übernehmen, eigene Prozesse zu verbessern bzw. zu ergänzen oder neue Prozesse zu entwickeln
- Die Ressourcenteilung durch Zusammenlegung von Prozessen bzw. Streichung von redundanten Arbeitsabläufen
- Die Erhöhung des Outputs durch die zeitliche Koordination von Prozessen

Endres/Wehner (2009) untersuchen in ihrer empirischen Arbeit unter Herstellern und Lieferanten der Automobilindustrie die Auswirkungen verschiedener Organisations- bzw. Kommunikationsstrukturen auf den Erfolg einer Kooperation. Ihre Ergebnisse heben die Bedeutung dieser Strukturen für Kooperationsvorhaben hervor, weisen jedoch auf Defizite in deren Entwicklung und Umsetzung hin.[370] Mit einer diesbezüglichen Verbesserung lassen sich Kooperationsziele einfacher erreichen sowie effizienter Ressourcenbedarfe zwischen den Kooperationspartner ausgleichen.[371]

In der vorliegenden Arbeit soll die Übertragbarkeit dieser Aussagen überprüft werden, d.h. der Einfluss der Zusammenarbeit auf die Qualität von Prozes-

[367] Theurl/Meyer (2004), S.155.
[368] Vgl. Alcami (1998), S. 426; vgl. Theurl/Meyer (2004), S.155ff.
[369] Vgl. Beckmann (2004), S. 88.
[370] Vgl. Endres/Wehner (2006), S. 347f.
[371] Vgl. Pfohl (2010), S. 26.

sen innerhalb von Controllerbereich und Interner Revision sowie auf die Strukturierung ihrer Prozesslandschaft beurteilt werden.

Bezüglich der Rollen von Führungskräften und Mitarbeitern bei bereichsübergreifender Zusammenarbeit kommt Zimmermann (2000) bei ihrer empirischen Erhebung in verschiedenen mittelständischen Unternehmen zu dem Schluss, dass sowohl die Einbindung der Unternehmens- bzw. Bereichsleitung als auch der einzelnen Mitarbeiter wesentliche Voraussetzungen für die Nutzung vorhandener personeller und organisatorischer Ressourcen sind.

Tjaden (2003) wiederum identifiziert in seinen Fallstudien zu virtuellen Unternehmen explizit die direkte Zusammenarbeit auf niedrigeren Hierarchieebenen als Erfolgsfaktor für die Qualität von.[372] Scheer (2008) zeigt für Kooperationen in Verbundgruppen und Franchise-Systemen ebenfalls, dass mit zunehmender Größe der kooperierenden Organisationen die dezentrale Entscheidungsfindung, also die Möglichkeit einzelner Personen oder kleinerer Einheiten, aktiv an Kooperationsprozessen teilzunehmen, einen positiven Einfluss auf den Kooperationserfolg hat.[373]

Alternativ argumentiert bspw. Ermisch (2008), der in seiner empirischen Arbeit zu Kooperationen im Bereich Forschung und Entwicklung empfiehlt, nur einige wenige Personen mit der Koordination, Kontrolle und Evaluierung der einzelnen Kooperationsphasen zu beauftragen und dadurch das Kooperationsmanagement zu „professionalisieren und institutionalisieren“.[374]

Die angeführten empirischen Befunde zeigen, wie unterschiedlich der Einfluss einer Prozess- bzw. Hierarchiedurchdringung auf den Kooperationserfolg ausfallen kann. Für die vorliegende Arbeit bleibt demnach zu untersuchen, ob bei Kooperation zwischen Controllerbereich und Interner Revision eine Zusammenarbeit bzw. Kommunikation auf Führungsebene oder auf Mitarbeiterebene einen höheren Beitrag zum Kooperationserfolg zu leisten vermag und inwiefern die Prozesslandschaft der Kooperationspartner von der Zusammenarbeit beeinflusst wird. Die entsprechenden Forschungshypothesen lauten

---

[372] Vgl. Tjaden (2003), S. 225.
[373] Vgl. Scheer (2008), S. 193f.
[374] Ermisch (2008), S. 218.

H6a: Die Kooperationstiefe wirkt positiv auf den Kooperationserfolg des Controllerbereichs

H6b: Die Kooperationstiefe wirkt positiv auf den Kooperationserfolg der Internen Revision

Die folgenden sechs Skalen wurden dazu genutzt, sowohl die Prozess- als auch die Hierarchiedurchdringung der Zusammenarbeit reflektiv zu messen:

Kooperationstiefe
Codierung: 1=trifft gar nicht zu, …, 6 =trifft voll zu

1. Die Zusammenarbeit mit dem Controlling erhöht die Qualität von Prozessen innerhalb der Internen Revision.
2. Die Zusammenarbeit mit der Internen Revision erhöht die Qualität von Prozessen innerhalb des Controllings.
3. Eine Zusammenarbeit findet hauptsächlich zwischen Führungskräften der beiden Bereiche statt.
4. Eine Zusammenarbeit findet hauptsächlich zwischen einzelnen Revisoren und Controllern statt.
5. Die Mitarbeit an einem Kooperationsvorhaben wird von jedem Mitarbeiter verlangt.

Abbildung 23: Operationalisierung Kooperationstiefe

1.3.5 Kooperationsstabilität

Ein langfristiger Kooperationserfolg lässt sich nur realisieren, wenn eine Kooperationsbeziehung bzw. der Ressourcen- und Kompetenzaustausch nachhaltig und stabil sind. Dieser wesentliche Aspekt einer erfolgreichen Zusammenarbeit zwischen Interner Revision und Controlling soll durch den Erfolgsfaktor *Kooperationsstabilität* Einzug in die vorliegende empirische Untersuchung halten.

Langfristig ausgerichtete Kooperationen bergen mehrere Vorteile: Je länger die Kooperationspartner zusammen arbeiten, desto einfacher lassen sich auch kooperationsrelevante Prozesse aufeinander abstimmen.[375] Ein kollektives Erfahrungswissen zur Problemlösung und gegenseitigen Unterstützung kann geschaffen werden[376] und sowohl Steuerung als auch Kontrolle der Kooperation können mit zunehmender Kooperationserfahrung verbessert werden.[377]

Dieser Aspekt wird in der vorliegenden Untersuchung vornehmlich anhand der Fristigkeit der Zusammenarbeit bewertet, d.h. anhand zeitlicher Restriktionen der Zusammenarbeit bzw. dem zeitlichen Kooperationshorizont.

Jedoch bestimmt sich die Stabilität einer Kooperation nicht nur durch den zeitlichen Horizont der beabsichtigten Zusammenarbeit sondern auch durch die Veränderlichkeit des Kooperationsumfelds. Diese kann zum einen den erwarteten Kooperationsnutzen beeinflussen und zum anderen intensivierte Steuerungs- und Überwachungsmechanismen erfordern. Ein Beispiel hierfür sind sog. Kooperationsrisiko-Referenzmodelle, die der Modellierung von Kooperationsszenarien dienen und in denen Kooperationsrisiken abgebildet bzw. identifiziert und bewertet werden können.[378]

Kooperationsdauer und Kooperationsumfeld sind in der empirischen Kooperationsforschung vielfach auf ihre Auswirkungen auf den Kooperationserfolg hin untersucht worden. Mellewigt (2003) stellt hierzu fest, dass unbefristete Kooperation zu einem verminderten Risiko opportunistischen Verhaltens seitens der Kooperationspartner führt und somit den Koordinationsbedarf bzw. die Kooperationskosten senkt.[379] Unbefristete Kooperationsverträge führen nicht nur zu einer erhöhten Kooperationsstabilität, sondern können nach Scholta (2005) auch zur Reduktion bzw. Verteilung von Entwicklungsrisiken beitragen.[380] Meist wird die Erfolgswirkung einer hohen Kooperationsdauer direkt mit einer zunehmenden Kooperationserfahrung begründet. Nach Simonin (1997) setzt dies jedoch die Fähigkeit der Kooperationspartner voraus, die eigenen Kooperationserfahrungen in entsprechende Kooperationskompetenzen umzuwandeln;

---

375 Vgl. Petry (2006), S. 175.
376 Vgl. Porschen (2008), S. 203.
377 Vgl. Mellewigt (2003), S. 257.
378 Vgl. Nedeß/Friedeland/Neumann (2006), S. 218ff.
379 Vgl. Mellewigt (2003), S. 210 f.
380 Vgl. Scholta (2005), S. 112 f.

d.h. es werden Lehren aus der vergangenen Kooperationstätigkeit gezogen, die zu einer verbesserten Ausgestaltung und Koordination zukünftiger Kooperationsprozesse genutzt werden.[381] Diese Eigenschaft soll im Folgenden für die Kooperationspartner Interne Revision und Controllerbereich als gegeben angenommen werden.

Wolff (2005) stellt in ihrer empirischen Arbeit einen Zusammenhang zwischen der Kooperationsdauer und der Veränderlichkeit des Kooperationsumfelds her. In einer dynamischen Betrachtungsweise wird der Kooperationsdauer eine mindernde Wirkung auf den Formalisierungsgrad attestiert, was wiederum mit einer Erhöhung der Flexibilität und somit mit einer verbesserten Antizipation von Veränderungen des Kooperationsumfelds einhergeht.[382]

Bei sehr hoher Umweltdynamik, kann diese Wirkungsrichtung jedoch umgekehrt werden. So zeigen Levenstein/Suslow (2006) in ihren Fallstudien zum Kooperationserfolg in Kartellen mehrerer Branchen, dass die Ausprägung und Veränderlichkeit des Kooperationsumfelds oftmals zu verkürzten Kooperationszeiträumen bzw. vermindertem Kooperationserfolg führen kann.[383] Ähnlich argumentiert Mellewigt (2003) der in der hohen Umweltdynamik der Technologieindustrie einen Grund für den ausgeprägten Formalisierungsgrad von Kooperationen in dieser Branche vermutet. Die Bedeutung eines aus dauerhafter Zusammenarbeit gewachsenen Vertrauens rückt dabei in den Hintergrund.[384]

Für die vorliegende Arbeit soll der Argumentation von Wolff (2005) gefolgt werden, da für die unternehmensinternen Dienstleistungen der Internen Revision und des Controllerbereichs aufgrund geringer Nachfrageschwankungen von einer gemäßigten Marktdynamik ausgegangen werden kann. Diese Annahme soll neben der Veränderlichkeit der Rahmenbedingungen ebenfalls anhand der Einschätzung der Marktabhängigkeit von Controllerbereich und Interner Revision empirisch überprüft werden.

---

381 Vgl. Simonin (1997), S. 1150ff.
382 Vgl. Wolff (2005), S. 163ff.
383 Vgl. Levenstein/Suslow (2006), S. 43ff.
384 Vgl. Mellewigt (2003), S. 272.

Was jedoch einen wesentlichen Einfluss auf die Kooperationsstabilität bzw. auf die Rahmenbedingungen einer internen Kooperation haben kann, ist der „Structural Flux“[385], d.h. die Häufigkeit, mit der Organisation, Prozessstruktur, Personal und Verantwortlichkeiten verändert werden. Dies kann bei den Kooperationspartnern nach Maltz/Kohli (1996) nicht nur zu einem stärkeren Wunsch nach Absicherung durch Formalisierung bzw. Dokumentation führen, sondern auch zu erheblichen Anpassungen der individuellen Zielgrößen führen.[386] Beide Aspekte sind ursächlich für einen Rückgang interner Kooperation.[387]

Letztendlich ist auch die gegenseitige Einschätzung der Kooperationspartner ausschlaggebend für das Erfolgspotenzial, das einer Ressourcenkombination der Kooperationspartner zugeordnet wird. Dies zeigt sich anhand der Beurteilung der Fachkompetenz des Kooperationspartners bzw. dessen Eignung zur Zusammenarbeit, dem sog. „Partner Fit“[388], und anhand des Vertrauens, das in den Kooperationspartner gesetzt wird. Nur wenn die Ressourcen und Kompetenzen des Gegenübers einen Beitrag zum Kooperationserfolg erwarten lassen, wird eine Zusammenarbeit gewünscht sein.[389]

Porschen (2008) zeigt in ihren branchenübergreifenden Fallstudien zum Austausch impliziten Erfahrungswissens, dass die Qualität der Kooperation eng mit der wechselseitigen Anerkennung als Experte, also der Wahrnehmung des Kooperationspartners als kompetenter Ansprechpartner auch im Falle divergierender fachlicher Standpunkte, verbunden ist.[390]

Vertrauen in den Kooperationspartner beinhaltet nach Schuster (1998) und Wallenburg/Weber (2005) die Einhaltung gemeinsamer Normen im Sinne einer gerechten Behandlung[391] bzw. das Ausbleiben opportunistischen Verhaltens.[392]

---

[385] Maltz/Kohli (1996), S. 52.
[386] Vgl. Maltz/Kohli (1996), S. 52f.
[387] Vgl. Maltz (1997), S. 87 f.
[388] Eine differenziertere Betrachtung findet sich bei Ermisch (2008), der bei in seinen Fallstudien zu Kooperationen im Bereich Forschung & Entwicklung eine Unterscheidung zwischen strategischem, technologischem und operativem Partner Fit vornimmt.
[389] Vgl. Zentes/Swoboda/Morschett (2005), S. 943 gemäß der dortigen Definition eines „fundamentalen“ Fits.
[390] Vgl. Porschen (2008), S. 201 f.
[391] Vgl. Schuster (1998), S. 247.

Exemplarisch sei auf Morgan/Hunt (2004) verwiesen, die empirisch belegen, dass Vertrauen neben der bereits erwähnten Kooperationsentschlossenheit die wesentliche Grundlage für eine erfolgreiche Zusammenarbeit bildet.[393] Birl (2007) stellt in diesem Zusammenhang eine moderate Effektstärke zwischen Vertrauen und Güte der Kooperation von Controllerbereich und Interner Revision fest.[394]

Zusammenfassend sollen die oben dargestellten Erkenntnisse der Kooperationsforschung anhand der folgenden Forschungshypothesen auf die Themenstellung dieser Arbeit übertragen und überprüft werden:

H7a: Die Kooperationsstabilität wirkt positiv auf den Kooperationserfolg des Controllerbereichs

H7b: Die Kooperationsstabilität wirkt positiv auf den Kooperationserfolg der Internen Revision

Es wurden weiterhin neun Skalen zur reflektiven Messung der Kooperationsstabilität anhand des zeitlichen Horizonts und des Umfelds der Kooperation sowie der gegenseitigen Wahrnehmung der Kooperationspartner entwickelt:

392 Vgl. Wallenburg/Weber (2005), S. 760.
393 Vgl. Morgan/Hunt (2004), S. 20.
394 Vgl. Birl (2007), S. 207.

Kooperationsstabilität
Codierung: 1=trifft gar nicht zu, …, 6 =trifft voll zu

1. Kooperation zwischen Controlling und Interner Revision findet hauptsächlich für einzelne Projekte Anwendung (reverse coded).
2. Die Zusammenarbeit zwischen Controlling und Interner Revision ist langfristig ausgerichtet.
3. Die gegenwärtige Zusammenarbeit zwischen Controlling und Interner Revision unterliegt keinen zeitlichen Restriktionen.
4. Kooperationen zwischen Interner Revision und Controlling sind unabhängig vom Marktumfeld (z.B. Finanzkrise).
5. Kooperationen zwischen Interner Revision und Controlling gelten als stabil.
6. Der Kooperationspartner zeichnet sich durch Fachkompetenz aus.
7. Es besteht Vertrauen in die Arbeit des Kooperationspartners.

Abbildung 24: Operationalisierung Kooperationsstabilität

1.4 Zwischenergebnis

Vor dem Hintergrund der vorangegangenen Operationalisierung der Erfolgsfaktoren einer Kooperation zwischen Controllerbereich und Interner Revision und einer entsprechenden Formulierung von Forschungshypothesen, können diese nun als erstes Teilelement des zu entwickelnden Untersuchungsmodells zusammengefasst werden.

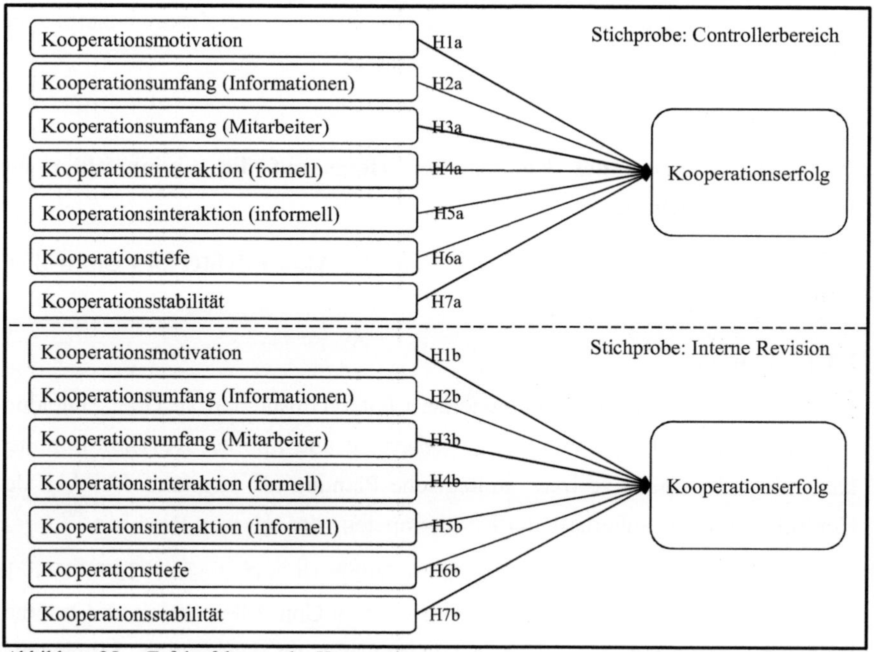

Abbildung 25: Erfolgsfaktoren der Kooperation

Die Operationalisierung der Messmodelle der einzelnen Erfolgsfaktoren erfolgte in den vorangegangen Abschnitten reflektiv, wobei eine positive Wirkungsbeziehung der jeweiligen Erfolgsfaktoren zum Kooperationserfolg angenommen wurde. Somit entspricht das in Abbildung 25 dargestellte Teilmodell einem multidimensionalen Strukturmodell gemäß Abschnitt C1.2 mit einer nunmehr bestimmten Anzahl an Erfolgsfaktoren.

Durch die gleichzeitige Befragung von Führungskräften des Controllerbereichs und der Internen Revision im Zuge der empirischen Untersuchung, lassen sich die formulierten Forschungshypothesen nicht nur für die Kooperationspartner getrennt überprüfen. Es können weiterhin Intergruppenvergleiche durchgeführt werden, um zu untersuchen, ob sich der Einfluss eines Erfolgsfaktors auf den Kooperationserfolg der einen Gruppe signifikant von den Beobachtungen innerhalb der anderen Gruppe unterscheidet. Sollten Unterschiede auftreten, könnte dies auf heterogene Präferenzen hinsichtlich der Ausgestaltung einer

Kooperation hindeuten, was wiederum eine erfolgreiche Zusammenarbeit erschweren würde.

2 Der Einfluss des Kooperationserfolgs auf die Aktionsfelder der Kooperationspartner

2.1 Der Einfluss der Kooperation auf die Aktionsfelder des Controllerbereichs

2.1.1 Planung

Während es bei einigen Tätigkeitsfeldern unter Umständen zu Überschneidungen der Zuständigkeiten von Controllerbereich und Interner Revision kommen kann, liegt die operative bzw. strategische Planung als originäre Tätigkeit des Controllerbereichs außerhalb der Kernkompetenz der internen Revision.[395]

Aufgrund dieser eindeutigen Abgrenzung ist auf diesem Tätigkeitsfeld nicht von einem Konkurrenzverhältnis zwischen Controllerbereich und Interner Revision auszugehen, was generell förderlich für ein kooperatives Miteinander ist. Daher gilt es zu untersuchen, inwiefern die Interne Revision den Controllerbereich bei der Erfüllung seiner Planungsaufgaben unterstützen kann.

Deyhle (1975) und Deppe (1987) weisen diesbezüglich auf einen positiven Einfluss einer Prüfung durch die Interne Revision auf die Planungstechniken und -verfahren des Controllerbereichs hin.[396] Die Beurteilung der anhand dieser Techniken und Verfahren ermittelten Prognosegrößen beschränkt sich dabei naturgemäß auf deren Plausibilität, da sie noch nicht mit existierenden Begebenheiten verglichen werden können.[397] Nach erfolgter Prüfung bzw. Beurteilung kann dann die Interne Revision den Controllerbereich auf mögliche Schwachstellen im Planungsprozess hinweisen und Verbesserungsvorschläge unterbreiten.[398]

---

[395] Vgl. Fiege (2006), S. 222; vgl. Berwanger/Kullmann (2008), S. 78f.
[396] Vgl. Deyhle (1975), S. 83f.; vgl. Deppe (1987), S. 135.
[397] Vgl. Fiege (2006), S. 223.
[398] Vgl. Berens/Schmitting (2004), S. 64.

Birl (2007) greift die Bedeutung dieses Zusammenhangs für seine empirische Untersuchung von Kooperationen zwischen Controllerbereich und Interner Revision auf, verdeutlicht jedoch, dass dafür eine positive Auffassung von Revisionsprüfung im Sinne einer Chance zur Verbesserung der eigenen Planungsprozesse vorliegen muss.[399] Diese Auffassung anhand verstärkter Kundenorientierung und eigener Vermarktung im Unternehmen zu fördern, ist nach Lück/Henke/Hunecke (2000) eine stetige Verpflichtung jeder Revisionsabteilung.[400]

Wie erläutert, wird in Bezug auf die Planungstätigkeit von keiner wesentlichen Überschneidung in den Zuständigkeiten von Controllerbereich und Interner Revision ausgegangen. Aufgrund dieser eindeutigen Abgrenzung konnten ebenfalls keine Hinweise auf ein diesbezügliches Konkurrenzverhältnis zwischen den Kooperationspartnern identifiziert werden. Mit dem Verweis auf bestehende Untersuchungen wurde die Annahme eines positiven Einflusses der Zusammenarbeit zwischen Controllerbereich und Interner Revision auf die Planungsgüte des Controllerbereichs hergeleitet. Dieser resultiert hauptsächlich aus den positiven Implikationen, die sich im Zuge einer Prüfung durch die Interne Revision aufgrund von Plausibilisierung, Identifizierung bestehender Schwachstellen bzw. potentieller Risiken sowie der Unterbreitung von Verbesserungsvorschlägen hinsichtlich der Prozessgestaltung für die Planungstechniken und -verfahren ergeben. Die entsprechende Hypothese lautet wie folgt:

H8: Der Kooperationserfolg wirkt positiv auf die Planungsgüte des Controllerbereichs

Die folgenden fünf Skalen wurden dazu genutzt, den hier beschriebenen Beitrag einer Kooperation mit der Internen Revision auf die Planungsgüte des Controllerbereichs zu quantifizieren:

---

[399] Vgl. Birl (2007), S. 153. In seiner Studie konnte Birl (2007) keinen signifikanten Einfluss der Güte der Kooperation auf die Ergebnisqualität der Planungsaufgaben feststellen. Dieses Ergebnis ist jedoch aufgrund der unterschiedlichen Erhebungsform und Konzeptionalisierung des Kooperationserfolgs nicht unmittelbar auf die vorliegende Arbeit übertragbar (vgl. Abschnitt B4.1).

[400] Vgl. Lück/Henke/Hunecke (2000), S. 35f.

Beitrag der Kooperation zur Planung
Codierung: 1=trifft gar nicht zu, …, 6 =trifft voll zu

1. Erkenntnisse aus der Zusammenarbeit mit der Internen Revision helfen die Planungsqualität zu steigern.
2. Die Zusammenarbeit mit der Internen Revision führt zu verbesserten Planungsprozessen.
3. Ohne Beteiligung der Internen Revision sind Planungsaufgaben einfacher zu erfüllen (reverse coded).
4. Informationen der Internen Revision führen zu einer adäquateren Ermittlung von Plangrößen.
5. Aus einer Kooperation ergeben sich effiziente Möglichkeiten der Berechnung von Plangrößen.

Abbildung 26: Operationalisierung Planung Controllerbereich

2.1.2 Berichtswesen

Wie in Abschnitt B.1 erläutert, stellt das Berichtswesen ein weiteres, wichtiges Aktionsfeld erfolgreicher Controllertätigkeit dar. Daraus ableiten lässt sich auch die Notwendigkeit der Ausgestaltung entsprechender Informationssysteme als Grundlage für eine standardisierte Abbildung güterwirtschaftlicher Sachverhalte zur Unterstützung unternehmerischer Entscheidungen.[401] Sowohl das Berichtswesen selbst, als auch die dafür benötigte Datensammlung anhand von Informationssystemen bieten weitere Anknüpfungspunkte für eine erfolgreiche Kooperation zwischen Controllerbereich und Interner Revision.[402]

Bereits bei der Einführung von neuen Informationssystemen durch den Controllerbereich sollte auf die Kompetenzen der Internen Revision zurückgegriffen werden. Schon früh wurden die Vorteile einer solchen Zusammenarbeit aufgezeigt. Rittenberg/Purdy (1978) beleuchten in ihrer empirischen Befragung von Unternehmen, in denen die Interne Revision an derartigen Weiterentwicklungen beteiligt ist, dass die Kosten der Beteiligung von Revisoren ungleich ge-

401 Vgl. Weißenberger (2007), S. 36.
402 Vgl. Heese (2006), S. 75.

ringer sind als die Wertsteigerungen die durch erhöhte Effizienz und Sicherheit der jeweiligen Prozesse erreichbar sind.[403]

Für bereits bestehende Berichtsprozesse kann die Interne Revision mitunter als Informationslieferant für den Controllerbereich dienen, wenn bspw. Prüfungsergebnisse der Internen Revision als Messgröße in Balanced Scorecard Berechnungen zur Beurteilung verschiedener Unternehmensbereiche einfließen.[404]

Ist der Controllerbereich selbst Gegenstand einer Revisionsprüfung, steuert die Interne Revision durch ihre Prüfungsaktivitäten einen wesentlichen Beitrag zur Ordnungsmäßigkeit des Zahlenmaterials und zur Effizienz und Effektivität von Berichtsprozessen innerhalb des Controllerbereichs bei.[405] Zusätzlich kann die Interne Revision bei dezentraler Organisation des Controllerbereichs die Informationsübermittlung zwischen den einzelnen Controllingabteilungen auf Konzern-, Divisions- oder Fachbereichsebene überprüfen und somit einen Beitrag zur Verlässlichkeit des gesamten Controllerbereichs leisten.[406] Auch hier können von Seiten der Internen Revision innovative Anpassungsmaßnahmen angeregt werden, um bestehende Prozesse der Berichterstattung zu verbessern.[407] Birl (2007) überprüft in diesem Zusammenhang die Wirkung einer Zusammenarbeit auf die Ergebnisqualität der Informationsversorgungsaufgaben und zeigt einen schwach positiven Einfluss auf.[408]

Im Ergebnis können in Bezug auf das Aktionsfeld des Berichtswesens sowohl die Erstellung von Berichten als auch die dafür notwendige Informationsbeschaffung bzw. Nutzung von Informationssystemen als Ansatzpunkte für eine Kooperation identifiziert werden.

---

403 Vgl. Rittenberg/Purdy (1978), S. 56.

404 Vgl. hierzu beispielhaft Ittner/Larcker/Meyer (2003). Die Autoren untersuchen die Gewichtung von Kennzahlen der Balanced Scorecard eines globalen Finanzinstituts zur Steuerung unterschiedlicher Filialen.

405 Vgl. Peemöller (1995), S. 1251f. Auf eine explizite Überprüfung dieses Teilaspekts der Zusammenarbeit von Controllerbereich und Interner Revision soll hier verzichtet werden. Es ist nicht damit zu rechnen, dass eine konfirmatorisch auswertbare Anzahl der an der dieser Studie teilnehmenden Unternehmen kürzlich die Einführung neuer Informationssysteme vollzogen hat oder dies zeitnah beabsichtigt.

406 Vgl. Albrecht (2007), S. 330.

407 Vgl. Schroeter (2002), S. 83; vgl. Friedl (2003), S. 146.

408 Vgl. Birl (2007), S. 159.

Bei der Einführung von Informationssystemen können unter Einbeziehung der Internen Revision sowohl Effizienz als auch Sicherheit dieser Systeme gesteigert werden. Des Weiteren kann die Interne Revision dem Controllerbereich für bestimmte Berichtsinhalte als Informationslieferant dienen.

Zu guter Letzt trägt die Interne Revision im Rahmen ihrer Prüfungs- und Beratungsaktivitäten zur Ordnungsmäßigkeit des Datenmaterials sowie zur Effizienz und Effektivität von Berichtsprozessen innerhalb des Controllerbereichs bei. Folglich wird von einem positiven Einfluss einer Kooperation auf die Güte des Berichtswesens des Controllerbereichs ausgegangen:

H9: Der Kooperationserfolg wirkt positiv auf die Berichtsgüte des Controllerbereichs

Zur reflektiven Messung des Einflusses der Zusammenarbeit auf das Berichtswesen des Controllerbereichs wurden in dieser Arbeit in Anlehnung an die obigen Erläuterungen die folgenden fünf Skalen genutzt:

Beitrag der Kooperation zum Berichtswesens
Codierung: 1=trifft gar nicht zu, …, 6 =trifft voll zu

1. Die Zusammenarbeit mit der Internen Revision erleichtert die Validierung eigener Berichtsinhalte.
2. Informationen der Internen Revision sind nützlich für die Erstellung von Berichten.
3. Die Zusammenarbeit mit der Internen Revision hat keinen Einfluss auf das Berichtswesen (reverse coded).
4. Für das Berichtswesen ist eine Zusammenarbeit mit der Internen Revision erforderlich.
5. Eine Kooperation mit der Internen Revision führt zu einer effizienteren Erstellung von Berichten.

Abbildung 27: Operationalisierung Berichtswesen Controllerbereich

2.1.3 Performancesteuerung

Eine wesentliche Voraussetzung für eine erfolgreiche Unternehmenssteuerung ist die Definition, Ermittlung und Überwachung geeigneter Kennzahlen zur Performancemessung.[409] Auch bei der erfolgreichen Wahrnehmung dieses Aktionsfeldes der Controllerarbeit kann eine Zusammenarbeit mit der Internen Revision mit mehreren Vorteilen für den Controllerbereich verbunden sein.

So prüft die Interne Revision die angewendeten Methoden, Instrumente und Kennzahlen des Controllerbereichs und beurteilt deren Ordnungsmäßigkeit und Wirtschaftlichkeit. Dabei können wesentliche Schwachstellen und Mängel in den Controllingprozessen identifiziert und behoben werden und die Interne Revision somit auch in der Rolle des Prüfers des Controllerbereichs zu dessen Erfolgssteigerung beitragen.

Weiterhin trägt die Interne Revision durch ihre Prüfungen anderer Unternehmensbereiche zu einer effektiveren Steuerung bei, indem sie unternehmensweit die Einhaltung der Sollvorgaben des Controllerbereichs vor Ort überprüft.[410] Dies schließt ebenfalls die Verminderung der Manipulationsanfälligkeit der unterschiedlichen Performancemaße ein.[411]

Aus dieser Prüfungstätigkeit heraus, ergeben sich auch Möglichkeiten einer Beratung des Controllerbereichs durch die Interne Revision bei der Entwicklung und Überwachung entsprechender Performancemaße.[412] Dabei sollte die Interne Revision jedoch stets darauf bedacht sein, ihre Unabhängigkeit nicht zu verlieren, d.h. ihre Objektivität bei zukünftigen Prüfungsaktivitäten hinsichtlich der entwickelten Performancemaße zu bewahren.

Letztendlich ist ebenfalls davon auszugehen, dass die Steuerungsprozesse des Controllerbereichs nicht nur direkt von den Prüfungsaktivitäten der Internen Revision profitieren, sondern auch unternehmensweit an Akzeptanz gewinnen, vorausgesetzt die Interne Revision attestiert ihnen eine adäquate Ausgestaltung.

---

[409] Vgl. Weißenberger (2007), S. 36.
[410] Vgl. Lück (2003), S. 12; vgl. Albrecht (2007), S. 330.
[411] Vgl. Gladen (2008), S. 180.
[412] Vgl. Günther/Gonschorek (2007), S. 140f.

Die Performancemessung, als drittes originäres Tätigkeitsfeld des Controllerbereichs, lässt also ebenfalls Spielraum für eine Zusammenarbeit mit der Internen Revision erkennen. Es konnte ein Kooperationspotenzial für die Definition, Ermittlung und Überwachung von Performancemaßen aufgezeigt werden. Dieses ergibt sich sowohl aus Prüfungen, die innerhalb des Controllerbereichs durchgeführt werden, als auch aus den auf der Prüfungstätigkeit aufbauenden Beratungsmöglichkeiten der Internen Revision. So können sowohl Schwachstellen und Mängel bestehender Steuerungsprozesse als auch gemeinsame neue Wege der Performancesteuerung entwickelt werden. Darüber hinaus kann die Interne Revision im Rahmen ihrer Prüfungstätigkeit die Befolgung der Soll-Vorgaben des Controllerbereichs unternehmensweit prüfen. Hieraus ergibt sich folgende Hypothese:

H10: Der Kooperationserfolg wirkt positiv auf die Steuerungsgüte des Controllerbereichs

Die verwendeten fünf Skalen zur reflektiven Messung des Einflusses der Zusammenarbeit mit der Internen Revision auf die Performancesteuerungsprozesse des Controllerbereichs beinhalten sowohl die Implementierung und den Wirkungsgrad als auch die Überwachung entsprechender Steuerungsinstrumente:

Beitrag der Kooperation zur Performancesteuerung
Codierung: 1=trifft gar nicht zu, ..., 6 =trifft voll zu

1. Die Zusammenarbeit mit der Internen Revision erhöht die Wirksamkeit der Performancesteuerung.
2. Informationen der Internen Revision sind nützlich für die Definition von Steuerungsgrößen.
3. Revisionsprüfungen der Prozesse zur Performancesteuerung steigern deren Effektivität.
4. In Zusammenarbeit mit der Internen Revision lassen sich bessere Performancekennzahlen festlegen.
5. Die Kooperation mit der Internen Revision führt nicht zu einer verbesserten Überwachung der Performancemaße.

Abbildung 28: Operationalisierung Performancesteuerung Controllerbereich

2.1.4 Beratungsleistungen

Für den Controllerbereich haben Beratungsleistungen einen ebenso wichtigen Anteil am eigenen Bereichserfolg wie für die Interne Revision.[413] Wie bereits erwähnt, ist damit zu rechnen, dass die interne Beratung des Managements für den Controllerbereich zukünftig weiter an Bedeutung gewinnen wird.[414] Dies spiegelt sich auch in den empirischen Ergebnissen vorangegangener Studien wider, wonach sich die befragten Controller wünschen, in Zukunft noch stärker als interne Berater des Managements wahrgenommen zu werden[415] bzw. ihre Aktivitäten bereits zu weiten Teilen nach dieser Rolle ausrichten.[416]

Diese Entwicklung lässt eine diesbezügliche Zusammenarbeit mit anderen Unternehmensbereichen als umso aussichtsreicher erscheinen.

Birl (2007) weist einen signifikant positiven Zusammenhang zwischen einer erfolgreichen Zusammenarbeit mit der Internen Revision und der Qualität der eigenen Beratungsleistungen des Controllerbereichs nach. Begründet wird dies u.a. mit der Realisation von Synergieeffekten und der Nutzung der umfassenden Informationsbasis der Internen Revision.[417]

Schlüter (2009) zeigt in seiner empirischen Studie den Wirkungszusammenhang erfolgreicher interner Beratungsleistungen durch den Controllerbereich auf der einen, und dessen Prozess- und Ergebnisqualität auf der anderen Seite auf.[418] Da eine Kooperation zwischen Controllerbereich und Interner Revision, wie in den vorherigen Abschnitten erläutert, gerade auf eine derartige Steigerung der Qualität von Prozessen und Ergebnissen innerhalb des Controllerbereichs abzielt, ist auch aus diesem Blickwinkel mit dem positiven Einfluss einer Zusammenarbeit auf dessen Beratungsqualität zu rechnen.

---

[413] Vgl. Barth/Barth (2008), S. 57.
[414] Vgl. Weißenberger (2007), S. 244.
[415] Vgl. Weber et al. (2006), S. 45.
[416] Vgl. Angelkort (2010), S. 124f.
[417] Vgl. Birl (2007), S. 155.
[418] Vgl. Schlüter (2009), S. 227; vgl. hierzu auch Spillecke (2006), der ein Messmodell für die Nutzungsintensität der Beratungsaufgaben als wesentlichen Bestandteil der internen Kundenorientierung des Controllerbereichs untersucht.

Nicht zuletzt kann die Bestätigung der Beratungsinhalte durch die Interne Revision zu einer Erhöhung der Akzeptanz von Anregungen des Controllerbereichs bei seinen internen Kunden führen.[419]

Die Interne Revision muss mit ihren Beratungsleistungen jedoch nicht zwangsläufig in Konkurrenz zum Controllerbereich treten. Peemöller (1995) weist diesbezüglich auf wesentliche Unterschiede in den Beratungsinhalten dieser beiden Unternehmensbereiche hin.

Während die Beratungsleistungen der Internen Revision die Entwicklungsfähigkeit eines Unternehmens anhand der Verbesserung bestehender Strukturen und Aktivitäten zum Ziel hat, strebt der Controllerbereich durch seine Beratung die Entdeckung, Generierung und Wahrung von Erfolgspotenzialen an.[420]

Aus den hier beschriebenen Wirkungszusammenhängen lässt sich folgende Hypothese formulieren:

H11: Der Kooperationserfolg wirkt positiv auf die Beratungsgüte des Controllerbereichs

Weiterhin wurde auf Basis der vorangegangenen Literaturanalyse der Einfluss einer Zusammenarbeit mit der Internen Revision auf die Beratungsleistungen des Controllerbereichs anhand der folgenden vier Skalen reflektiv bemessen:

---

[419] Verbunden ist diese These mit der Voraussetzung, dass die Interne Revision als kompetente und objektive Kontroll- und Beratungsinstanz im Unternehmen etabliert ist, bspw. als „Auge und Gewissen“ der Unternehmensleitung (Blohm (1991), S 4.). Vgl. hierzu auch Abschnitt B2.

[420] Vgl. Peemöller (1995), S. 1250.

Beitrag der Kooperation zur Beratungsfunktion Codierung: 1=trifft gar nicht zu, …, 6 =trifft voll zu
1. Die Zusammenarbeit mit der Internen Revision steigert die Qualität der eigenen Beratungsleistungen.
2. Die Interne Revision liefert nützliche Information für Beratungsleistungen des Controllings.
3. Eine Kooperation mit der Internen Revision ist ohne Belang für die Beratungsinhalte des Controllings (reverse coded).
4. Beratungsinhalte werden seltener hinterfragt, wenn sie durch Ergebnisse der Internen Revision bestätigt werden.

Abbildung 29: Operationalisierung Beratung Controllerbereich

2.2 Der Einfluss der Kooperation auf die Aktionsfelder der Internen Revision

2.2.1 Ordnungsmäßigkeitsprüfungen

Zwar hat der Stellenwert der Ordnungsmäßigkeitsprüfungen aufgrund der intensivierten Einrichtung interner Kontrollsysteme innerhalb der Revisionstätigkeit abgenommen, sie stellen jedoch nach wie vor einen festen Bestandteil der Prüfungstätigkeit dar.[421] Um Abweichungen von formalen, fest definierten, unternehmensexternen wie -internen Normen im Rahmen einer Ordnungsmäßigkeitsprüfung zu identifizieren[422], bedarf es vorbereitend der Ermittlung eines Ist- und eines Soll-Zustands. Beides verlangt nach einer Informationsbeschaffung sowie nach einem methodischen Vorgehen, das vergleichbar mit den Analyseprozessen innerhalb des Controllerbereichs ist.

Gerade der generelle Informationsaustausch über das Betriebsgeschehen der auch für die Durchführung von Ordnungsmäßigkeitsprüfungen von großem Vorteil ist, wird von Peemöller (1995) hier als ein wichtiger Grund für eine Kooperation gesehen.[423]

[421] Vgl. Kagermann/Küting/Weber (2006), S. 7.
[422] Vgl. Keller/Weber (2008), S. 198.
[423] Vgl. Peemöller (1995), S. 1251.

Dem entgegen postuliert Birl (2007) einen negativen Zusammenhang zwischen der Intensität mit der die Interne Revision Ordnungsmäßigkeitsprüfungen durchführt und dem Erfolg einer Zusammenarbeit zwischen Controllerbereich und Interner Revision. Als Begründung werden das Fehlen einer gegenseitigen Abhängigkeit beider Bereiche bei der Durchführung von standardisierten und routinemäßigen Tätigkeiten, wie der Ordnungsmäßigkeitsprüfung, sowie das Streben nach unterscheidbaren sozialen Identitäten gesehen.[424]

Dieser Argumentation soll im Rahmen der vorliegenden Arbeit unter anderem aufgrund des als lediglich moderat negativ befundenen Wirkungszusammenhangs nicht gefolgt werden.[425] Vielmehr wird hier die Annahme vertreten, dass ein positiver Wirkungszusammenhang zwischen Kooperationserfolg und der Durchführung von Ordnungsmäßigkeitsprüfungen besteht. Ein solcher positiver Zusammenhang kann nicht nur mit der eingangs erwähnten generellen Vorteilhaftigkeit eines Informationsaustausches begründet werden sondern steht auch im Einklang mit den Ausführungen von Füss (2005) und Schmid (1990) die explizit bei standardisierten und routinemäßigen Informationsbeschaffungs- und Informationsauswertungsprozessen ein ausgeprägtes Synergiepotenzial für Controllerbereich und Interne Revision sehen.[426]

Es zeigt sich, dass aus der bestehenden Forschungsliteratur zahlreiche Vorteile einer Zusammenarbeit für die Durchführung von Ordnungsmäßigkeitsprüfungen abgeleitet werden können. Daraus ergibt sich folgende Hypothese:

H12: Der Kooperationserfolg wirkt positiv auf die Güte von Ordnungsmäßigkeitsprüfungen der Internen Revision

Die Messung des Beitrags der Zusammenarbeit mit dem Controllerbereich zur Güte von Ordnungsmäßigkeitsprüfungen der Internen Revision wurde an-

[424] Vgl. Birl (2007), S. 216.
[425] Vgl. Birl (2007), S. 217f.
[426] Vgl. Schmid (1990), S. 390; vgl. Füss (2005), S. 282.

hand der folgenden fünf Skalen vorgenommen, die sowohl die Planung bzw. Vorbereitung als auch die Durchführung der selbigen umfassen:

Beitrag der Kooperation zu Ordnungsmäßigkeitsprüfungen
Codierung: 1=trifft gar nicht zu, …, 6 =trifft voll zu

1. Einer Kooperation mit dem Controlling erleichtert die Ermittlung des Ist-Zustands in den zu prüfenden Unternehmensbereichen.
2. Einer Kooperation mit dem Controlling erleichtert die Ermittlung des Soll-Zustands in den zu prüfenden Unternehmensbereichen.
3. Informationen aus dem Controlling erleichtern die Durchführung von Ordnungsmäßigkeitsprüfungen.
4. Information des Controllings sind für die Planung von Ordnungsmäßigkeitsprüfungen von wesentlicher Bedeutung.
5. Bei Soll/Ist-Vergleichen liefert das Controlling nützliches Fachwissen.

Abbildung 30: Operationalisierung Ordnungsmäßigkeitsprüfung Interne Revision

2.2.2 Wirtschaftlichkeitsprüfungen

Wirtschaftlichkeitsprüfungen stellen einen weiteren wesentlichen Bestandteil der Prüfungstätigkeit der Internen Revision dar. Bei der Überprüfung des durch die Unternehmensbereiche gewählten effizienten und effektiven Wegs zur Erreichung der Unternehmens- bzw. Bereichsziele greift die Interne Revision regelmäßig auf Ergebnisse der Kostenrechnung zurück.[427]

Zwar genießt die Interne Revision ohnehin uneingeschränkten Zugang zu allen wesentlichen Informationen innerhalb eines Unternehmens um die Wirtschaftlichkeit des zu prüfenden Bereichs zu beurteilen[428], jedoch kann der Prozess der Informationsbeschaffung in einer erfolgreichen Kooperation von Controllerbereich und Interner Revision effizienter erfolgen. Der regelmäßige Informationsaustausch innerhalb einer Kooperation hat für beide Bereiche den wesentlichen Vorteil, dass neben dem reinen Austausch von Zahlenwerken oftmals auch nützliche Hinweise zu deren Interpretation und gegebenenfalls weitere, nicht in einem Auskunftsersuchen enthaltene, wesentliche Informationen zu be-

[427] Vgl. Keller/Weber (2007), S. 198f.
[428] Vgl. Rossow (1994), S. 209f.

trieblichen Begebenheiten, wie Schwachstellen in den entsprechenden Planungs- und Kontrollsystemen, übermittelt werden.[429]

Bei Wirtschaftlichkeitsprüfungen kann der Controllerbereich auch aufgrund seines umfassenden Methodenwissens bei Soll/Ist-Vergleichen die Interne Revision regelmäßig unterstützen. Dies kann in Einzelfällen dazu führen, dass die Interne Revision mitunter direkt auf die Ergebnisse der Soll/Ist-Vergleiche des Controllerbereichs zurückgreift, um diese bei ihren Prüfungstätigkeiten zu verarbeiten.[430]

Es konnten mehrere Ansatzpunkte für eine vorteilhafte Zusammenarbeit zwischen Controllerbereich und Interner Revision mit einem positiven Einfluss auf das Aktionsfeld der Wirtschaftlichkeitsprüfungen identifiziert werden[431]. Die entsprechende Hypothese kann wie folgt formuliert werden:

H13: Der Kooperationserfolg wirkt positiv auf die Güte von Wirtschaftlichkeitsprüfungen der Internen Revision

Um den Einfluss der Zusammenarbeit mit dem Controllerbereich auf die Güte von Wirtschaftlichkeitsprüfung zu quantifizieren, wurden fünf Skalen verwendet:

[429] Vgl. Berens/Schmitting (2004), S. 64.
[430] Vgl. Berwanger/Kullmann (2008), S. 80.
[431] Im Gegensatz zu Birl (2007) wird hier nicht der Anteil der Wirtschaftlichkeitsprüfungen an der gesamten Revisionstätigkeit als Determinante des Kooperationserfolgs gesehen, sondern vielmehr der Kooperationserfolg als Einflussfaktor auf den Prüfungserfolg verstanden.

Beitrag der Kooperation zu Wirtschaftlichkeitsprüfungen
Codierung: 1=trifft gar nicht zu, …, 6 =trifft voll zu

1. Die Kooperation mit dem Controlling erhöht die Effektivität von Wirtschaftlichkeitsprüfungen.
2. Erfahrungen des Controllings sind unerheblich für die Durchführung von Wirtschaftlichkeitsprüfungen.
3. Informationen des Controllings erleichtern die Identifizierung unwirtschaftlicher Prozesse.
4. Information des Controllings sind für die Planung von Wirtschaftlichkeitsprüfungen von wesentlicher Bedeutung.
5. Die Zusammenarbeit mit dem Controlling erleichtert die Durchführung von Wirtschaftlichkeitsprüfungen.

Abbildung 31: Operationalisierung Wirtschaftlichkeitsprüfung Interne Revision

2.2.3 Risikoprüfungen

Der Prüfungsschwerpunkt *Risikoprüfungen* bietet eine Vielzahl von Ansatzpunkten für eine Unterstützung durch den Controllerbereich.[432] Das potenzielle Kooperationsfeld erweitert sich hierbei umso mehr, je weiter die Institutionalisierung des Risikocontrollings als Bestandteil des Controllerbereiches und nicht als Bestandteil des Risikomanagementbereiches eines Unternehmens vorangeschritten ist.[433] Anhand der in Abschnitt B2.1 erläuterten Prozessschritte *Risikoanalyse*, *Prüfungsplanung* und *Beurteilung des IKS bzw. des Risikomanagements* können die einzelnen Ansatzpunkte einer Zusammenarbeit erläutert werden:

Jede vorbereitende Risikoanalyse bzw. risikoorientierte Prüfungsplanung benötigt unabhängig ihrer Systematik Informationen über andere Bereiche des Unternehmens, um Substanz zu erlangen.[434] Auch hierbei kann der Controllerbereich aufgrund seiner fachlichen Nähe zum Prüfungsobjekt wertvolle Informationen über die Einhaltung von Anweisungen und Richtlinien oder eventuelle

---

[432] Vgl. Birl (2007), S. 62.

[433] Weißenberger/Löhr (2008) weisen in diesem Zusammenhang für den deutschsprachigen Raum bei ihrem Review von empirischen Studien im Zeitraum 2003-2007 auf eine verbesserungswürdige Integration des Risikocontrollings in den Controllerbereich hin.

[434] Vgl. Berwanger/Kullmann (2008), S. 173.

Schwächen im Kontrollumfeld an die Interne Revision übermitteln.[435] Albrecht (2007) empfiehlt nicht nur eine frühzeitige Einbindung des Controllerbereichs in die Risikoidentifizierung und -bewertung sondern auch den Rückgriff auf dessen Einblicke und Erfahrungen zur Priorisierung der Revisionsaktivitäten.[436]

Ein weiteres Beispiel sind Sonderprüfungen, bei denen der Controllerbereich bei seinen Soll-Ist-Vergleichen wesentliche, von der regulären Planung der Internen Revision bislang unberücksichtigte Risiken identifiziert und somit ein kurzfristiges Handeln der Revision anregt.[437]

Bei der Festlegung der Prüfungsstrategie bzw. zu Beginn der eigentlichen Prüfung kann die Interne Revision unabhängig vom jeweiligen Prüfungsschwerpunkt Informationen aus dem Controllerbereich, wie aktuelle Performance, Planung oder Investitionen, nutzen, um sich einen ersten Eindruck vom zu prüfenden Unternehmensbereich zu machen.[438]

Werden im Rahmen der Prüfung des Risikomanagements Mängel festgestellt, hat die Interne Revision geeignete Verbesserungsmaßnahmen zu empfehlen.[439] Eine Zusammenarbeit mit dem Controllerbereich bietet sich in diesem Zusammenhang besonders für die Entwicklung bzw. Verbesserung von Testverfahren interner Kontrollprozesse an.[440]

Neben der unabhängigen Prüfung des Risikomanagements durch die Interne Revision kann eine Überprüfung auch dezentral in Form einer eigenverantwortlichen Prüfung der Kontrollmechanismen durch die Unternehmensbereiche selbst erfolgen.[441] Sollte sich die Interne Revision aufgrund eingeschränkter Ressourcen zu einer solchen Überwachung anhand von Self Assessments entscheiden[442], kann der Controllerbereich die Unternehmensleitung bzw. das operativ verantwortliche Management bei der Einschätzung der eigenen Kontroll-

[435] Vgl Hofmann (1997), S. 239.; vgl. Friedl (2003), S. 146; vgl. Barth/Barth (2008), S. 57.
[436] Vgl. Albrecht (2007), S. 330.
[437] Vgl. Berwanger/Kullmann (2008), S. 80; vgl. Albrecht (2007), S. 330.
[438] Vgl. Albrecht (2007), S. 330.
[439] Vgl. IIR Revisionsstandard Nr. 2, S. 3.
[440] Vgl. Buderath (2006), S. 115f.
[441] Vgl. Lück/Henke/Hunecke (2000), S. 57.
[442] Vgl. Buderath (2006), S. 111f.; vgl. Hofmann (2005), S. 384.

prozesse und Organisationsstrukturen wesentlich unterstützen.[443] Die Interne Revision nimmt dann eine Gesamtbeurteilung der Funktionsfähigkeit auf Basis der Endergebnisse dieser Self Assessments vor.[444]

Insgesamt kann somit ein kooperatives Vorgehen in diesem Prüfungsfeld zu einer Entlastung der Ressourcen der Internen Revision, und dadurch zu einer Erhöhung der Effektivität auf anderen Revisionsfeldern führen. Es kann folglich ein positiver Zusammenhang zwischen dem Kooperationserfolg und der erfolgreichen Umsetzung eines risikoorientierten Prüfungsansatzes unterstellt werden. Eine Einschränkung dieses Wirkungszusammenhangs muss jedoch dahingehend vorgenommen werden, dass der Controllerbereich als Teil des IKS teilweise selbst den Prüfungsgegenstand einer Risikoprüfung darstellt[445] und somit eine Kontrolle des Controllerbereichs durch die Interne Revision an die Stelle einer partnerschaftlichen Zusammenarbeit tritt.[446]

Es zeigt sich, dass für das Aktionsfeld der Risikoprüfungen Kooperationsansätze entlang der Prozesskette *Risikoanalyse*, *Prüfungsplanung* und *Beurteilung des IKS bzw. Risikomanagements* identifiziert lassen. Es soll folglich auch in diesem Zusammenhang eine empirisch überprüfbare Hypothese aufgestellt werden:

H14: Der Kooperationserfolg wirkt positiv auf die Güte von Risikoprüfungen der Internen Revision

Bei der Bemessung des Einflusses einer Zusammenarbeit mit dem Controllerbereich auf die Prüfungsgüte von Risikoprüfungen der Internen Revision wurden unter Verwendung der folgenden fünf Skalen sowohl Aspekte der Risikoidentifikation und Prüfungsplanung als auch der Prüfungsdurchführung berücksichtigt:

---

443 Vgl. Weißenberger (2002), S. 400; vgl. Buderath (2006), S. 115; vgl. Freidank/Altes (2007), S. 234.
444 Vgl. Hofmann (2005), S. 382; vgl. Buderath (2006), S. 112.
445 Vgl. IIR Revisionsstandard Nr. 2, S. 2.
446 Vgl. Albrecht (2007), S. 329.

Beitrag der Kooperation zu Risikoprüfungen Codierung: 1=trifft gar nicht zu, …, 6 =trifft voll zu
1. Information des Controlling sind für die Planung von Risikoprüfungen von wesentlicher Bedeutung.
2. Erkenntnisse aus der Kooperation mit dem Controlling erleichtern die Bewertung des Risikomanagements eines Unternehmensbereichs.
3. Informationen des Controllings erleichtern die Identifizierung wesentlicher Risiken der zu prüfenden Unternehmensbereiche.
4. Das Fachwissen des Controllings ist für Risikoprüfungen hilfreich.
5. Die Zusammenarbeit mit dem Controlling liefert keine nützlichen Erkenntnisse für die Durchführung von Risikoprüfungen (reverse coded).

Abbildung 32: Operationalisierung Risikoprüfung Interne Revision

2.2.4 Beratungsleistungen

Die zunehmende Bedeutung von Beratungsleistungen für eine erfolgreiche Revisionstätigkeit ist in Wissenschaft und Praxis unbestritten.[447] Hunecke/Henke (2006) zeigen in ihrer empirischen Untersuchung unter Revisionsleitern, Unternehmensleitern und Hochschullehrern, dass alle befragten Unternehmensleitungen prüfungsbezogene Beratungsleistungen von der Internen Revision erwarten und 70% darüber hinaus auch prüfungsunabhängige Beratungsleistungen nachfragen.[448] Eine ähnlich hohe Relevanz der Beratung für die Tätigkeiten der Internen Revision zeigt sich bei den Antworten der Revisionsleiter und der Hochschullehrer.

Unbestreitbar ist jedoch auch, dass die Interne Revision mit der Ausweitung ihrer Beratungsleistungen in den angestrebten Kompetenzbereich des Controllerbereichs und anderer interner Anbieter vorstößt bzw. als dessen Wettbewerber wahrgenommen werden könnte.[449] Ein Vorteil der Internen Revision gegenüber alternativen Anbietern wie dem Controllerbereich ist der gesamtheitliche Überblick über Strukturen und Prozesse des Unternehmens, der Einfluss auf

[447] Vgl. Lück/ Hunecke/Henke (2000), S. 22.
[448] Vgl. Hunecke/Henke (2006), S. 160.
[449] Vgl. Mosiek (2002), S. 163, Prenzler/David (2003), S. 322, Schneider (2003), S. 33, Barth/Barth (2008), S. 57, Birl (2007), S. 35 sowie Weber (2009), S. 138.

die Qualität der Beratung hat.[450] Ähnlich formuliert Heigl (1989) die vorteilhafte Position der Internen Revision, die bei ihren Beratungsleistungen meist auf die notwendige Feststellung des Ist-Zustands verzichten kann, da diese i.d.R. bereits im Laufe der Prüfungshandlungen erfolgt ist.[451]

Ebenso wie für die Beratungsleistungen des Controllerbereichs, soll auf Seiten der Internen Revision aufgrund der unterschiedlichen Beratungsschwerpunkte und der Vorteilhaftigkeit einer Zusammenarbeit von einer Präferenz für ein kooperatives Miteinander anstelle eines Konkurrenzverhältnisses ausgegangen werden.[452]

Folglich kann es für beide Seiten durchaus vorteilhaft sein, anstatt eines Wettbewerbs die Option des kooperativen Miteinanders zu wählen. Dies stellt nach Birl (2007) eine wesentliche Voraussetzung für einen positiven Zusammenhang zwischen den Beratungsleistungen dieser beiden Unternehmensbereiche und des erzielbaren Kooperationserfolgs dar.[453]

Auch hier spielt der Informationsaustausch eine wesentliche Rolle. So kann die Interne Revision ihre Beratungsinhalte zur Verbesserung bestehender Strukturen und Aktivitäten beispielsweise mit Rentabilitätskennzahlen und Analysen aus dem Controllerbereich untermauern, was die Akzeptanz eines Veränderungsbedarfs bei den Empfängern der Beratungsleistungen der Internen Revision verbessern dürfte. Ein weiteres Beispiel sind prüfungsbezogene und prüfungsunabhängige Beratungsleistungen der Internen Revision bezüglich des Kontrollumfelds oder Risikomanagementsystems eines Unternehmensbereichs. Hierbei kann der Controllerbereich analog zum Tätigkeitsfeld der Risikoprüfung einen wesentlichen Beitrag zur Entwicklung und Verbesserung neuer interner Testverfahren leisten.[454]

---

[450] Vgl. Mosiek (2002), S. 163.
[451] Vgl. Heigl (1989), S. 176f.
[452] Vgl. hierzu Abschnitt D2.1.4 bzw. D2.2.4
[453] Vgl. Birl (2007), S. 116.
[454] Vgl. Buderath (2006), S. 115f.

Entsprechend den obigen Ausführungen kann hinsichtlich des Einflusses einer Zusammenarbeit auf die Beratungsleistungen der Internen Revision folgende Hypothese gebildet werden:

H15: Der Kooperationserfolg wirkt positiv auf die Beratungsgüte der Internen Revision

Zur reflektiven Messung des Einflusses der Zusammenarbeit mit dem Controllerbereich auf die Beratungsleistungen der Internen Revision wurden, parallel zur Stichprobe der Controller, vier Skalen verwendet, welche sowohl die Nutzung von Informationen des Kooperationspartners als auch die Nützlichkeit seiner Kompetenzen zur Verbesserung der eigenen Beratungsprozesse erfragen:

Beitrag der Kooperation zur Beratungsfunktion
Codierung: 1=trifft gar nicht zu, …, 6 =trifft voll zu

1. Die Zusammenarbeit mit dem Controlling steigert die Qualität der eigenen Beratungsleistungen.
2. Das Controlling liefert nützliche Information für Beratungsleistungen der Internen Revision.
3. Eine Kooperation mit dem Controlling ist ohne Belang für die Beratungsinhalte der Internen Revision (reverse coded).
4. Beratungsinhalte werden seltener hinterfragt, wenn sie durch Ergebnisse des Controllings bestätigt werden.

Abbildung 33: Operationalisierung Beratung Interne Revision

2.3 Zwischenergebnis

Analog zur Operationalisierung der Erfolgsfaktoren der Kooperation von Controllerbereich und Interner Revision soll an dieser Stelle ebenfalls eine Zusammenfassung der Ergebnisse der Operationalisierung und der formulierten Forschungshypothesen erfolgen.

Die Hypothesen 8-11 bzw. 12-15 bilden das zweite Teilelement des Forschungsmodells, wodurch die zu Beginn unbestimmte Anzahl an Zieldimensionen des in Abschnitt C1.2 vorgestellten offenen Strukturmodells für beide Stichproben auf jeweils vier eingegrenzt werden konnte.

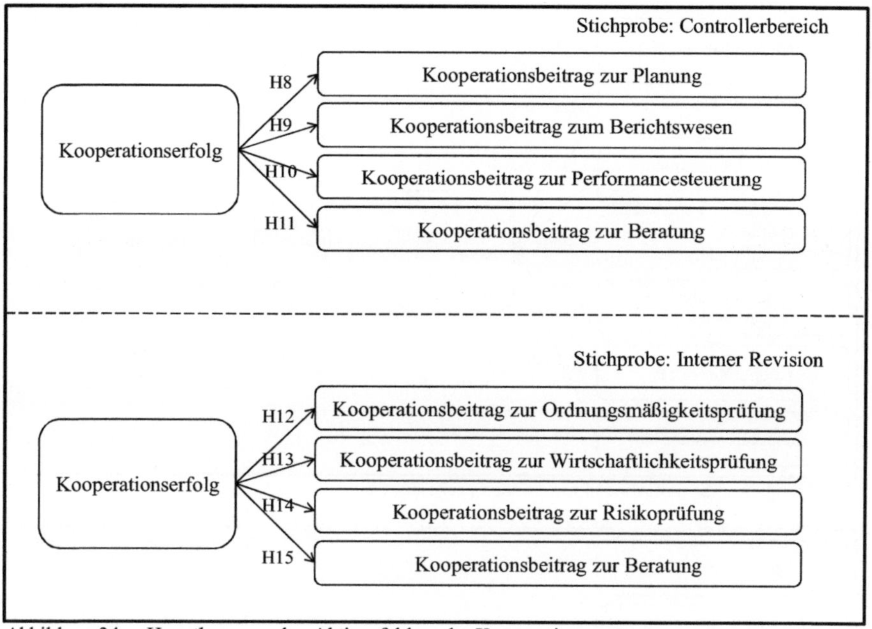

Abbildung 34: Hypothesen zu den Aktionsfeldern der Kooperationspartner

Auch hier werden die einzelnen latenten Variablen anhand reflektiver Messmodelle bestimmt, wobei eine positive Wirkungsbeziehung zwischen dem Kooperationserfolg und den einzelnen Aktionsfeldern der Kooperationspartner angenommen wird.

3 Forschungsmodell zur Kooperation von Controllerbereich und Interner Revision

Durch die vorangegangene Konzeptionalisierung lässt sich das in Abschnitt C1.2 vorgestellte offene Strukturmodell zu einem konkreten Forschungsmodell für die Untersuchung der Kooperation von Controllerbereich und Interner Revision verdichten. Fasst man demnach die Hypothesen 1-7 zu den Erfolgsfaktoren einer solchen Kooperation, und die Hypothesen 8-15 zum Beitrag der Erfolgsfaktoren auf die Aktionsfelder der Kooperationspartner zusammen, lässt sich der gesamte Kooperationspfad illustrieren.

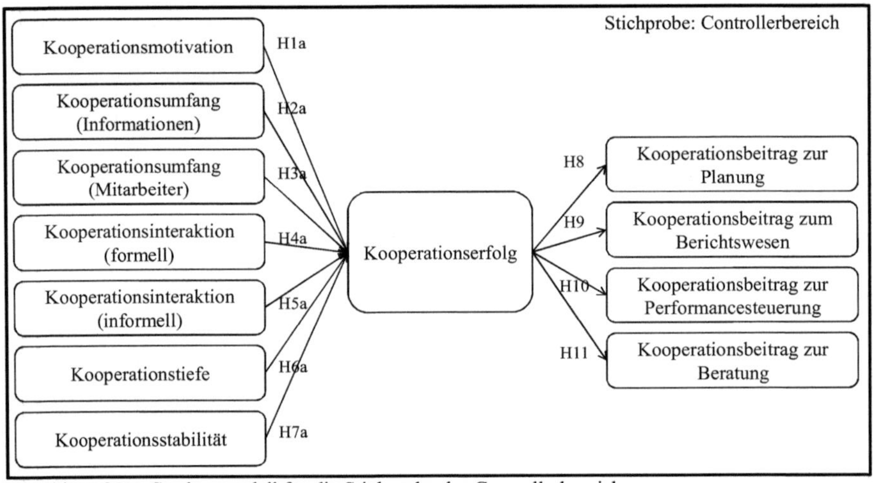

Abbildung 35: Strukturmodell für die Stichprobe des Controllerbereichs

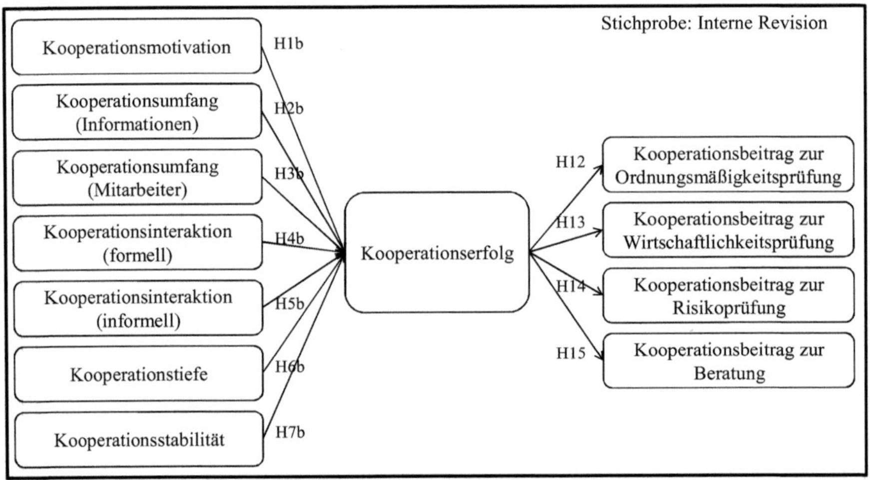

Abbildung 36: Strukturmodell für die Stichprobe der Internen Revision

Anhand dieser Strukturmodelle kann ebenfalls eine Zuordnung der Modellvariablen zu den eingangs formulierten Forschungsfragen erfolgen. Die Beantwortung der ersten Forschungsfrage nach den wesentlichen Erfolgsfaktoren der Kooperation von Controllerbereich und Interner Revision ergibt sich aus der

Überprüfung der Hypothesen 1-7 und der Analyse der Messergebnisse (erstes Teilmodell).

Die Beantwortung der zweiten Forschungsfrage nach den Auswirkungen einer erfolgreichen Kooperation auf die unterschiedlichen Aktionsfelder des Controllerbereichs und der Internen Revision erfolgt analog durch Überprüfung der Hypothesen 8-15 und einer entsprechenden Auswertung der erhobenen Daten (zweites Teilmodell).

Im Anschluss erfolgt eine multiple Gruppenanalyse der Messergebnisse der beiden Stichproben zur Beantwortung der dritten Forschungsfrage, der Frage nach den wesentlichen Unterschieden zwischen den Kooperationspartner hinsichtlich der Beurteilung einer erfolgreichen Zusammenarbeit.

E Gütebeurteilung und Interpretation der Messergebnisse

1 Methodik der Gütebeurteilung der Messergebnisse

Für die Berechnung der nachfolgend dargestellten Ergebnisse der varianzbasierten Kausalanalyse anhand von Strukturgleichungsmodellen wurde die Software SmartPLS, Version 2.0[455] verwendet. Bei der Auswahl der entsprechenden Methodik zur Datenauswertung in Abschnitt C2 wurde bereits auf die Zweckdienlichkeit der varianzbasierten Analysemethoden hingewiesen. Die Entscheidung für die Anwendung SmartPLS wurde aufgrund der ausgeprägten Nutzerfreundlichkeit und umfassenden Funktionalität des Programms getroffen.[456] Diejenigen Berechnungen, die nicht in SmartPLS durchgeführt werden konnten, wurden anhand der Software SPSS 17 durchgeführt.

In den folgenden Abschnitten werden zunächst die erhaltenen Messergebnisse vorgestellt und anschließend die Reliabilität sowie Validität der einzelnen Konstrukte innerhalb des Forschungsmodells beurteilt. Um zu gewährleisten, dass innerhalb der jeweiligen Messmodelle für Controllerbereich und Interne Revision die gleichen Indikatoren zur Anwendung kommen und somit die Voraussetzungen für die Durchführung einer multiplen Gruppenanalyse gewahrt bleiben[457], erfolgt die Beurteilung der Messgüte der einzelnen Indikatoren bzw. deren Zuordnung zu den betrachteten Konstrukten parallel für beide Stichproben.

Die Evaluierung der Güte der Konstruktmessung erfolgt anhand des in Abschnitt C4 vorgestellten Kriterienkatalogs; nennenswerte Anpassungen der Messkonstrukte werden an den jeweiligen Stellen erläutert.

Abschließend erfolgt eine Gütebeurteilung des Strukturmodells sowie die Beantwortung der Forschungsfragen bzw. die Überprüfung der formulierten Forschungshypothesen.

---

[455] Ringle, C.M./Wende, S./Will, S.: SmartPLS 2.0 (M3) Beta, Hamburg 2005, http://www.smartpls.de.

[456] Vgl. hierzu auch Temme/Kreis (2005), S. 206.

[457] Vgl. hierzu Abschnitt C3.2 sowie Nitzl (2010), S. 43.

2 Messergebnisse der Untersuchung

2.1 Messergebnisse zu den Erfolgsfaktoren des Kooperationserfolgs

2.1.1 Kooperationsmotivation

Das in Abschnitt D1.2.1 operationalisierte Konstrukt *Kooperationsmotivation* vereint mehrere Aspekte der Entscheidungsfindung zu Gunsten einer Kooperation mit dem Controllerbereich bzw. der Internen Revision. Dies beinhaltet sowohl die Befähigung und den Willen eine solche Entscheidung zu treffen, als auch die Erwartung eines Kooperationsnutzens.

Kooperationsmotivation	**Item-to-Total Korrelation**	**Indikator-reliabilität**	**t-Wert der Faktorladung**
Von Seiten der Internen Revision ist die Bereitschaft zu einer Kooperation gegeben	0.504	0.452	10.612
Von Seiten des Controllings ist die Bereitschaft zu einer Kooperation gegeben	0.489	0.390	6.744
Von einer Kooperation sind erhebliche Vorteile zu erwarten	0.753	0.747	26.541
Die Zusammenarbeit lässt verbesserte Arbeitsergebnisse im eigenen Bereich erwarten	0.622	0.606	12.087
Durch die Zusammenarbeit zwischen Controlling und Interner Revision werden für beide Bereiche Vorteile geschaffen	0.725	0.746	37.945
Explorative Faktoranalyse: Kriterien erfüllt Cronbachschen Alphas: 0.8205 Faktorreliabilität: 0.8753	DEV: 0.588 FORNELL/LARCKER Kriterium: 0.588 > 0.579 (Austausch Informationen & Methoden)		

Tabelle 1: Kooperationsmotivation Controllerbereich

Kooperationsmotivation	Item-to-Total Korrelation	Indikator-reliabilität	t-Wert der Faktorladung
Von Seiten der Internen Revision ist die Bereitschaft zu einer Kooperation gegeben	0.771	0.736	24.521
Von Seiten des Controllings ist die Bereitschaft zu einer Kooperation gegeben	0.617	0.581	16.727
Von einer Kooperation sind erhebliche Vorteile zu erwarten	0.788	0.755	25.444
Die Zusammenarbeit lässt verbesserte Arbeitsergebnisse im eigenen Bereich erwarten	0.780	0.8581	24.246
Durch die Zusammenarbeit zwischen Controlling und Interner Revision werden für beide Bereiche Vorteile geschaffen	0.722	0.692	25.703
Explorative Faktoranalyse: Kriterien erfüllt Cronbachschen Alphas: 0.892 Faktorreliabilität: 0.921	DEV: 0.700 FORNELL/LARCKER Kriterium: 0.700 > 0.577 (Austausch Informationen & Methoden)		

Tabelle 2: Kooperationsmotivation Interne Revision

Die Indikatoren zur Eigenständigkeit der Kooperationspartner mussten zwar im Zuge der Gütebeurteilung der Messergebnisse eliminiert werden, das Antwortverhalten lässt jedoch einige interessante Rückschlüsse zu: Eine wesentliche Erkenntnis auf Seiten der Internen Revision ist, dass sowohl die Unabhängigkeit der Berichtswege, als auch in der Budgetverwendung von der großen Mehrheit der befragten Revisionsleiter bestätigt wird. So gaben 95,5% (Mittelwert 5,6 / Median 6) der Revisionsleiter an, dass die Berichtswege unterhalb der Geschäftsleitung getrennt sind und in 90,1% (Mittelwert 5,2 / Median 6) der untersuchten Fälle auch weitestgehend über die Verwendung der zur Verfügung gestellten Mittel frei verfügt werden kann. Ähnlich wurden die Wahlmöglichkeiten der Kooperationsinhalte beurteilt, die von 88,3% (Mittelwert 5 / Median 5) der Revisionsleiter überwiegend bejaht wurde. Es ist somit davon auszugehen, dass die in der Literatur geforderte Unabhängigkeit der Internen Revision insgesamt gewahrt wird, diese jedoch aufgrund der über die gesamte Erhebung hinweg hohen Ausprägung keine differenzierenden Rückschlüsse auf den untersuchten Kooperationserfolg zulässt.[458]

Auch die befragten Controllingleiter bestätigten zu 78,6% (Mittelwert 4,8 / Median 6) eine generelle Unabhängigkeit von der Internen Revision, sowie zu 80% (Mittelwert 4,7 / Median 5) die freie Handhabe über zugewiesene Budgets.

Die Ergebnisse zeigen, dass die eigenverantwortliche Entscheidung zur Kooperation, als eine der von Pester (1993) formulierten Grundvoraussetzungen erfolgreicher Kooperationen, erfüllt wird.[459] Weiterhin bestätigen sich für den untersuchten Sachverhalt die Ergebnisse von Knollmann/Hirsch/Weber (2008), wonach der Controllerbereich bei ausgeprägter Eigenständigkeit dazu tendiert, die Zusammenarbeit mit anderen Unternehmensbereichen zu intensivieren, anstatt die Wettbewerbsintensität zu erhöhen.[460] Diese Erkenntnis bekräftigt auch die in dieser Arbeit vertretene Auffassung, dass Controllerbereich und Interne Revision generell ein kooperatives Miteinander einem Wettbewerbsverhältnis vorziehen.

Der Wille zur Zusammenarbeit wird in beiden Stichproben von einer deutlichen Mehrheit der befragten Führungskräfte bestätigt. So bekundeten 81,4% (Mittelwert 4,5 / Median 5) der Controllingleiter und 86,5% (Mittelwert 4,8 / Median 5) der Revisionsleiter ihre Bereitschaft zur Zusammenarbeit. Dabei wird die eigene Kooperationsbereitschaft von beiden Bereichen höher eingeschätzt, als die Bereitschaft des Gegenübers. Diese Fehleinschätzung könnte in einigen Unternehmen dazu führen, dass keine Anstrengungen für eine Annäherung zwischen Controllerbereich und Interner Revision unternommen werden, obwohl die Bereitschaft zur Zusammenarbeit beidseitig gegeben ist. Auffällig ist hierbei, dass die Interne Revision die Kooperationsbereitschaft des Controllerbereichs zwar tendenziell zu 67,5% bejaht (Mittelwert 4,3 / Median 4), dabei jedoch deutlich zurückhaltender bewertet als der Controllerbereich. Hier geht ein Anteil

[458] Auch die alternative Behandlung der die Unabhängigkeit der Kooperationspartner messenden Indikatoren als eigenes Konstrukt führt zu diesem Ergebnis. Mit einem Pfadkoeffizienten von -0.087 bei einem t-Wert von 1,26 konnte kein signifikanter Einfluss der Unabhängigkeit auf den Kooperationserfolg ermittelt werden.
[459] Vgl. Pester (1993), S. 75f.. Zu den vier Grundvoraussetzungen siehe Abschnitt D1.2.1.
[460] Vgl. Knollmann/Hirsch/Weber (2008), S. 380.

von 81.4% (Mittelwert 4,5 / Median 5), der befragten Controllingleiter von einer tendenziellen Kooperationsbereitschaft der Internen Revision aus.

Diese Ergebnisse weisen eindeutig auf einen beidseitig ausgeprägten Kooperationswillen hin, so dass das von Friese (1998) geforderte hinreichende Engagement der Kooperationspartner gegeben scheint.[461] Hinsichtlich der Bereitschaft zur Zusammenarbeit als Teil der von Hagenhoff (2008) beschriebenen Kooperationskultur[462] zwischen Controllerbereich und Interner Revision zeigt sich jedoch noch Handlungsbedarf.

Wesentliche Aspekte zur Schaffung einer Kooperationskultur, wie das Vertrauen in den Kooperationspartner bzw. die Offenheit im Umgang miteinander, scheinen zwar prinzipiell erfüllt zu werden[463], dennoch zeigt sich eine Lücke zwischen der von der Internen Revision wahrgenommenen und der tatsächlichen Kooperationsbereitschaft des Controllerbereichs.

Ein Ansatzpunkt zur Schließung dieser Lücke besteht in einer verbesserten Kommunikation der eigenen Kooperationsbereitschaft durch den Controllerbereich. Die Interner Revision sollte ihrerseits ihre kommunikativen und interpersonellen Kompetenzen dazu nutzen, ihre Einschätzung des Kooperationswillens des Controllerbereichs zu überprüfen.[464]

Auch hinsichtlich des erwarteten Kooperationsnutzens zeigen sich einige Unterschiede zwischen den betrachteten Unternehmensbereichen. Die befragten Revisionsleiter knüpfen zu 72,1% bzw. 71,2% hohe Erwartungen an eine Zusammenarbeit, in der Hinsicht, dass die eigenen Arbeitsergebnisse positiv beeinflusst werden (Mittelwert 4,1 / Median 4) bzw. mit erheblichen Vorteilen für beide Kooperationspartner zu rechnen ist (Mittelwert 4,2 / Median 4). Unterscheidet man zwischen Unternehmen mit mehr und mit weniger als 5000 Mitarbeitern, zeigt sich, dass in „großen" Unternehmen mit 67,4% (Mittelwert 3,9 / Median 4) offensichtlich weniger Vorteile aus der Zusammenarbeit erwartet

[461] Vgl. Friese (1998), S. 91.
[462] Vgl. Hagenhoff (2008), S. 71.
[463] Vgl. Müller-Stewens/Knoll (2005), S. 802 sowie Lunze/Grimscheid (2009), S. 839.
[464] Ob die Kommunikation der Kooperationsbereitschaft auf formellem oder informellem Wege erfolgen sollte ergibt sich aus der Überprüfung der Hypothesen zur formellen bzw. informellen Kooperationsinteraktion.

werden als in „kleinen“ Unternehmen die zu 75,0% (Mittelwert 4,3 / Median 4) mit erheblichen Vorteilen rechnen.[465] Eine mögliche Erklärung hierfür, liefert der Umstand, dass die Interne Revision mit zunehmender Größe auch tendenziell mehr Möglichkeiten hat, eigene Kompetenzen auf denjenigen Fachgebieten zu entwickeln, auf denen sie sonst auf die Unterstützung anderer Funktionsbereiche zurückgreifen würde.[466] Weiterhin stehen in größeren Unternehmen in der Regel auch mehr potentielle Kooperationspartner zur Verfügung, mit denen die Interne Revision anstelle des Controllerbereichs zusammenarbeiten kann. Beispiele hierfür sind Compliance, Risikomanagement und andere Stabfunktionen.[467]

Das Antwortverhalten der Controllingleiter lässt unabhängig von der Mitarbeiterzahl erkennen, dass sowohl der Effekt auf die eigenen Arbeitsergebnisse (Mittelwert 3,5 / Median 4) als auch die beidseitige Vorteilhaftigkeit (Mittelwert 3,8 / Median 4) tendenziell zurückhaltender bewertet werden. Einheitlich wurde jedoch das Einsparungspotenzial einer solchen Zusammenarbeit zurückgewiesen (Controllerbereich: Mittelwert 2,6 / Median 3, Interne Revision: Mittelwert 3,1 / Median 3).

Die Ergebnisse der Befragung belegen, dass die Unabhängigkeit von Controllerbereich und Interner Revision in beiden Stichproben keinen signifikanten Beitrag zur Kooperationsmotivation leistet und diese im Wesentlichen vom Kooperationswillen und der Erwartung eines Kooperationsvorteils abhängt. Dies zeigt sich in den niedrigen Faktorladungen bzw. den niedrigen Item-to-Total Korrelationen der die Unabhängigkeit der Kooperationspartner betreffenden Indikatoren in beiden Stichproben.

---

[465] Eine Einschränkung muss jedoch bezüglich der statistischen Signifikanz dieser Beobachtung vorgenommen werden. Diese konnte lediglich auf einem 10% Signifikanzniveau positiv getestet (t-Wert 1.931) werden und ist demnach als „schwach“ signifikant einzustufen.

[466] Vgl. IIA Standard 1100, Hahn (2007), S. 89 sowie Berwanger/Kullmann (2008), S. 86. Der Zusammenhang zwischen der Unternehmensgröße und der Größe der jeweiligen Internen Revision wurde in der Vergangenheit bereits mehrfach empirisch belegt. Vgl. hierzu beispielhaft DIIR (2004) sowie DIIR (2008). Alternative und international empirisch untersuchte Indikatoren für die Größe der Internen Revision bzw. der Nachfrage nach interner Überwachung findet sich bei Heerlein (2009), S.14ff. sowie S.54f.

[467] Vgl. DIIR (2004), S. 34f., Hofmann (2005), S. 376f., DIIR (2008), S. 33 sowie Boecker (2010), S. 358.

Auch das beidseitig zurückhaltende Antwortverhalten auf die Frage nach dem zu erwartenden Einsparungspotenzial in Controllerbereich und Interner Revision führte dazu, dass die entsprechenden Indikatoren die notwendigen Gütekriterien nicht erfüllten und von der weiteren Betrachtung ausgeschlossen werden mussten. Ein anderes Bild zeigt sich in Bezug auf die übrigen Indikatoren des Konstrukts, deren Messergebnisse sowohl eine ausgeprägte Bereitschaft zur Kooperation als auch einen hohen erwarteten Kooperationsnutzen aufzeigen.

Das angepasste Messkonstrukt besteht für beide Stichproben aus fünf reflektiven Indikatoren, die sich sowohl individuell als auch in ihrer Gesamtheit durch sehr gute Gütemaße auszeichnen. Eine geringfügige Einschränkung muss für die Antworten der Controllingleiter zur eigenen Kooperationsbereitschaft vorgenommen werden. Die geforderte Indikatorreliabilität von 0,4 wird mit 0,39 knapp unterschritten; da die Gütekriterien der ersten Generation jedoch erfüllt werden und sich die Signifikanz der Faktorladung bestätigt hat, wird das entsprechende Item nicht eliminiert.

Durch die Erfüllung des Fornell/Larcker-Kriteriums, dargestellt anhand des Vergleichs mit der latenten Variablen *Austausch von Informationen und Methoden*, welche die höchste quadrierte Korrelation mit der Kooperationsmotivation aufweist, ist weiterhin eine hinreichende Trennschärfe zu den anderen Erfolgsfaktoren des Kooperationserfolgs gegeben. Dies lässt darauf schließen, dass sowohl eine hinreichende Reliabilität als auch Validität des betrachteten Konstrukts gegeben ist.

2.1.2 Kooperationsumfang

Gemäß der Operationalisierung des Kooperationsumfangs anhand der beiden Konstrukte *Austausch von Informationen & Methoden* und *Austausch von Mitarbeitern* erfolgt eine getrennte Interpretation der Messergebnisse.

Kooperationsumfang (Information & Methoden)	**Item-to-Total Korrelation**	**Indikator-reliabilität**	**t-Wert der Faktorladung**
Erkenntnisse und Berichte aus Prüfungen der Internen Revision sind nützlich für die Arbeit des Controllings	0.589	0.643	19.540
Berichte und Analysen des Controllings sind nützlich für die Arbeit der Internen Revision	0.528	0.492	7.921
Das Fachwissen der Internen Revision birgt keinen Nutzen für die Prozesse des Controllings	0.521	0.531	9.875
Das Fachwissen des Controllings birgt keinen Nutzen für die Prozesse der Internen Revision	0.387	0.251	4.873
Interne Revision und Controlling tauschen regelmäßig Erkenntnisse und Ergebnisse ihrer Arbeit aus	0.395	0.446	8.832
Explorative Faktoranalyse: Kriterien erfüllt Cronbachschen Alphas: 0.722 Faktorreliabilität: 0.814	DEV: 0.473 FORNELL/LARCKER Kriterium: 0.473 < 0.564 (Kooperationsmotivation)		

Tabelle 3: Kooperationsumfang (I) Controllerbereich

Kooperationsumfang (Information & Methoden)	**Item-to-Total Korrelation**	**Indikator-reliabilität**	**t-Wert der Faktorladung**
Erkenntnisse und Berichte aus Prüfungen der Internen Revision sind nützlich für die Arbeit des Controllings	0.634	0.602	16.495
Berichte und Analysen des Controllings sind nützlich für die Arbeit der Internen Revision	0.651	0.613	17.804
Das Fachwissen der Internen Revision birgt keinen Nutzen für die Prozesse des Controllings	0.736	0.676	17.925
Das Fachwissen des Controllings birgt keinen Nutzen für die Prozesse der Internen Revision	0.559	0.477	7.965
Interne Revision und Controlling tauschen regelmäßig Erkenntnisse und Ergebnisse ihrer Arbeit aus	0.525	0.578	23.670
Explorative Faktoranalyse: Kriterien erfüllt Cronbachschen Alphas: 0.828 Faktorreliabilität: 0.877	DEV: 0.589 FORNELL/LARCKER Kriterium: 0.589 > 0.578 (Kooperationsmotivation)		

Tabelle 4: Kooperationsumfang (I) Interne Revision

Einheitlich beurteilten Controlling- und Revisionsleiter mit 77,1% (Mittelwert 4,2 / Median 4) bzw. 73,9% (Mittelwert 4,2 / Median 4) die Nützlichkeit von Berichten und Analysen des Controllerbereichs für die Arbeit der Internen Revision. Im umgekehrten Fall scheint die Interne Revision ihren Beitrag zur Arbeit des Controllerbereichs tendenziell zu unterschätzen. Während die befragten Controllingleiter den Arbeitsergebnissen der Internen Revision mit 74,3% (Mittelwert 4,2 / Median 4) mehrheitlich Nützlichkeit beimessen, schätzten lediglich 63,1% der Revisionsleiter die eigenen Arbeitsergebnisse als nützlich für den Controllerbereich ein. Analog zur Kooperationsbereitschaft zeigt sich eine Wahrnehmungslücke der Internen Revision, die es anhand einer verbesserten Kommunikation zwischen den Kooperationspartnern zu schließen gilt.

Obwohl die Nützlichkeit der Arbeitsergebnisse von beiden Seiten mehrheitlich als hoch eingeschätzt wird, bleibt der regelmäßige Austausch selbiger häufig aus. So bezeichnen lediglich 47,1% der befragten Controllingleiter (Mittelwert 3,3 / Median 3) und 41,4% der befragten Revisionsleiter (Mittelwert 3,2 / Median 3) den Austausch als regelmäßig. Hier sollte in Abhängigkeit der Ergebnisse zum Einfluss der Kooperation auf die Aktionsfelder von Controllerbereich und Interner Revision eruiert werden, an welcher Stelle ein regelmäßiger Austausch etabliert werden sollte bzw. ob ungenutztes Kooperationspotenzial besteht.

Unbestritten ist der gegenseitige Nutzen, den die Kooperationspartner aus dem Fach- bzw. Methodenwissen des jeweils anderen ziehen.[468] Zwar tendiert eine Mehrheit von 78,6% (Mittelwert 4,4 / Median 5) der befragten Controllingleiter dazu, das Fachwissen der Internen Revision als nützlich für die eigenen Belange zu bezeichnen, bescheinigt jedoch gleichzeitig dem Fachwissen der eigenen Mitarbeiter mit 87,1% eine noch höhere Nützlichkeit für die Interne Revision (Mittelwert 4,9 / Median 5). Einheitlicher äußerten sich die befragten Revisionsleiter, mit 90,9% (Mittelwert 4,9 / Median 5) hinsichtlich des Fachwissens

[468] Der Begriff Fachkompetenz bzw. Fachwissen wurde im Rahmen der empirischen Erhebung aus Gründen der Verständlichkeit bzw. Interpretierbarkeit für die Probanden anstelle von Methodenwissen verwendet.

des Controllerbereichs und mit 90,1% (Mittelwert 5 / Median 5) hinsichtlich der eigenen Fertigkeiten.[469]

Es zeigt sich, dass dem Austausch von Informationen bzw. Methodenwissen analog zu den bisherigen Erkenntnissen der Kooperationsforschung eine hohe Bedeutung beigemessen wird.[470]

Innerhalb dieses Messkonstrukts erfüllt das reverse-coded Item zur Messung des Nutzens von Fachwissen des Controllings für Revisionsprozesse hinsichtlich der Stichprobe des Controllerbereichs nicht die erforderliche Indikatorreliabilität von 0,4. Dies hat auch negative Auswirkungen auf die erklärte Varianz des Messkonstrukts, die mit 0,473 knapp unterhalb der Mindesthöhe (0,5) liegt. Folglich konnte auch das Fornell/Larcker-Kriterium nicht erfüllt werden, da die erklärte Varianz geringer ausfällt, als die quadrierte Korrelation mit dem Erfolgsfaktor *Kooperationsmotivation*. Auf Seiten der Internen Revision ist dieser Effekt nicht zu beobachten; der entsprechende Indikator erfüllt die notwendigen Gütekriterien.

Eine Eliminierung des besagten Indikators würde zwar augenscheinlich zu einer Verbesserung der Messgüte führen, dieses Vorgehen käme jedoch einer Veränderung des Bedeutungsgehalts des gesamten Messkonstrukts gleich, weshalb dieser Indikator beibehalten wird. Weiterhin spricht die Signifikanz der Wirkungsbeziehung bzw. der t-Wert der Faktorladung für ein Beibehalten dieses Indikators.

Nachdem der erste Teilaspekt des Kooperationsumfangs behandelt wurde, folgen nun die deskriptive Auswertung der Messergebnisse zum Austausch von Mitarbeitern von Controllerbereich und Interner Revision.

---

[469] Diese Interpretation der Messergebnisse setzt die Annahme voraus, dass die Probanden sowohl den Nutzen ihres eigenen Fachwissens für den Kooperationspartner als auch dessen fachwissensbedingten Beitrag zur eigenen Zielerreichung hinreichend beurteilen können.

[470] Vgl. hierzu Abschnitt B4.2.

Kooperationsumfang (Mitarbeiter)	**Item-to-Total Korrelation**	**Indikator-reliabilität**	**t-Wert der Faktorladung**
Ein Controller sollte mit der Arbeit eines Revisors vertraut sein	0.543	0.427	4.954
Ein Revisor sollte mit der Arbeit eines Controllers vertraut sein	0.563	0.462	5.005
Personaltransfers sind eine sinnvolle Ergänzung für Kooperationen zwischen Interner Revision und Controlling	0.578	0.714	20.782
Personal des Kooperationspartners wird gern in den eigenen Bereich übernommen	0.573	0.697	19.100
Explorative Faktoranalyse: Kriterien erfüllt Cronbachschen Alphas: 0.766 Faktorreliabilität: 0.842	DEV: 0.575 FORNELL/LARCKER Kriterium: 0.575 > 0.352 (Kooperationstiefe)		

Tabelle 5: Kooperationsumfang (M) Controllerbereich

Kooperationsumfang (Mitarbeiter)	**Item-to-Total Korrelation**	**Indikator-reliabilität**	**t-Wert der Faktorladung**
Ein Controller sollte mit der Arbeit eines Revisors vertraut sein	0.674	0.685	13.128
Ein Revisor sollte mit der Arbeit eines Controllers vertraut sein	0.430	0.456	7.038
Personaltransfers sind eine sinnvolle Ergänzung für Kooperationen zwischen Interner Revision und Controlling	0.588	0.601	9.551
Personal des Kooperationspartners wird gern in den eigenen Bereich übernommen	0.555	0.603	10.834
Explorative Faktoranalyse: Kriterien erfüllt Cronbachschen Alphas: 0.763 Faktorreliabilität: 0.850	DEV: 0.587 FORNELL/LARCKER Kriterium: 0.587 > 0.302 (Austausch Informationen & Methoden)		

Tabelle 6: Kooperationsumfang (M) Interne Revision

Besonders überraschend ist die Tatsache, dass die befragten Revisionsleiter von Controllern mit 80,2% (Mittelwert 4,5 / Median 5) tendenziell mehr Erfahrung mit den Prozessen der Internen Revision erwarten, als sie dies im umgekehrten Fall mit 64,9% (Mittelwert 4,5 / Median 5) tun. Zwar kann dahingehend argumentiert werden, dass eine fundierte Kenntnis von Revisionsprozessen im Controllerbereich die Akzeptanz von Prüfungsaktivitäten der Internen Revision zu erhöhen vermag, dennoch sollte die Interne Revision aufgrund ihres übergeordneten Prüfungsauftrags, der den Controllerbereich einschließt[471], zumindest ein fundiertes Verständnis von Controllingprozessen besitzen um diese auch prüfen und beurteilen zu können. Sollte diesbezüglich Nachholbedarf bestehen, gebieten es die Best Practice Anforderungen der Internen Revision hier Abhilfe zu leisten.[472]

Bezüglich der Zweckdienlichkeit von Personaltransfers als Ergänzung der Zusammenarbeit kann für keine der beiden Stichproben eine eindeutige Aussage getroffen werden. Sowohl für die befragten Controllingleiter (Mittelwert 3,5 / Median 3) als auch für die Revisionsleiter (Mittelwert 3,8 / Median 4) fielen die Antworten sehr unterschiedlich aus. Dies lässt vermuten, dass entweder die Begebenheiten in den einzelnen Unternehmen beider Stichproben sehr heterogen sind, oder aber die Probanden unterschiedliche Aspekte der Zusammenarbeit bei der Beantwortung berücksichtigten. Für weitere Untersuchungen könnte es demnach sinnvoll sein, die Fragestellung zu präzisieren oder ggf. zusätzlich die Voraussetzungen zu hinterfragen, unter denen Personaltransfers zwischen dem Controllerbereich und der Internen Revision zweckdienlich erscheinen.

Beide Unternehmensbereiche äußerten sich verhalten bezüglich ihrer Präferenzen für die Mitarbeiter des Kooperationspartners bei der Besetzung eigener Vakanzen. So würden lediglich 41,4% der befragten Controllingleiter bevorzugt Revisoren einstellen und lediglich 44,1% der Revisionsleiter bei ihren Stellenbesetzungen Controller favorisieren. Folglich ist davon auszugehen, dass sich die Anforderungsprofile von Controllern und Revisoren trotz ihrer fachlichen Nähe deutlich voneinander unterscheiden.

Die zur Messung des Austauschs von Mitarbeitern bzw. Methodenwissen verwendeten Indikatoren erfüllen alle Gütekriterien der ersten und zweiten Generation; es besteht demnach keine Veranlassung zu nachträglichen Anpassungen.

---

471 Vgl. hierzu exemplarisch Zünd (1973), S. 201, Peemöller (1995), S. 1251f. sowie Albrecht (2007), S. 329.

472 Vgl. exemplarisch IIA Standard 1210.

2.1.3 Kooperationsinteraktion

Gemäß der Operationalisierung der inhaltlichen Facetten der Kooperationsinteraktion werden zunächst die Ergebnisse zum formellen Interaktionsniveau der Kooperationspartner vorgestellt, im Anschluss erfolgt die Betrachtung des informellen Interaktionsniveaus.

Kooperationsinteraktion (formell)	**Item-to-Total Korrelation**	**Indikator-reliabilität**	**t-Wert der Faktorladung**
Für Kooperationsinhalte bestehen konzernweite Vorschriften	0.865	0.800	3.110
Kooperationsziele werden vorab schriftlich fest gehalten	0.885	0.865	3.490
An die Zusammenarbeit werden regulatorische Anforderungen gestellt	0.800	0.789	3.631
Eine Dokumentation von Art, Umfang und Ergebnis einer Kooperation ist erforderlich	0.765	0.805	4.089
Explorative Faktoranalyse: Kriterien erfüllt Cronbachschen Alphas: 0.926 Faktorreliabilität: 0.945	DEV: 0.811 FORNELL/LARCKER Kriterium: 0.811 > 0.155 (Kooperationstiefe)		

Tabelle 7: Formelle Interaktion Controllerbereich

Kooperationsinteraktion (formell)	**Item-to-Total Korrelation**	**Indikator-reliabilität**	**t-Wert der Faktorladung**
Für Kooperationsinhalte bestehen konzernweite Vorschriften	0.623	0.718	6.644
Kooperationsziele werden vorab schriftlich fest gehalten	0.594	0.685	5.250
An die Zusammenarbeit werden regulatorische Anforderungen gestellt	0.462	0.478	4.159
Eine Dokumentation von Art, Umfang und Ergebnis einer Kooperation ist erforderlich	0.436	0.434	4.041
Explorative Faktoranalyse: Kriterien erfüllt Cronbachschen Alphas: 0.751 Faktorreliabilität: 0.845	DEV: 0.579 FORNELL/LARCKER Kriterium: 0.579 > 0.330 (Kooperationsmotivation)		

Tabelle 8: Formelle Interaktion Interne Revision

Sowohl der Controllerbereich (Mittelwert 2,6 / Median 2) als auch die Interne Revision (Mittelwert 1,5 / Median 1) messen der schriftlichen Formulierung von Kooperationszielen mehrheitlich einen geringen Stellenwert bei. Auch regulatorische Anforderungen an eine Zusammenarbeit werden weder von den Controllingleitern (Mittelwert 2,6 / Median 2) noch von den Revisionsleitern (Mittelwert 1,7 / Median 1) angegeben. Ähnliches Antwortverhalten zeigte sich bei der Frage nach konzerninternen Vorschriften. Diese wurden in beiden Stichproben verneint, wobei die Ergebnisse auf Seiten der Internen Revision (Mittelwert 1,4 / Median 1) noch deutlicher ausfielen als auf Seiten des Controllerbereichs (Mittelwert 2,5 / Median 2).

Uneinigkeit besteht unter den Controllingleitern darüber, ob Art, Umfang und Ergebnis der Zusammenarbeit mit der Internen Revision dokumentiert werden sollten. Eine knappe Mehrheit von 51% (Mittelwert 3,2 / Median 3) favorisiert hier ein undokumentiertes Vorgehen. Deutlicher äußerten sich die befragten Revisionsleiter, die zu 81% (Mittelwert 2,2 / Median 2) von einer diesbezüglichen Dokumentation Abstand nehmen.

Damit zeigt sich, dass sämtliche untersuchten formellen Anforderungen und formellen Ausgestaltungsmöglichkeiten einer Zusammenarbeit von Controllerbereich und Interner Revision mehrheitlich verneint bzw. nicht gewünscht werden. Daran zeigt sich auch, dass die von Pester (1993) empfohlene Formulierung gemeinsamer Ziele bzw. verbindlicher Vereinbarungen zur Verteilung des Kooperationsnutzens nicht auf interne Kooperationen von Controllerbereich und Interner Revision anwendbar ist.[473] Externen Anforderungen, wie den von Wohlgemuth (2002) genannten beziehungspolitischen Faktoren im Umfeld einer Kooperation, wird im vorliegenden Fall ebenfalls keine Bedeutung beigemessen.[474]

In seiner Gesamtheit weist das aus vier reflektiven Indikatoren bestehende Konstrukt zur Messung des Formalisierungsgrads der Kooperation von Controllerbereich und Interner Revision in beiden Erhebungen ein sehr hohes Maß an Reliabilität und Validität auf. Hervorzuheben ist die sehr hohe erklärte Varianz

[473] Vgl. Pester (1993), S. 75f.
[474] Vgl. Wohlgemuth (2002), S. 256.

auf Seiten des Controllerbereichs von 0,811 sowie die sehr hohe Korrelation der einzelnen Indikatoren, die zu einem Cronbach'schen Alpha von 0,945 führte.

Kooperationsinteraktion (informell)	**Item-to-Total Korrelation**	**Indikator-reliabilität**	**t-Wert der Faktorladung**
Controlling und Interne Revision sind auch ohne entsprechende Vorschriften im ständigen Austausch	0.873	0.882	69.435
Bei der Zusammenarbeit wird ein möglichst formloses Miteinander bevorzugt	0.712	0.661	15.659
Es bestehen gut funktionierende Netzwerke zwischen Controllern und Revisoren	0.867	0.869	61.555
Die Mitarbeiter der Internen Revision und des Controllings tauschen sich auch jenseits formeller Kontakte regelmäßig aus	0.841	0.850	60.119
Explorative Faktoranalyse: Kriterien erfüllt Cronbachschen Alphas: 0.924 Faktorreliabilität: 0.922	DEV: 0.815 FORNELL/LARCKER Kriterium: 0.815 > 0.527 (Kooperationsmotivation)		

Tabelle 9: Informelle Interaktion Controllerbereich

Kooperationsinteraktion (informell)	**Item-to-Total Korrelation**	**Indikator-reliabilität**	**t-Wert der Faktorladung**
Controlling und Interne Revision sind auch ohne entsprechende Vorschriften im ständigen Austausch	0.756	0.801	52.662
Bei der Zusammenarbeit wird ein möglichst formloses Miteinander bevorzugt	0.609	0.518	9.733
Es bestehen gut funktionierende Netzwerke zwischen Controllern und Revisoren	0.841	0.845	53.183
Die Mitarbeiter der Internen Revision und des Controllings tauschen sich auch jenseits formeller Kontakte regelmäßig aus	0.781	0.776	31.599
Explorative Faktoranalyse: Kriterien erfüllt Cronbachschen Alphas: 0.888 Faktorreliabilität: 0.917	DEV: 0.735 FORNELL/LARCKER Kriterium: 0.735 > 0.510 (Kooperationstabilität)		

Tabelle 10: Informelle Interaktion Interne Revision

Im Vergleich zur formellen Interaktion stößt die informelle Interaktion bei den Kooperationspartnern auf deutlich mehr Zustimmung. So geben 70,0% (Mittelwert 4,2 / Median 5) der befragten Controllingleiter an, einen möglichst formlosen Kontakt zur Internen Revision zu bevorzugen. Auf Seiten der Revisionsleiter tun dies 79,3% (Mittelwert 4,5 / Median 5). Den ständigen Austausch jenseits formeller Kontakte bzw. ohne entsprechende Vorschriften pflegen lediglich 50,0% (Mittelwert 3,5 / Median 3,5) bzw. 52,9% (Mittelwert 3,3 / Median 4) der befragten Controllingleiter. Die Revisionsleiter bewerteten diesen geringfügig höher mit 60,4% (Mittelwert 3,9 / Median 4). bzw. 60,4% (Mittelwert 3,8 / Median 4). Vor diesem Hintergrund verwundert auch die nur moderate Netzwerkaktivität nicht, die lediglich von 60,0% (Mittelwert 3,8 / Median 4) der Controllingleiter und 65,8% (Mittelwert 4,1 / Median 4) der Revisionsleiter als tendenziell gut funktionierend erachtet wird.

Im Vergleich zur formellen Interaktion der Kooperationspartner hebt sich hinsichtlich der Messgüte keine Stichprobe von der anderen ab. Somit kann auch diesem, aus vier reflektiven Indikatoren bestehenden Messkonstrukt eine hohe Reliabilität und Validität bescheinigt werden.

2.1.4 Kooperationstiefe

Die Messung der Kooperationstiefe erfolgte gemäß der Operationalisierung anhand der Prozess- bzw. Hierarchiedurchdringung der Zusammenarbeit der Kooperationspartner. Aufgrund der sehr heterogenen Antworten in beiden Stichproben konnten, nach Anwendung der entsprechenden Gütekriterien der Messung, nur drei der ursprünglich sechs Indikatoren Einzug in die weitere Betrachtung zur Wirkungsbeziehung zwischen der Kooperationstiefe und dem Kooperationserfolg halten.

Kooperationstiefe	Item-to-Total Korrelation	Indikator-reliabilität	t-Wert der Faktorladung
Die Zusammenarbeit mit dem Controlling erhöht die Qualität von Prozessen innerhalb der Internen Revision	0.494	0.704	17.276
Die Zusammenarbeit mit der Internen Revision erhöht die Qualität von Prozessen innerhalb des Controllings	0.552	0.846	48.454
Die Mitarbeit an einem Kooperationsvorhaben wird von jedem Mitarbeiter verlangt	0.251	0.230	3.634
Explorative Faktoranalyse: Kriterien erfüllt Cronbachschen Alphas: 0.642 Faktorreliabilität: 0.805	DEV: 0.594 FORNELL/LARCKER Kriterium: 0.594 > 0.423 (K.-Motivation)		

Tabelle 11: Kooperationstiefe Controllerbereich

Kooperationstiefe	Item-to-Total Korrelation	Indikator-reliabilität	t-Wert der Faktorladung
Die Zusammenarbeit mit dem Controlling erhöht die Qualität von Prozessen innerhalb der Internen Revision	0.606	0.785	24.645
Die Zusammenarbeit mit der Internen Revision erhöht die Qualität von Prozessen innerhalb des Controllings	0.608	0.737	18.904
Die Mitarbeit an einem Kooperationsvorhaben wird von jedem Mitarbeiter verlangt	0.365	0.419	6.014
Explorative Faktoranalyse: Kriterien erfüllt Cronbachschen Alphas: 0.717 Faktorreliabilität: 0.844	DEV: 0.647 FORNELL/LARCKER Kriterium: 0.647 > 0.278 (I.&F.-Austausch)		

Tabelle 12: Kooperationstiefe Interne Revision

Sowohl innerhalb des Controllerbereichs als auch der Internen Revision wird der Einfluss der Kooperationstiefe als gering eingeschätzt. So erwarten lediglich 41,4% (Mittelwert 3,2 / Median 3) der Controllingleiter, dass die eigene Prozessqualität durch die Zusammenarbeit mit der Internen Revision erhöht wird, und immerhin 50,0% (Mittelwert 3,3 / Median 3,5) eine Qualitätssteigerung innerhalb der Internen Revision. Die Revisionsleiter rechnen nur zu 38,7% (Mittelwert 3,0 / Median 3) mit einem positiven Einfluss der Zusammenarbeit auf die Prozessqualität des Controllerbereichs und zu 34,2% (Mittelwert 3,1 / Median 3) mit einem positiven Einfluss auf die eigene Prozesslandschaft.

Die Frage nach der Verbindung einer Kooperation mit der eigenen Prozessstruktur, bzw. der entsprechenden Indikator, wurde aufgrund der negativen Ergebnisse der explorativen Faktorenanalyse eliminiert. Nach Meinung des Autors kann dies hauptsächlich dadurch begründet werden, dass eine Vielzahl der Teilnehmer den Charakter dieses reverse-coded Items verkannten und somit nicht ihrer Präferenz entsprechend auf die Fragestellung geantwortet haben.

Die Frage nach der Hierarchiedurchdringung der Zusammenarbeit des Controllerbereichs und der Internen Revision kann nur ansatzweise behandelt werden. Es lässt sich lediglich eine tendenzielle Aussage zur Einbindung der Mitarbeiter der beiden Unternehmensbereiche treffen. Mit 52,9% (Mittelwert 3,0 / Median 3) erwartet die Hälfte der Controllingleiter, dass sich alle ihre Mitarbeiter an der Zusammenarbeit mit der Internen Revision beteiligen, wohingegen lediglich 40,5% (Mittelwert 3,0 / Median 3) der befragten Revisionsleiter dazu tendieren, die Mitarbeit an Kooperationsvorhaben von jedem Mitarbeiter zu verlangen. Dieser Indikator musste im Rahmen der explorativen Faktoranalyse aufgrund sehr niedriger Ladungswerte entfernt werden. Im weiteren Verlauf wurde der komplementäre Indikator zur Messung der vornehmlichen Einbindung einzelner Mitarbeiter in beiden Auswertungen aufgrund der niedrigen Item-to-Total Korrelation bei einem Cronbach'schen Alpha von weniger als 0,7 eliminiert.

Der verbleibende, die Hierarchiedurchdringung der Kooperationspartner messende Indikator, beinhaltete die Frage nach einer generellen Mitwirkung aller Mitarbeiter des entsprechenden Unternehmensbereichs. Die erreichte Indikatorreliabilität liegt mit 0,230 jedoch unterhalb der geforderten Mindesthöhe von 0,4, was ebenfalls Auswirkungen auf das Cronbach´sche Alpha hatte; dieses liegt mit 0,642 leicht unter dem angestrebten Mindestniveau von 0,7.

Um den Wesensgehalt der latenten Variablen *Kooperationstiefe* nicht zu verändern bzw. um nicht gänzlich auf Informationen zur Hierarchiedurchdringung des Controllerbereichs zu verzichten, wurde der entsprechende Indikator nicht eliminiert. Für die Stichprobe der Revisionsleiter bestand für eine solche

Überlegung keine Veranlassung, da die erforderlichen Gütemaße ohnehin erfüllt wurden.[475]

Letztendlich wies das drei reflektive Indikatoren umfassende Messkonstrukt *Kooperationstiefe* für beide Befragungen aufgrund der erreichten Gütemaße insgesamt eine akzeptable Reliabilität und Validität aus.

2.1.5 Kooperationsstabilität

Die Ergebnisse zu den inhaltlichen Aspekten der Stabilität einer Kooperation, Kooperationshorizont, Kooperationsumfeld und empfundene Kooperationsstabilität, fielen innerhalb der beiden Stichproben sehr verschieden aus.

Kooperationsstabilität	**Item-to-Total Korrelation**	**Indikator-reliabilität**	**t-Wert der Faktorladung**
Die Zusammenarbeit zwischen Controlling und Interner Revision ist langfristig ausgerichtet	0.468	0.568	8.397
Kooperationen zwischen Interner Revision und Controlling gelten als stabil	0.498	0.785	35.162
Der Kooperationspartner zeichnet sich durch Fachkompetenz aus	0.370	0.301	3.500
Es besteht Vertrauen in die Arbeit des Kooperationspartners	0.586	0.348	4.088
Explorative Faktoranalyse: Kriterien erfüllt Cronbachschen Alphas: 0.709 Faktorreliabilität: 0.794	DEV: 0.499 FORNELL/LARCKER Kriterium: 0.499 > 0.457 (Kooperationsmotivation)		

Tabelle 13: Kooperationsstabilität Controllerbereich

[475] Die Aufspaltung des Konstrukts in die Erfolgsfaktoren Prozessdurchdringung und Hierarchiedurchdringung führte zu keinen verbesserten Gütewerten.

Kooperationsstabilität	**Item-to-Total Korrelation**	**Indikator-reliabilität**	**t-Wert der Faktorladung**
Die Zusammenarbeit zwischen Controlling und Interner Revision ist langfristig ausgerichtet	0.618	0.597	18.659
Kooperationen zwischen Interner Revision und Controlling gelten als stabil	0.674	0.663	21.041
Der Kooperationspartner zeichnet sich durch Fachkompetenz aus	0.725	0.752	29.436
Es besteht Vertrauen in die Arbeit des Kooperationspartners	0.747	0.787	33.583
Explorative Faktoranalyse: Kriterien erfüllt Cronbachschen Alphas: 0.856 Faktorreliabilität: 0.903	DEV: 0.700 FORNELL/LARCKER Kriterium: 0.700 > 0.532 (Kooperationsmotivation)		

Tabelle 14: Kooperationsstabilität Interne Revision

Die Kooperationsdauer wurde sowohl von den Controlling- als auch Revisionsleitern sehr unterschiedlich beurteilt. So gaben 51,4% (Mittelwert 3,4 / Median 4) der befragten Controllingleiter an, dass die Zusammenarbeit mit der Internen Revision langfristig ausgerichtet ist, auf Seiten der Internen Revision lag der Anteil bei lediglich 48,7% (Mittelwert 3,4 / Median 3). Der Anteil derjenigen, die die Zusammenarbeit tendenziell als stabil bezeichnen liegt für die Stichprobe der Controllingleiter bei 74,3% (Mittelwert 4,1 / Median 4), für die Stichprobe der Revisionsleiter bei 61,3% (Mittelwert 4 / Median 4). Bemerkenswert war hierbei die hohe Korrelation (> 0.7) der einzelnen Werte zur Kooperationsdauer mit den Antworten zur empfundenen Stabilität der Zusammenarbeit. Demnach wurden gerade solche Kooperationen als stabil angesehen, die auch eine lange Kooperationsdauer aufwiesen. Weiterhin sehen sowohl der Controllerbereich (Mittelwert 4,7 / Median 5) als auch die Interne Revision (Mittelwert 4,6 / Median 5) die Zusammenarbeit als weitgehend unabhängig von Einflüssen des Marktumfelds an

Bei der Faktorenanalyse des Messkonstrukts *Kooperationsstabilität* mussten vier Indikatoren eliminiert werden. Zunächst konnte für beide Stichproben kein signifikanter Zusammenhang zwischen der latenten Variablen *Kooperationsstabilität* und der Regelmäßigkeit von einzelnen Projektarbeiten festgestellt werden. Des Weiteren wurden in beiden Fällen die Indikatoren zu zeitlichen Restriktionen der Kooperation sowie zu Veränderungen des Marktumfeldes aufgrund einer zu geringen Indikatorreliabilität und Item-to-Total Korrelation von der weiteren Untersuchung ausgeschlossen.

Die gegenseitige Wahrnehmung wird als wesentlicher Bestandteil der Kooperationsstabilität ungeachtet der nur moderaten Indikatorreliabilität der beiden dazugehörigen Indikatoren weiterhin berücksichtigt. Zum einen wird in der Stichprobe der Controllingleiter der angestrebte Wert von 0,4 mit 0,301 bzw. 0,348 nur geringfügig unterschritten, zum anderen werden in Bezug auf die gleichen Indikatoren für die Stichprobe der Internen Revision sowohl die Gütemaße der ersten als auch der zweiten Generation durchgehend erfüllt.

Die gegenseitige Wahrnehmung der Kooperationspartner ist durchweg positiv. Controllerbereich und Interne Revision bescheinigen dem Kooperationspartner zu 88,6% (Mittelwert 4,7 / Median 5) bzw. 91,0% (Mittelwert 4,8 / Median 5) eine ausgeprägte Fachkompetenz. Nach Porschen (2008) kann die wechselseitige Anerkennung als Experte, also die Wahrnehmung des Kooperationspartners als kompetenter Ansprechpartner, hier als Indiz für eine hohe Qualität der Kooperation erachtet werden.[476]

Vertrauen in die Arbeit des Kooperationspartners haben die befragten Controllingleiter zu 91,4% (Mittelwert 4,7 / Median 5), die Revisionsleiter zu 85,6% (Mittelwert 4,6 / Median 5). Dies lässt darauf schließen, dass Controllerbereich und Interne Revision gemäß der Argumentation von Schuster (1998) und Wallenburg/Weber (2005) über gemeinsame, verbindliche Normen im Umgang miteinander verfügen bzw. opportunistisches Verhalten weitestgehend ausbleibt.[477] Birl (2007) stellt in diesem Zusammenhang ebenfalls eine moderate Effektstärke zwischen Vertrauen und Güte der Kooperation von Controllerbereich und Interner Revision fest.[478]

Nach den beschriebenen Anpassungen ergeben sich für das vorliegende Konstrukt zur Messung der Stabilität der Kooperation zwischen Controllerbe-

---

[476] Vgl. Porschen (2008), S. 201 f.
[477] Vgl. Schuster (1998), S. 247 sowie Wallenburg/Weber (2005), S. 760.
[478] Vgl. Birl (2007), S. 207.

reich und Interner Revision gute bis sehr gute Beurteilungswerte im Hinblick auf Reliabilität und Validität.

2.2 Messergebnisse zum Kooperationserfolg

Die Höhe des Kooperationserfolgs von Controllerbereich und Interner Revision selbst wurde anhand quantitativer als auch qualitativer Kriterien beurteilt. Die Messergebnisse führten zu unterschiedlichen Schlussfolgerungen.

Die Qualität der Zusammenarbeit wurde von 70% der Controller (Mittelwert 4, Median 4) und 64% der Revision (Mittelwert 4, Median 4) mehrheitlich als sehr gut eingeschätzt. Probleme im Umgang mit dem Kooperationspartner werden nur selten genannt. So gaben in beiden Stichproben lediglich 13% der Befragten an, dass das Miteinander tendenziell problematisch sei.

Dagegen äußerten sich die befragten Führungskräfte in beiden Unternehmensbereichen zurückhaltend bei der Beurteilung der Quantität der Zusammenarbeit. Lediglich 45,7% der Controllingleiter (Mittelwert 3,4, Median 3) und 43,2% der Revisionsleiter (Mittelwert 3,3, Median 3) gaben an, regelmäßig mit dem Kooperationspartner zusammenzuarbeiten. Noch geringere Messwerte ergab die Frage nach einer wiederholten, gemeinsamen Lösung von Problemstellungen. Hier lag die Zustimmung für die Stichprobe des Controllerbereichs bei 35,7% (Mittelwert 3,1, Median 3) und für die Interne Revision bei 40,5% (Mittelwert 3,2, Median 3). Eine Empfehlung zur Kooperation von Controllerbereich und Interner Revision sprechen wiederum 75,7% (Mittelwert 4,3, Median 5) der befragten Controllingleiter und 85,6% (Mittelwert 4,7, Median 5) der Leiter der Internen Revision aus.

Es zeigt sich, dass zwar die Qualität der Zusammenarbeit von der Mehrheit der befragten Unternehmen als sehr gut erachtet wird, jedoch die Quantität der Zusammenarbeit noch verbesserungswürdig ist. Ein direkter Vergleich der einzelnen Indikatorenwerte legt weiterhin den Schluss nahe, dass sowohl auf Seiten des Controllerbereichs als auch auf Seiten der Internen Revision die Zusammenarbeit mit zunehmender Quantität auch an Qualität gewinnt. Die Korrelationen zwischen der qualitativen Bewertung der Zusammenarbeit und der Regelmäßigkeit der Zusammenarbeit bzw. der Frequenz der gemeinsamen Problemlösungen betrugen 0,7 und 0,6.

Es empfiehlt sich demnach, gemeinsam und erfolgsfaktorenübergreifend festzulegen, ob und wie eine häufigere Zusammenarbeit stattfinden sollte, um den Einfluss des Kooperationserfolgs auf die Aktionsfelder von Controllerbereich und Interner Revision zu erhöhen bzw. die Effektivität der Kooperation zu steigern. Eine Verständigung über einen regelmäßigeren Austausch von Informationen und Methoden, wie sie in Abschnitt E2.1.2 bereits vorgeschlagen wurde, kann hier einen Anfang bilden.

Kooperationserfolg	**Item-to-Total Korrelation**	**Indikator-reliabilität**	**t-Wert der Faktorladung**
Die Zusammenarbeit zwischen Controlling und Interner Revision ist sehr gut	0.673	0.586	14.713
Zwischen Controlling und Interner Revision findet eine regelmäßige Zusammenarbeit statt	0.721	0.626	18.701
Controlling und Interne Revision unterstützen sich wiederholt bei der Lösung von Aufgaben	0.819	0.778	35.019
Controlling und Interne Revision ergänzen sich selten	0.803	0.765	14.560
Die Zusammenarbeit zwischen Interner Revision und Controlling liefert zufriedenstellende Ergebnisse	0.765	0.718	28.691
Kooperationen zwischen Controlling und Interner Revision sind zu empfehlen	0.697	0.647	17.768
Explorative Faktoranalyse: Kriterien erfüllt Cronbachschen Alphas: 0.908 Faktorreliabilität: 0.929	DEV: 0.687 FORNELL/LARCKER Kriterium: 0.687 > 0.648 (Informelle Interaktion)		

Tabelle 15: Kooperationserfolg Controllerbereich

Kooperationserfolg	Item-to-Total Korrelation	Indikator-reliabilität	t-Wert der Faktorladung
Die Zusammenarbeit zwischen Controlling und Interner Revision ist sehr gut	0.703	0.625	15.376
Zwischen Controlling und Interner Revision findet eine regelmäßige Zusammenarbeit statt	0.755	0.698	18.701
Controlling und Interne Revision unterstützen sich wiederholt bei der Lösung von Aufgaben	0.804	0.753	35.019
Controlling und Interne Revision ergänzen sich selten	0.717	0.641	14.560
Die Zusammenarbeit zwischen Interner Revision und Controlling liefert zufriedenstellende Ergebnisse	0.759	0.717	27.083
Kooperationen zwischen Controlling und Interner Revision sind zu empfehlen	0.606	0.547	15.748
Explorative Faktoranalyse: Kriterien erfüllt Cronbachschen Alphas: 0.898 Faktorreliabilität: 0.922	DEV: 0.664 FORNELL/LARCKER Kriterium: 0.664 > 0.607 (Kooperationsstabilität)		

Tabelle 16: Kooperationserfolg Interne Revision

Zwei Indikatoren mussten im Zuge der explorativen Faktoranalyse aufgrund von Faktorladungen unter 0,4 eliminiert werden. Die verbleibenden Indikatoren erfüllten in beiden Stichproben die geforderten Mindestmaße für Faktorladung und Indikatorreliabilität. Letztendlich ergab sich ein sechs reflektive Indikatoren umfassendes Messkonstrukt, dass die vorgegebenen Gütekriterien für Reliabilität und Validität gut bis hervorragend erfüllt.

2.3 Messergebnisse zum Einfluss der Kooperation auf die Aktionsfelder des Controllerbereichs

2.3.1 Planung

Als erstes Aktionsfeld des Controllerbereichs wurde der Einfluss einer Kooperation auf die Planungsgüte des Controllerbereichs gemessen. Das Antwortverhalten der befragten Controllingleiter zeigt, dass der Controllerbereich bei seinen Planungstätigkeiten nur selten auf Ressourcen und Kompetenzen der Internen Revision zurückgreift. So geben lediglich 11,4% (Mittelwert 2 / Median 2) an, dass Informationen der Internen Revision zu einer adäquateren Ermittlung von Plangrößen führen und nur 17,1% (Mittelwert 2,1 / Median 2), dass sich aus der Zusammenarbeit mir der Internen Revision effizientere Wege zur Ermittlung von Plangrößen ergeben. Immerhin 31,4% (Mittelwert 2,6 / Median 2) der befragten Controllingleiter attestieren der Internen Revision einen tendenziell positiven Einfluss auf die eigenen Planungsqualität bzw. 22,9% (Mittelwert 2,4 / Median 2) einen positiven Einfluss auf die eigenen Planungsprozesse.

Beitrag einer Kooperation zur Erfüllung der Planungsaufgaben	**Item-to-Total Korrelation**	**Indikator-reliabilität**	**t-Wert der Faktorladung**
Erkenntnisse aus der Zusammenarbeit mit der Internen Revision helfen die Planungsqualität zu steigern	0.806	0.809	35.784
Die Zusammenarbeit mit der Internen Revision führt zu verbesserten Planungsprozessen	0.833	0.838	55.053
Informationen der Internen Revision führen zu einer adäquateren Ermittlung von Plangrößen	0.798	0.777	32.232
Aus einer Kooperation ergeben sich effiziente Möglichkeiten der Berechnung von Plangrößen	0.799	0.777	32.752
Explorative Faktoranalyse: Kriterien erfüllt Cronbachschen Alphas: 0.917 Faktorreliabilität: 0.941	DEV: 0.800 FORNELL/LARCKER Kriterium: 0.800 > 0.570 (Berichtswesen)		

Tabelle 17: Kooperationsbeitrag Planung Controllerbereich

Im Zuge der explorativen Faktoranalyse musste das reverse-coded Item zur Beurteilung des Einflusses einer Beteiligung der Internen Revision am Planungsprozess aufgrund einer zu niedrigen Faktorladung von lediglich 0,261 eliminiert werden.

Die verbleibenden vier reflektiven Indikatoren konnten aufgrund der hohen Faktorladungen bzw. aufgrund der ausgeprägten Indikatorreliabilität für die weiteren Untersuchungen beibehalten werden.

2.3.2 Berichtswesen

Hinsichtlich des Beitrags der Kooperation zur Güte des Berichtswesens des Controllerbereichs zeigt sich ein ähnliches Bild wie für die Planungsgüte: Lediglich 15,7% (Mittelwert 2,2 / Median 2) gaben an, dass die Zusammenarbeit mit der Internen Revision zu einer effizienteren Erstellung von Berichten führt bzw. zur erfolgreichen Ausführung des Berichtswesens eine Zusammenarbeit mit der Internen Revision erforderlich ist. Während nur 28,6% (Mittelwert 2,8 / Median 3) bei der Erstellung von Berichten auf Informationen der Internen Revision zurückgreifen, nutzen immerhin 34,3% (Mittelwert 2,9 / Median 3) die Zusammenarbeit mit der Internen Revision, um die eigenen Berichtsinhalte nach deren Erstellung zu validieren.

Beitrag einer Kooperation zur Ausführung des Berichtswesens	**Item-to-Total Korrelation**	**Indikator-reliabilität**	**t-Wert der Faktorladung**
Die Zusammenarbeit mit der Internen Revision erleichtert die Validierung eigener Berichtsinhalte	0.738	0.704	19.059
Informationen der Internen Revision sind nützlich für die Erstellung von Berichten	0.760	0.692	14.620
Die Zusammenarbeit mit der Internen Revision hat keinen Einfluss auf das Berichtswesen	0.699	0.653	19.583
Für das Berichtswesen ist eine Zusammenarbeit mit der Internen Revision erforderlich	0.628	0.607	21.246
Eine Kooperation mit der Internen Revision führt zu einer effizienteren Erstellung von Berichten	0.713	0.702	26.040
Explorative Faktoranalyse: Kriterien erfüllt Cronbachschen Alphas: 0.878 Faktorreliabilität: 0.911	DEV: 0.671 FORNELL/LARCKER Kriterium: 0.671 > 0.656 (Performancesteuerung)		

Tabelle 18: Kooperationsbeitrag Berichtswesen Controllerbereich

Es musste im Vorfeld keiner der genutzten Indikatoren von der weiteren Betrachtung ausgeschlossen werden, da alle die Gütekriterien der ersten und zweiten Generation sehr gut erfüllten.

2.3.3 Performancesteuerung

Immerhin die Hälfte der befragten Controllingleiter (Mittelwert 3,3 / Median 3,5) gab an, dass Revisionsprüfungen dazu beitragen, die Effektivität von Steuerungsprozessen zu erhöhen. Gleichermaßen wurde ein positiver Beitrag der Internen Revision zur Überwachung der genutzten Performancemaße angegeben. Zusätzlich bescheinigen 27,1% (Mittelwert 2,7 / Median 3) der Zusammenarbeit mit der Internen Revision Nützlichkeit für die Definition von Steuerungsgrößen. Teilweise bestätigen die Ergebnisse damit Günther/Gonschorek (2007), nach denen Revisionsprüfungen des Controllerbereichs dazu beitragen, Schwächen und Mängel in den Controllingprozessen zu identifizieren und den Controllerbereich diesbezüglich bei der Entwicklung und Überwachung verbesserter Performancemaße zu unterstützen.[479]

Beitrag einer Kooperation zur Performancesteuerung	**Item-to-Total Korrelation**	**Indikator-reliabilität**	**t-Wert der Faktorladung**
Die Zusammenarbeit mit der Internen Revision erhöht die Wirksamkeit der Performancesteuerung	0.830	0.820	58.323
Informationen der Internen Revision sind nützlich für die Definition von Steuerungsgrößen	0.756	0.733	35.218
Revisionsprüfungen der Prozesse zur Performancesteuerung steigern deren Effektivität	0.749	0.725	30.478
In Zusammenarbeit mit der Internen Revision lassen sich bessere Performancekennzahlen festlegen	0.799	0.764	38.497
Die Kooperation mit der Internen Revision führt nicht zu einer verbesserten Überwachung der Performancemaße	0.590	0.517	10.686
Explorative Faktoranalyse: Kriterien erfüllt Cronbachschen Alphas: 0.897 Faktorreliabilität: 0.925	DEV: 0.712 FORNELL/LARCKER Kriterium: 0.712 > 0.656 (Beratung)		

Tabelle 19: Kooperationsbeitrag Performancesteuerung Controllerbereich

Auch bei der Messung des Einflusses der Kooperation auf den Steuerungserfolg des Controllerbereichs musste im Vorfeld keines der genutzten Items von

[479] Vgl. Günther/Gonschorek (2007), S. 140f.

der weiteren Betrachtung ausgeschlossen werden. Es konnte für die latente Variable Performancesteuerung eine sehr hohe Messgüte nachgewiesen werden.

2.3.4 Beratungsleistungen des Controllerbereichs

Während der Befragung gaben 38,6% (Mittelwert 3 / Median 3) der befragten Controllingleiter an, dass die Zusammenarbeit mit der Internen Revision einen positiven Einfluss auf die Qualität der eigenen Beratungsleistungen hat.

Weiterhin bestätigen 41,4% (Mittelwert 3,2 / Median 3), dass die Interne Revision Informationen liefert, die nützlich für die Beratungsleistungen des Controllerbereichs sind. Die Prüfungsergebnisse der Internen Revision werden von 44,3% (Mittelwert 3,2 / Median 3) der befragten Controllingleiter dazu genutzt, die Akzeptanz der eigenen Beratungsleistungen bei den Empfängern zu erhöhen.

Beitrag einer Kooperation zur Beratungsfunktion	**Item-to-Total Korrelation**	**Indikator-reliabilität**	**t-Wert der Faktorladung**
Die Zusammenarbeit mit der Internen Revision steigert die Qualität der eigenen Beratungsleistungen	0.873	0.898	108.311
Die Interne Revision liefert nützliche Information für Beratungsleistungen des Controllings	0.789	0.819	40.661
Eine Kooperation mit der Internen Revision ist <u>ohne</u> Belang für die Beratungsinhalte des Controllings	0.634	0.698	22.603
Beratungsinhalte werden seltener hinterfragt, wenn sie durch Ergebnisse der Internen Revision bestätigt werden	0.471	0.405	8.150
Explorative Faktoranalyse: Kriterien erfüllt Cronbachschen Alphas: 0.854 Faktorreliabilität: 0.904	DEV: 0.705 FORNELL/LARCKER Kriterium: 0.705 > 0.656 (Performancesteuerung)		

Tabelle 20: Kooperationsbeitrag Beratung Controllerbereich

Bei der Messung des Beitrags einer Kooperation zur Beratungsfunktion des Controllerbereichs wurde zwischen der latenten Variablen *Berichtswesen* und dem letzten Indikator in Tabelle 20, dem Indikator zur Messung des Einflusses der Zusammenarbeit auf die Akzeptanz der Beratungsleistungen des Controllerbereichs bei dessen Empfängern, eine höhere Ladung gemessen als zu der latenten Variablen *Beratungsleistungen des Controllerbereichs*. Dies führte jedoch nicht zu einer Eliminierung des entsprechenden Indikators, da diese Kreuzladung vielmehr auf Zufälligkeit als auf eine inhaltliche Fehlspezifizierung des Konstrukts schließen lässt. Abgesehen von diesem Phänomen zeichnen sich die gewählten Indikatoren durch eine hohe Messgüte aus.

2.4 Messergebnisse zum Einfluss der Kooperation auf die Aktionsfelder der Internen Revision

2.4.1 Ordnungsmäßigkeitsprüfung

Zunächst wurde der Einfluss einer Kooperation von Controllerbereich und Interner Revision auf die Güte von Ordnungsmäßigkeitsprüfungen betrachtet. Eine Mehrheit von 55,0% (Mittelwert 3.7 / Median 4) der befragten Leiter der Internen Revision stimmen darin überein, dass eine Kooperation mit dem Controllerbereich bei der Vorbereitung von Ordnungsmäßigkeitsprüfungen die Ermittlung des Ist-Zustands erleichtert. Für die Ermittlung des Soll-Zustands in den zu prüfenden Unternehmensbereichen stiftet die Zusammenarbeit mit dem Controllerbereich jedoch tendenziell weniger Nutzen (Mittelwert 3,3 / Median 3). Da die Ermittlung des Soll-Zustands bei Ordnungsmäßigkeitsprüfungen vornehmlich anhand entsprechender Unternehmensvorschriften, Gesetze und Verordnungen erfolgt, überrascht der geringe Einfluss des Controllerbereichs nicht.[480] Auch die Unterstützungsmöglichkeiten des Controllerbereichs bei der Planung (Mittelwert 3,3 / Median 3) und Durchführung (Mittelwert 3,3 / Median 3) von Ordnungsmäßigkeitsprüfungen werden als relativ gering eingestuft. Das Fach- bzw. Methodenwissen des Controllerbereichs bei Soll/Ist Vergleichen wird hingegen von einer Mehrheit von 51,3% (Mittelwert 3,6 / Median 4) der befragten Revisionsleiter als nützlich für Durchführung von Ordnungsmäßigkeitsprüfungen eingeschätzt.

Sowohl die Messergebnisse zur Bestimmung des Ist-Zustands als auch zur Nützlichkeit des Methodenwissens des Controllerbereich bei Soll/Ist-Vergleichen zeigen, dass die Ausführungen von Füss (2005) und Schmid (1990)

[480] Vgl. Keller/Weber (2008), S. 198 sowie Boecker (2010), S. 205.

zum Kooperationspotenzial bei Informationsbeschaffungs- und Informationsauswertungsprozessen auch für die vorliegende empirische Erhebung Gültigkeit besitzen.[481]

Beitrag einer Kooperation zu Ordnungsmäßigkeitsprüfungen	**Item-to-Total Korrelation**	**Indikator-reliabilität**	**t-Wert der Faktorladung**
Einer Kooperation mit dem Controlling erleichtert die Ermittlung des Ist-Zustands in den zu prüfenden Unternehmensbereichen	0.782	0.757	34.737
Einer Kooperation mit dem Controlling erleichtert die Ermittlung des Soll-Zustands in den zu prüfenden Unternehmensbereichen	0.715	0.665	20.857
Information des Controllings sind für die Planung von Ordnungsmäßigkeitsprüfungen von wesentlicher Bedeutung	0.791	0.768	37.396
Bei Soll/Ist-Vergleichen liefert das Controlling nützliches Fachwissen	0.657	0.606	15.168
Explorative Faktoranalyse: Kriterien erfüllt Cronbachschen Alphas: 0.895 Faktorreliabilität: 0.923	DEV: 0.705 FORNELL/LARCKER Kriterium: 0.705 > 0.462 (Kooperationstiefe)		

Tabelle 21: Kooperationsbeitrag Ordnungsmäßigkeitsprüfung Interne Revision

Die genutzten reflektiven Indikatoren konnten für die weiteren Untersuchungen beibehalten werden. Das Konstrukt zeichnet sich aufgrund der erreichten Werte durch gute bis sehr gute Messeigenschaften aus.

2.4.2 Wirtschaftlichkeitsprüfung

Sowohl für die Planung von Wirtschaftlichkeitsprüfungen als auch für die Identifizierung unwirtschaftlicher Prozesse schreibt eine Mehrheit von 57,7% (Mittelwert 3,8 / Median 4) dem Controllerbereich eine unterstützende Rolle zu. Auch im Hinblick auf die Effektivität der eigenen Wirtschaftlichkeitsprüfungen attestieren 71,2% (Mittelwert 4 / Median 4) der befragten Revisionsleiter dem Controllerbereich einen positiven Einfluss, 36,5% bewerten den Einfluss einer Zusammenarbeit sogar als sehr hoch. Auch bei der anschließenden Durchführung von Wirtschaftlichkeitsprüfungen wird von einem überwiegend positiven

[481] Vgl. Schmid (1990), S. 390 sowie Füss (2005), S. 282.

Einfluss einer Zusammenarbeit mit dem Controllerbereich ausgegangen (Mittelwert 3,7, Median 4).

Bei dem zur Messung der Nützlichkeit der Erfahrungen des Controllerbereichs für die Durchführung von Wirtschaftlichkeitsprüfungen genutzten reverse-coded Items ist nach Meinung des Autors davon auszugehen, dass dessen Charakter, wie bei einigen anderen reverse-coded Items zuvor, von einer Vielzahl der Teilnehmer verkannt wurde und die Messergebnisse somit nicht im Einklang mit den Präferenzen der Teilnehmer stehen. Der Indikator wurde entsprechend im Zuge der Datenauswertung aufgrund verfehlter Gütekriterien eliminiert.

Beitrag einer Kooperation zu Wirtschaftlichkeitsprüfungen	**Item-to-Total Korrelation**	**Indikator-reliabilität**	**t-Wert der Faktorladung**
Die Kooperation mit dem Controlling erhöht die Effektivität von Wirtschaftlichkeitsprüfungen	0.792	0.788	38.689
Informationen des Controllings erleichtern die Identifizierung unwirtschaftlicher Prozesse	0.782	0.749	24.675
Information des Controllings sind für die Planung von Wirtschaftlichkeitsprüfungen von wesentlicher Bedeutung	0.801	0.799	36.671
Die Zusammenarbeit mit dem Controlling erleichtert die Durchführung von Wirtschaftlichkeitsprüfungen	0.887	0.889	68.336
Explorative Faktoranalyse: Kriterien erfüllt Cronbachschen Alphas: 0.920 Faktorreliabilität: 0.943	DEV: 0.806 FORNELL/LARCKER Kriterium: 0.806 > 0.462 (Ordnungsmäßigkeitsprüfung)		

Tabelle 22: Kooperationsbeitrag Wirtschaftlichkeitsprüfung Interne Revision

Die übrigen Ergebnisse zeigen, dass für die verbleibenden Indikatoren von einem signifikanten Beitrag zum Konstrukt *Wirtschaftlichkeitsprüfungen* ausgegangen werden kann. Dies spiegelt sich auch in den guten bis sehr guten Gütemaßen für das hier betrachtete Konstrukt wider.

2.4.3 Risikoprüfung

Bei der Planung von Risikoprüfungen wird die Bedeutung von Informationen aus dem Controllerbereich mehrheitlich anerkannt (Mittelwert 3,9 / Median 4).

Ähnlich hoch schätzen die befragten Revisionsleiter die Nützlichkeit dieser Information bei der Bewertung des Risikomanagements (Mittelwert 3,9 / Median 4) der zu prüfenden Unternehmensbereiche ein.

Damit bestätigt sich die bei der Operationalisierung getroffene Annahme der Vorteilhaftigkeit einer Zusammenarbeit bzw. eines Informationsaustauschs zwischen Controllerbereich und Interne Revision zur vorbereitenden Risikoanalyse bzw. risikoorientierten Prüfungsplanung.[482] Auf das Methodenwissen des Controllerbereichs wird bei der Durchführung von Risikoprüfungen mit 48,7% (Mittelwert 3,5 / Median 3) tendenziell weniger zurückgegriffen. Dies lässt sich damit erklären, dass die Interner Revision nach Möglichkeit auf das Methodenwissen spezialisierter Funktionsbereiche, wie dem Risikomanagement, zurückgreifen wird um Risikoprüfungen durchzuführen.[483]

Annahmegemäß wird dies häufiger in größeren Unternehmen der Fall sein, bei denen die funktionale Trennung der unterschiedlichen Kompetenzen weiter voran geschritten ist. Ein Vergleich der Messergebnisse für die Stichproben der Unternehmen mit mehr und mit weniger als 5000 Mitarbeitern scheint diese Annahme zu bestätigen. Während in ersteren lediglich 46,5% (Mittelwert 3,4 / Median 3) bei Risikoprüfungen auf das Fachwissen des Controllerbereichs zurückgreifen, tun dies in der zweiten Stichprobe immerhin noch 50,0% (Mittelwert 3,6 / Median 3,0).

---

[482] Vgl. Abschnitt D2.2.3 und die dort angeführte Literatur.

[483] Dies setzt zum einen voraus, dass der geprüfte Bereich nicht gleichzeitig Methodenwissen zur Prüfung beisteuert und zum anderen, dass der Controllerbereich nicht über ein integriertes Risikocontrolling verfügt, das entsprechende Kompetenzen auf dem Gebiet der Risikoanalyse und –beurteilung hat.

Beitrag einer Kooperation zu Risikoprüfungen	Item-to-Total Korrelation	Indikator-reliabilität	t-Wert der Faktorladung
Informatione des Controlling sind für die Planung von Risikoprüfungen von wesentlicher Bedeutung	0.832	0.806	39.365
Erkenntnisse aus der Kooperation mit dem Controlling erleichtern die Bewertung des Risikomanagements eines Unternehmensbereichs	0.880	0.864	62.316
Informationen des Controllings erleichtern die Identifizierung wesentlicher Risiken der zu prüfenden Unternehmensbereiche	0.866	0.852	55.425
Das Fachwissen des Controllings ist für Risikoprüfungen hilfreich	0.840	0.820	51.632
Die Zusammenarbeit mit dem Controlling liefert keine nützlichen Erkenntnisse für die Durchführung von Risikoprüfungen	0.700	0.615	14.578
Explorative Faktoranalyse: Kriterien erfüllt Cronbachschen Alphas: 0.933 Faktorreliabilität:0.950	DEV: 0.791 FORNELL/LARCKER Kriterium: 0.791 > 0.337 (Kooperationsmotivation)		

Tabelle 23: Kooperationsbeitrag Risikoprüfung Interne Revision

Die für das Konstrukt *Risikoprüfungen* gewonnen Ergebnisse zeigen, dass für alle Indikatoren von einem wesentlichen Beitrag ausgegangen werden kann. Die erhaltenen Messwerte weisen auch für dieses Konstrukt auf eine ausgeprägte Reliabilität und Validität hin.

2.4.4 Beratungsleistung der Internen Revision

Bei der Frage nach der Bedeutung einer Zusammenarbeit mit dem Controllerbereich für die eigenen Beratungsleistungen äußerten sich die befragten Revisionsleiter im Vergleich zu den anderen Aktionsfeldern insgesamt zurückhaltender.

So wurde die Frage nach Qualitätssteigerung aufgrund einer Zusammenarbeit mit einem Mittelwert von 3,3 und einem Median von 3 öfter verneint, als bejaht; ähnlich verhalten wurde die Nützlichkeit von Informationen für die eigenen Beratungsleistungen bewertet (Mittelwert 3,3 / Median 3). Eine etwaige Belanglosigkeit der Zusammenarbeit für die eigenen Beratungsaktivitäten wurde jedoch bei der Beantwortung des entsprechenden reverse-coded Items deutlich verneint (Mittelwert 4,1 / Median 5).

Auch hier zeigt ein Vergleich der Messergebnisse für die Stichproben der Unternehmen mit mehr und mit weniger als 5000 Mitarbeitern Unterschiede auf. Während in ersteren lediglich 32,6% (Mittelwert 3,1 / Median 3) aus der Zusammenarbeit mit dem Controllerbereich eine Qualitätssteigerung der eigenen Beratungsleistungen erwarten, tun dies in der zweiten Stichprobe immerhin schon 48,5% (Mittelwert 3,4 / Median 3,0).

Beitrag einer Kooperation zur Beratungsfunktion	**Item-to-Total Korrelation**	**Indikator-reliabilität**	**t-Wert der Faktorladung**
Die Zusammenarbeit mit dem Controlling steigert die Qualität der eigenen Beratungsleistungen	0.766	0.878	42.994
Das Controlling liefert nützliche Information für Beratungsleistungen der Internen Revision	0.765	0.876	41.344
Eine Kooperation mit dem Controlling ist ohne Belang für die Beratungsinhalte der Internen Revision	0.536	0.533	7.772
Explorative Faktoranalyse: Kriterien erfüllt Cronbachschen Alphas: 0.840 Faktorreliabilität: 0.905	DEV: 0.762 FORNELL/LARCKER Kriterium: 0.762 > 0.263 (Ordnungsmäßigkeitsprüfung)		

Tabelle 24: Kooperationsbeitrag Beratung Interne Revision

Der Indikator zur Messung des Einflusses von Ergebnissen des Controllerbereichs auf die Beratungsinhalte der Internen Revision musste aufgrund einer zu geringen Faktorladung eliminiert werden. Die übrigen Indikatoren konnten aufgrund der ausreichend hohen Faktorladungen bzw. aufgrund der ausgeprägten Indikatorreliabilität für die weiteren Untersuchungen beibehalten werden.

2.5 Zusammenfassung der Ergebnisse

Das Ergebnis der Interpretation der Messwerte bzw. der Gütebeurteilung der Messkonstrukte des ersten Teilmodells der Untersuchung sind sieben modifizierte, latente Variablen, welche die Intensität der im Rahmen der Literaturanalyse identifizierten Erfolgsfaktoren einer erfolgreichen Kooperation von Controllerbereich und Interner Revision zu quantifizieren vermögen. Ebenso wurde ein angepasstes Messkonstrukt zur Ermittlung des Kooperationserfolgs vorgestellt. Nach den vorangegangenen Anpassungen erfüllten alle Messinstrumente für beide Stichproben die bei Anwendung eines varianzbasierten Messansatzes erforderlichen Gütekriterien.

Das zweite Teilmodell zur Untersuchung des Beitrags einer Kooperation zu den Aktionsfeldern der Kooperationspartner wurde ebenfalls einer Gütebeurteilung unterzogen. Im Ergebnis zeichneten sich alle acht Konstrukte durch gute bis sehr gute Gütewerte bezüglich ihrer Reliabilität wie auch Validität aus.[484]

Die bisherige Gütebeurteilung umfasste, abgesehen von der Messung ihrer Korrelation, noch nicht die Wirkungsbeziehungen zwischen den latenten Variablen des Forschungsmodells. Dies soll in einem nächsten Schritt geschehen, bei dem die Gütebeurteilung des Strukturmodells und zugleich die Beantwortung der Forschungsfragen bzw. die Überprüfung der formulierten Forschungshypothesen erfolgt.

[484] Für die Stichprobe der Internen Revision konnten einige Unterschiede im Antwortverhalten zwischen Unternehmen mit mehr und mit weniger als 5000 Mitarbeitern festgestellt werden. Ein Vergleich der Messergebnisse auf Seiten des Controllerbereichs ergab keine nennenswerten Unterschiede im Antwortverhalten.

3 Überprüfung der Forschungshypothesen

3.1 Erfolgsfaktoren des Kooperationserfolgs

3.1.1 Strukturmodell der Erfolgsfaktoren des Kooperationserfolgs

Im weiteren Verlauf der Untersuchung werden die Auswirkungen der Erfolgsfaktoren des Kooperationserfolgs von Controllerbereich und Interner Revision untersucht. Dabei erfolgt eine getrennte Überprüfung der in Abschnitt D1.2 formulierten Forschungshypothesen.

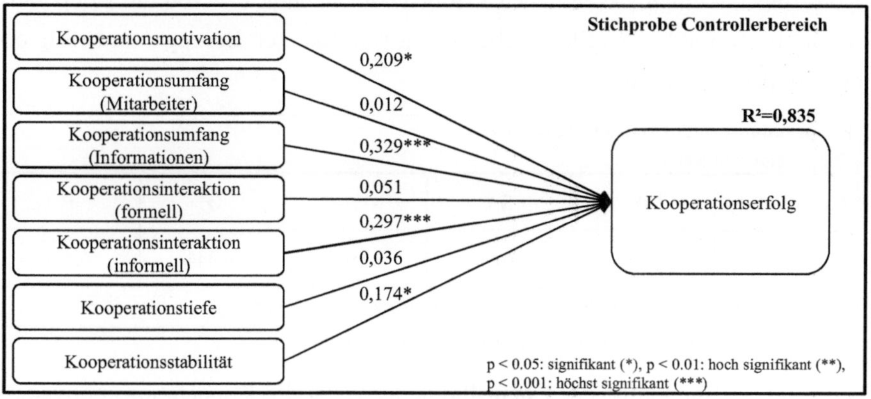

Abbildung 37: Strukturmodell Erfolgsfaktoren Controllerbereich

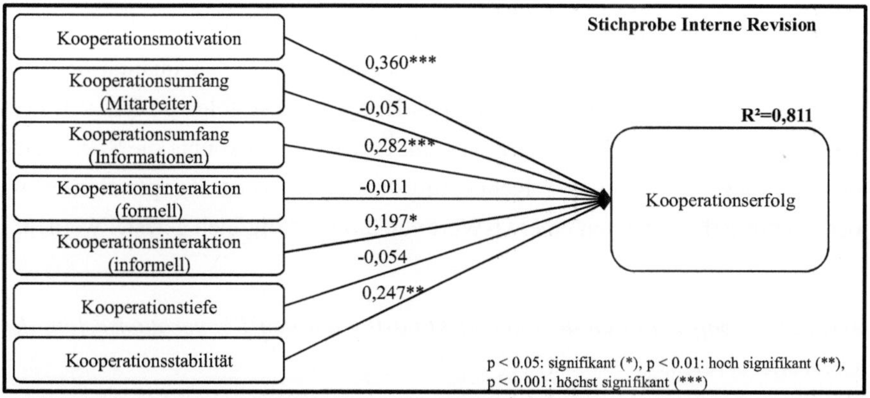

Abbildung 38: Strukturmodell Erfolgsfaktoren Interne Revision

Das in Abbildung 37 bzw. Abbildung 38 dargestellte Strukturmodell gibt einen Überblick über die untersuchten Wirkungsbeziehungen des ersten Teilmodells.

3.1.2 Kooperationsmotivation

Nach der Betrachtung der inhaltlichen Facetten des Erfolgsfaktors *Kooperationsmotivation* gilt es nun zu überprüfen, ob es sich bei dem vorliegenden Konstrukt um einen wesentlichen Erfolgsfaktor handelt bzw. ob die Kooperationsmotivation in beiden Stichproben einen signifikanten Beitrag zum Erfolg einer Kooperation leistet.

Kooperationserfolg Controllerbereich - Kooperationsmotivation					
Faktorladung	**MW**	**SA**	**t-Wert**	**Q^2**	**f^2**
0.209	0.213	0.099	2.099*	0.344	0.073
p < 0.05: signifikant (*), p < 0.01: hoch signifikant (**), p < 0.001: höchst signifikant (***)					

Tabelle 25: Einfluss Kooperationsmotivation Controllerbereich

Für die Stichprobe der Controllingleiter weist die Kooperationsmotivation die dritthöchste Faktorladung (0,209) unter den untersuchten Erfolgsfaktoren auf. Das untersuchte Konstrukt weist eine positive Schätzrelevanz bei einer geringen Effektstärke auf, was bedeutet, dass sowohl die Schätzqualität des Modells als auch das Bestimmtheitsmaß des Kooperationserfolgs positiv von dem betrachteten Konstrukt beeinflusst werden. Des Weiteren konnte die Signifikanz der Wirkungsbeziehung von Kooperationsmotivation und Kooperationserfolg des Controllerbereichs mit einem t-Wert von 2,099 erfolgreich getestet werden.

H1a: Die Kooperationsmotivation wirkt positiv auf den Kooperationserfolg des Controllerbereichs

Die Forschungshypothese H1a kann folglich mit einer Irrtumswahrscheinlichkeit $p < 0,05$ angenommen werden und die Kooperationsmotivation als ein für den Controllerbereich wesentlicher Erfolgsfaktor des Kooperationserfolgs gesehen werden.

Kooperationserfolg Interne Revison - Kooperationsmotivation					
Faktorladung	**MW**	**SA**	**t-Wert**	**Q²**	**f²**
0.360	0.350	0.085	4.234***	0.541	0.201
p < 0.05: signifikant (*), p < 0.01: hoch signifikant (**), p < 0.001: höchst signifikant (***)					

Tabelle 26: Einfluss Kooperationsmotivation Interne Revision

Auf Seiten der befragten Revisionsleiter weist die Kooperationsmotivation die stärkste Wirkungsbeziehung mit dem Kooperationserfolg bei einer Faktorladung von 0,360 auf. Die Signifikanz dieser Wirkungsbeziehung wurde mit einem t-Wert von 4,230 erfolgreich getestet.

H1b: Die Kooperationsmotivation wirkt positiv auf den Kooperationserfolg der Internen Revision

Die Forschungshypothese H1b kann folglich mit einer Irrtumswahrscheinlichkeit $p < 0{,}001$ angenommen werden und die Kooperationsmotivation als einer der wesentlichen Erfolgsfaktoren des Kooperationserfolgs der Internen Revision gesehen werden.

Weiterhin konnten die Ergebnisse von Birl (2007), der Vertrauen bzw. Rivalität sowie gegenseitige Abhängigkeit bzw. Interdependenz des Controllerbereichs und der Internen Revision als Determinanten der Güte der Kooperation dieser beiden Unternehmensbereiche identifiziert[485], um die Aspekte Kooperationsentschlossenheit und Erwartung eines Kooperationsnutzens erweitert werden.

Ist die Motivation zur Kooperation auf einer der beiden Seiten nur ungenügend ausgeprägt, könnte dies dazu führen, dass das Erfolgspotenzial der Zusammenarbeit nicht vollends ausgeschöpft wird. Gründe hierfür könnten Zweifel

485 Vgl. Birl (2007), S. 190ff.

an der Vorteilhaftigkeit oder eine mangelhafte Ausgestaltung der Zusammenarbeit sein. In einer solchen Situation empfiehlt es sich, im eigenen Interesse den Kontakt zum Kooperationspartner zu suchen, um vermehrt auf die Vorteilhaftigkeit der Zusammenarbeit hinzuweisen und ggf. die Bereitschaft zur Anpassung der Zusammenarbeit an den entsprechenden Schnittstellen zu bekunden. Beispiele hierfür sind eine an den Erfordernissen des Kooperationspartners orientierte Standardisierung der Informationsübermittlung, personelle Anpassungen bei der Zusammensetzung gemeinsamer Arbeitsgruppen bzw. bei der Nominierung von Kontaktpersonen oder das Angebot gegenseitiger Mitarbeiterschulungen zur Weitergabe von Methodenwissen.

3.1.3 Kooperationsumfang

Die Messergebnisse zum Austausch von Mitarbeitern bzw. von Informationen und Methodenwissen belegen, dass die verwendeten Indikatoren bzw. Messkonstrukte alle Gütekriterien zur Beurteilung von Reliabilität und Validität erfüllen. Ob es sich hierbei jedoch um einen der wesentlichen Erfolgsfaktoren von Kooperationen zwischen Controllerbereich und Interne Revision handelt, gilt es anhand der folgenden Gütekriterien zu beurteilen.

Kooperationserfolg Controllerbereich - Kooperationsumfang (Informationen & Methoden)					
Faktorladung	**MW**	**SA**	**t-Wert**	**Q^2**	**f^2**
0.329	0.335	0.077	4.268***	0.243	0.238
$p < 0.05$: signifikant (*), $p < 0.01$: hoch signifikant (**), $p < 0.001$: höchst signifikant (***)					

Tabelle 27: Einfluss Austausch Informationen Controllerbereich

Analog zu den Ergebnissen zur Kooperationsmotivation ist auch für den Austausch von Informationen ein wesentlicher Erklärungsbeitrag zu erkennen. Gemessen an der Faktorladung von 0,329 hat der Austausch von Informationen und Fachwissen für den Controllerbereich den stärksten Einfluss auf den Kooperationserfolg. Bei einem t-Wert von 4,268 kann die Wirkungsbeziehung zum Kooperationserfolg als höchst signifikant erachtet werden.

H2a: Der Austausch von Informationen und Methoden wirkt positiv auf den Kooperationserfolg des Controllerbereichs

Die Forschungshypothese H2a kann folglich mit einer Irrtumswahrscheinlichkeit p < 0,001 angenommen werden und der Informations- bzw. Methodenaustausch als ein für den Controllerbereich wesentlicher Erfolgsfaktor des Kooperationserfolgs gesehen werden.

Kooperationserfolg Interne Revision - Kooperationsumfang (Informationen & Methoden)					
Faktorladung	**MW**	**SA**	**t-Wert**	**Q²**	**f²**
0.282	0.278	0.082	3.429***	0.373	0.122
p < 0.05: signifikant (*), p < 0.01: hoch signifikant (**), p < 0.001: höchst signifikant (***)					

Tabelle 28: Einfluss Austausch Informationen Interne Revision

Bei der Befragung der Revisionsleiter ergab sich für den Erfolgsfaktor *Austausch von Informationen und Methoden* eine positive Faktorladung von 0,282. Mit einen Schätzrelevanz von 0,373 weist der Austausch von Informationen und Methoden im Vergleich zu den anderen untersuchten Erfolgsfaktoren die zweithöchste Schätzrelevanz auf. Auch für die Stichprobe der Revisionsleiter weist dieser Erfolgsfaktor mit einem t-Wert von 3,249 eine höchst signifikante Wirkungsbeziehung zum Kooperationserfolg auf.

H2b: Der Austausch von Informationen und Methoden wirkt positiv auf den Kooperationserfolg der Internen Revision

Die Forschungshypothese H2b kann folglich ebenfalls mit einer sehr geringen Irrtumswahrscheinlichkeit p < 0,001 angenommen werden und der Austausch von Informationen und Methoden als ein für die Interne Revision wesentlicher Erfolgsfaktor des Kooperationserfolgs gesehen werden.

Die einzelnen Messergebnisse zum Austausch von Mitarbeitern weisen große Unterschiede auf. Ob dies einen Einfluss auf die Relevanz des gesamten

Erfolgsfaktors für den Kooperationserfolg von Controllerbereich und Interner Revision hat, lässt sich anhand der folgenden Gütekriterien ermitteln.

Kooperationserfolg Controllerbereich - Kooperationsumfang (Mitarbeiter)					
Faktorladung	**MW**	**SA**	**t-Wert**	**Q²**	**f²**
0.012	0.023	0.058	0.214	0.308	0.006
p < 0.05: signifikant (*), p < 0.01: hoch signifikant (**), p < 0.001: höchst signifikant (***)					

Tabelle 29: Einfluss Austausch Mitarbeiter Controllerbereich

Die vernachlässigbare Faktorladung von 0,012 sowie die minimale Effektstärke von 0,006 lassen nicht vermuten, dass es sich beim Austausch von Mitarbeitern um einen wesentlichen Erfolgsfaktor handelt.[486]

H3a: Der Austausch von Mitarbeitern wirkt positiv auf den Kooperationserfolg des Controllerbereichs

Die Forschungshypothese H3a muss folglich verworfen werden. Der erreichte t-Wert von 0,214 unterschreitet die erforderliche Mindesthöhe deutlich.

Kooperationserfolg Interne Revision - Kooperationsumfang (Mitarbeiter)					
Faktorladung	**MW**	**SA**	**t-Wert**	**Q²**	**f²**
-0.051	-0.047	0.057	0.890	0.309	0.011
p < 0.05: signifikant (*), p < 0.01: hoch signifikant (**), p < 0.001: höchst signifikant (***)					

Tabelle 30: Einfluss Austausch Mitarbeiter Interne Revision

Auch für die Stichprobe der Revisionsleiter weist der Austausch von Mitarbeitern eine minimale Faktorladung von -0,051 auf.[487] Der erreichte t-Wert

[486] Eine Eliminierung dieser latenten Variablen aufgrund einer zu geringen Faktorladung kommt für die vorliegende Untersuchung nicht in Betracht. Dadurch würde der Inhalt des in dieser Arbeit definierten Kooperationserfolgs verändert werden und ein in der Kooperationsforschung häufig hervorgehobener Bestandteil von Kooperationen unbehandelt bleiben. Vgl. Huber et al. (2007), S. 38.

von 0,890 lässt ebenfalls nicht auf eine signifikante Wirkungsbeziehung zwischen dem Austausch von Mitarbeitern und dem Kooperationserfolg schließen.

H3b: Der Austausch von Mitarbeitern wirkt positiv auf den Kooperationserfolg der Internen Revision

Im Hinblick auf die erlangten Messergebnisse bzw. auf das Niveau der entsprechenden Gütewerte muss die Forschungshypothese H3b verworfen werden. Der Austausch von Mitarbeitern stellt demnach keinen wesentlichen Erfolgsfaktor für die Interne Revision dar.

Die Verwerfung der beiden Forschungshypothesen weist darauf hin, dass die bei der Operationalisierung eingeflossenen Erkenntnisse der Kooperationsforschung zum Austausch von Mitarbeitern nicht ohne weiteres auf Kooperation von Controllerbereich und Interner Revision übertragbar sind. Dadurch werden die Ergebnisse von Birl (2007) bestätigt, die dem interfunktionalen Mitarbeiteraustausch bei Kooperationen von Controllerbereich und Interner Revision keine Relevanz beimessen.[488] Ob der Austausch von Mitarbeitern zielführend für die Kooperationspartner ist, ist demnach eine Frage der individuellen Unternehmenssituation.

3.1.4 Kooperationsinteraktion

Analog zu Abschnitt E2.1.3 werden formelle und informelle Interaktion der Kooperationspartner im Folgenden getrennt beurteilt. Der Gesamteffekt des Messkonstrukts zur formellen Interaktion auf den Kooperationserfolg ist für beide Stichproben in den Tabellen 31 und 32 dargestellt.

[487] Von einer Eliminierung wird jedoch analog zur Stichprobe der Controllingleiter aus den genannten Gründen abgesehen.

[488] Vgl. Birl (2007), S.189.

Kooperationserfolg Controllerbereich - Kooperationsinteraktion (formell)					
Faktorladung	**MW**	**SA**	**t-Wert**	**Q²**	**f²**
0.051	0.045	0.047	1.096	0.648	0.012
p < 0.05: signifikant (*), p < 0.01: hoch signifikant (**), p < 0.001: höchst signifikant (***)					

Tabelle 31: Einfluss Formelle Interaktion Controllerbereich

Die Messergebnisse zeigen für die Stichprobe der Controllingleiter nur einen geringfügigen Wirkungszusammenhang zwischen dem Kooperationserfolg und der formellen Interaktion. Die entsprechende Faktorladung von 0,051 weist einen t-Wert von 1,096 auf. Dementsprechend ist die Effektstärke des betrachteten Erfolgsfaktors mit 0,012 vernachlässigbar gering. Analog zum Erfolgsfaktor *Austausch von Mitarbeitern* wird auch hier aus den genannten Gründen von einer Eliminierung abgesehen, zumal die formelle Interaktion unter den betrachteten Erfolgsfaktoren die zweithöchste Schätzrelevanz aufweist (Q^2=0.648).

H4a: Das formelle Interaktionsniveau wirkt positiv auf den Kooperationserfolg des Controllerbereichs

Aufgrund der erlangten Messergebnisse muss die Forschungshypothese H4a verworfen werden. Das formelle Interaktionsniveau zwischen den Kooperationspartnern stellt demnach keinen wesentlichen Erfolgsfaktor für den Controllerbereich dar.

Kooperationserfolg Interne Revision - Kooperationsinteraktion (formell)					
Faktorladung	**MW**	**SA**	**t-Wert**	**Q²**	**f²**
-0.011	-0.006	0.048	0.236	0.312	0.005
p < 0.05: signifikant (*), p < 0.01: hoch signifikant (**), p < 0.001: höchst signifikant (***)					

Tabelle 32: Einfluss Formelle Interaktion Interne Revision

Auf Seiten der Internen Revision zeigt sich ein ähnliches Bild. So weist der Erfolgsfaktor nur eine geringfügige Faktorladung von -0,011 auf. Auch der erreichte t-Wert von 0,236 deutet nicht auf Signifikanz hin. Die niedrige Effektstärke (0,005) und Schätzrelevanz (0,312) belegen zudem die geringe Bedeutung des informellen Interaktionsniveaus zur Erklärung des Kooperationserfolgs.

H4b: Das formelle Interaktionsniveau wirkt positiv auf den Kooperationserfolg der Internen Revision

Somit muss auch die Forschungshypothese H4b verworfen werden. Das formelle Interaktionsniveau zwischen den Kooperationspartnern kann demnach für die Stichprobe der Revisionsleiter nicht zu den wesentlichen Erfolgsfaktoren gezählt werden.

Die Verwerfung der beiden Forschungshypothesen zur formellen Interaktion von Controllerbereich und Interner Revision weist darauf hin, dass die bei der Operationalisierung dieses vermeintlichen Erfolgsfaktors berücksichtigten Erkenntnisse der Kooperationsforschung ebenfalls nicht auf die vorliegende Form einer Kooperation übertragbar sind. Dadurch wird ein weiteres Ergebnis von Birl (2007) bestätigt, wonach der Formalisierungsgrad der Zusammenarbeit von Controllerbereich und Interner Revision irrelevant für den Kooperationserfolg ist.[489]

Kooperationserfolg Controllerbereich - Kooperationsinteraktion (informell)					
Faktorladung	**MW**	**SA**	**t-Wert**	**Q^2**	**f^2**
0.297	0.284	0.066	4.477***	0.673	0.195
p < 0.05: signifikant (*), p < 0.01: hoch signifikant (**), p < 0.001: höchst signifikant (***)					

Tabelle 33: Einfluss Informelle Interaktion Controllerbereich

Die informelle Interaktion zwischen den Kooperationspartnern weist für die Stichprobe der Controllingleiter eine Faktorladung von 0,297 auf und zeichnet sich durch einen ausgeprägt positiven Beitrag zum Kooperationserfolg aus. Eine Schätzrelevanz der informellen Kooperationsinteraktion kann aufgrund des

[489] Vgl. Birl (2007), S. 230.

Q^2 von 0,673 als gegeben erachtet werden. Die Wirkungsbeziehung weist weiterhin einen t-Wert von 4.477 auf.

H5a: Das informelle Interaktionsniveau wirkt positiv auf den Kooperationserfolg des Controllerbereichs

Die Forschungshypothese H5a kann somit mit einer Irrtumswahrscheinlichkeit $p < 0{,}001$ angenommen werden und das informelle Interaktionsniveau als einer der für den Controllerbereich wesentlichen Erfolgsfaktoren des Kooperationserfolgs gesehen werden.

Kooperationserfolg Interne Revision - Kooperationsinteraktion (informell)					
Faktorladung	**MW**	**SA**	**t-Wert**	**Q^2**	**f^2**
0.197	0.204	0.094	2.093*	0.559	0.069
p < 0.05: signifikant (*), p < 0.01: hoch signifikant (**), p < 0.001: höchst signifikant (***)					

Tabelle 34: Einfluss informelle Interaktion Interne Revision

Auch die Leiter der Internen Revision messen der informellen Interaktion eine hohe Bedeutung zu. Die Wirkungsbeziehung zum Kooperationserfolg weist eine Faktorladung von 0,197 und einen entsprechenden t-Wert von 2,093 auf. Des Weiteren liegen eine Schätzrelevanz von 0,559 sowie eine moderate Effektstärke von 0,069 vor.

H5b: Das informelle Interaktionsniveau wirkt positiv auf den Kooperationserfolg der Internen Revision

Somit kann ebenfalls die Forschungshypothese H5b mit einer Irrtumswahrscheinlichkeit $p < 0{,}05$ angenommen werden und die informelle Interaktion mit dem Kooperationspartner auch für die Interne Revision zu den wesentlichen Erfolgsfaktoren des Kooperationserfolgs gezählt werden.

Im Größenvergleich der Unternehmen, scheint die informelle Kooperationsinteraktion in Unternehmen mit weniger als 5000 Mitarbeitern in beiden Stichproben tendenziell ausgeprägter zu sein. Hier übersteigen die erreichten Mittelwerte für nahezu alle Indikatoren die Messwerte für Unternehmen mit mehr als 5000 Mitarbeitern. Dies lässt vermuten, dass die informelle Interaktion in kleineren Unternehmen, deren Mitarbeiter bzw. Stabsfunktionen wie Controllerbereich und Interne Revision meist auf wenige Standorte verteilt sind, aufgrund der verringerten räumliche Distanz der Kooperationspartner begünstigt wird.[490]

Insgesamt zeigt sich jedoch, dass auf dem Feld der informellen Interaktion der Kooperationspartner noch erhebliches Steigerungspotenzial besteht. Im Hinblick auf den von beiden Seiten erwarteten hohen Kooperationsnutzen und die deutliche Ablehnung einer formellen Interaktion, bietet sich auch hier eine verstärkte, formlose Kommunikation zwischen Controllerbereich und Interner Revision an, um sowohl die aussichtsreichsten Kooperationsinhalte als auch deren Implikationen für die eigene Zielerreichung zu erörtern.

3.1.5 Kooperationstiefe

Trotz der heterogenen Messergebnisse in Abschnitt E.2.1.4 und den damit verbundenen Anpassungen des Messkonstrukts soll im Folgenden die Frage nach der Bedeutung der Kooperationstiefe für den Erfolg von Kooperation zwischen Controllerbereich und Interner Revision beantwortet werden.

Kooperationserfolg Controllerbereich - Kooperationstiefe					
Faktorladung	**MW**	**SA**	**t-Wert**	**Q^2**	**f^2**
0.036	0.042	0.071	0.512	0.267	0.006
$p < 0.05$: signifikant (*), $p < 0.01$: hoch signifikant (**), $p < 0.001$: höchst signifikant (***)					

Tabelle 35: Einfluss Kooperationstiefe Controllerbereich

[490] Dieses Ergebnis steht ebenfalls im Einklang mit Birl (2007), der der räumlichen Nähe von Controllerbereich und Interner Revision einen schwach positiven Einfluss auf die Güte der Kooperation zuschreibt. Vgl. Birl (2007), S. 189.

Für die Stichprobe der Controllingleiter zeigte sich keine bedeutsame Wirkungsbeziehung zum Kooperationserfolg. Dies spiegelt sich in der niedrigen Faktorladung von 0,036 und dem niedrigen t-Wert von 0,512 wider. Schätzrelevanz und Effektstärke fallen für das vorliegende Konstrukt ebenfalls gering aus. Von einer Eliminierung wird jedoch auch hier abgesehen, um den Wesensgehalt des betrachteten Kooperationserfolgs nicht zu verändern.

H6a: Die Kooperationstiefe wirkt positiv auf den Kooperationserfolg des Controllerbereichs

Die Forschungshypothese H6a kann aufgrund der obigen Ergebnisse nicht aufrechterhalten werden. Die Kooperationstiefe kann für die vorliegende Stichprobe nicht als wesentlicher Erfolgsfaktor der Kooperation von Controllerbereich und Interner Revision erachtet werden.

Kooperationserfolg Interne Revision - Kooperationstiefe					
Faktorladung	**MW**	**SA**	**t-Wert**	**Q²**	**f²**
-0.054	-0.048	0.051	1.068	0.313	0.011
p < 0.05: signifikant (*), p < 0.01: hoch signifikant (**), p < 0.001: höchst signifikant (***)					

Tabelle 36: Einfluss Kooperationstiefe Interne Revision

Bei den befragten Revisionsleitern weist die Kooperationstiefe eine negative Faktorladung von -0,054 auf. Diese sehr niedrige Faktorladung weist einen t-Wert von lediglich 1,068 auf. Auch die Schätzrelevanz und Effektstärke der Kooperationstiefe sind mit Werten von 0,313 und 0,011 relativ gering. Von einer Eliminierung wird analog zur Stichprobe der Controllingleiter abgesehen.

H6b: Die Kooperationstiefe wirkt positiv auf den Kooperationserfolg der Internen Revision

Auch auf Seiten der Internen Revision kann die Forschungshypothese H6b nicht aufrechterhalten werden. Die Kooperationstiefe kann somit für die Stichprobe der Internen Revision nicht zu den wesentlichen Erfolgsfaktoren der Kooperation gezählt werden.

Die Verwerfung der Forschungshypothesen H6a bzw. H6b erlaubt in Verbindung mit den Messergebnissen in Abschnitt E.2.1.4 mehrere Rückschlüsse in Bezug auf die untersuchte Wirkungsbeziehung von Kooperationstiefe und Kooperationserfolg.

Die Forschungsergebnisse von Beckmann (2004), der im Sinne eines Supply Chain Managements die Nutzung von Kooperationspotenzialen durch Veränderungen der Prozessstruktur der Kooperationspartner vorschlägt[491], können somit nicht auf Kooperationen von Controllerbereich und Interner Revision übertragen werden. Es ist davon auszugehen, dass Controllerbereich und Interne Revision keine Möglichkeit sehen, Verfahrensweisen des Kooperationspartners zu übernehmen, um eigene Prozesse zu verbessern bzw. zu ergänzen; die Prozessstrukturen der Kooperationspartner scheinen dafür zu heterogen zu sein. Die Ausgestaltung der Zusammenarbeit sollte demnach primär danach ausgerichtet sein, an welchen Schnittstellen sich ein Austausch von Ressourcen und Kompetenzen bzw. Informationen besonders gut in bereits bestehende Prozessstrukturen der beiden Unternehmensbereiche einfügt, ohne einen Veränderungsbedarf hervorzurufen.

Weiterhin konnte die Bedeutung von Kommunikations- bzw. Kooperationsstrukturen wie sie Endres/Wehner (2009) hervorheben aufgrund der in Abschnitt E2.1.4 vorgenommenen Anpassungen des Messkonstrukts nicht abschließend beurteilt werden.[492] Hier besteht noch weiterer Forschungsbedarf bzw. die Notwendigkeit, die gewählte Operationalisierung trotz der Erreichung adäquater Gütemaße ggf. für zukünftige Studien nochmals zu überprüfen.

[491] Vgl. Beckmann (2004), S. 88.
[492] Vgl. Endres/Wehner (2006), S. 347f.

3.1.6 Kooperationsstabilität

Als letzter der in dieser Studie untersuchten Erfolgsfaktoren der Kooperation von Controllerbereich und Interner Revision soll schließlich überprüft werden, ob auch die Kooperationsstabilität zu den wesentlichen Einflussgrößen des Kooperationserfolgs gezählt werden kann.

Kooperationserfolg Controllerbereich - Kooperationsstabilität					
Faktorladung	**MW**	**SA**	**t-Wert**	**Q²**	**f²**
0.174	0.169	0.074	2.367*	0.255	0.079
p < 0.05: signifikant (*), p < 0.01: hoch signifikant (**), p < 0.001: höchst signifikant (***)					

Tabelle 37: Einfluss Kooperationsstabilität Controllerbereich

Für die Stichprobe der Controllingleiter weist der Erfolgsfaktor Kooperationsstabilität eine Faktorladung von 0,174 mit einem t-Wert von 2,093 auf. Eine Schätzrelevanz des Erfolgsfaktors Kooperationsstabilität ergibt sich aus dem ermittelten Q^2 von 0,255 mit einer geringen bis mittleren Effektstärke von 0,079.

H7a: Die Kooperationsstabilität wirkt positiv auf den Kooperationserfolg des Controllerbereichs

Die Forschungshypothese H7a kann folglich mit einer Irrtumswahrscheinlichkeit $p < 0,05$ angenommen werden. Die Kooperationsstabilität wird demnach für die Stichprobe der Controllingleiter zu den wesentlichen Erfolgsfaktoren des Kooperationserfolgs gezählt.

Kooperationserfolg Interne Revision - Kooperationsstabilität					
Faktorladung	**MW**	**SA**	**t-Wert**	**Q²**	**f²**
0.247	0.248	0.086	2.865**	0.488	0.111
p < 0.05: signifikant (*), p < 0.01: hoch signifikant (**), p < 0.001: höchst signifikant (***)					

Tabelle 38: Einfluss Kooperationsstabilität Interne Revision

Auf Seiten der Internen Revision weist der betrachtete Erfolgsfaktor eine Faktorladung von 0,247 bei einem t-Wert von 2,865 auf. Aufgrund der Schätzrelevanz von 0,488 und einer Effektstärke von 0,111 ist von einem Erklärungsbeitrag der Kooperationsstabilität zum Kooperationserfolg auszugehen.

H7b: Die Kooperationsstabilität wirkt positiv auf den Kooperationserfolg der Internen Revision

Auch diese Forschungshypothese H7b kann aufgrund der Messergebnisse mit einer Irrtumswahrscheinlichkeit $p < 0,01$ angenommen werden. Die Kooperationsstabilität wird demnach auch für die Stichprobe der Revisionsleiter als einer der wesentlichen Erfolgsfaktoren des Kooperationserfolgs erachtet.

In Verbindung mit der Ablehnung der Forschungshypothesen 4a und 4b, wonach die formelle Interaktion keinen wesentlichen Erfolgsfaktor der Zusammenarbeit des Controllerbereichs und der Internen Revision darstellt, kann der Argumentation von Wolff (2005) gefolgt werden, wonach der Kooperationsdauer bzw. Kooperationsstabilität eine vermindernde Wirkung auf den Formalisierungsgrad attestiert wird.[493]

Auch der bereits erwähnte, geringe Einfluss des Marktumfelds auf die Zusammenarbeit von Controllerbereich und Interner Revision lässt in Verbindung mit der Ablehnung der Forschungshypothesen zur positiven Wirkung der formellen Interaktion auf den Kooperationserfolg vermuten, dass die bei der Operationalisierung eingeflossenen Erkenntnisse der Kooperationsforschung auf die Zusammenarbeit von Controllerbereich und Interner Revision übertragbar sind.

So kann im Umkehrschluss zu Mellewigt (2003) die geringe Umweltdynamik ein Grund dafür sein, dass die Kooperation von Controllerbereich und Interner Revision einen geringen Formalisierungsgrad aufweist bzw. dafür, dass gegenseitige Vertrauen der Kooperationspartner einen hohen Stellenwert einnimmt.[494] Weiterhin weisen die Ergebnisse Parallelen zu den Fallstudien von

[493] Vgl. Wolff (2005), S. 163 ff.
[494] Vgl. Mellewigt (2003), S. 272.

Levenstein/Suslow (2006) auf. Demnach ist aufgrund der geringen Veränderlichkeit des Kooperationsumfelds mit einer tendenziell verlängerten Kooperationsdauer bzw. erhöhten Kooperationsstabilität und einem verbesserten Kooperationserfolg zu rechnen.[495]

3.1.7 Ergebnisse der Hypothesenprüfung

Im Zuge der vorbereitenden Erfolgsfaktorenanalyse wurden diejenigen Dimensionen einer Kooperation von Controllerbereich und Interner Revision ermittelt, die nach aktuellem Stand der Kooperationsforschung potentiell die Höhe des Kooperationserfolgs bestimmen. Ob sich diese aus der Literatur und der explorativen Forschungstätigkeit abgeleiteten Erfolgsfaktoren der Kooperation von Controllerbereich und Interner Revision tatsächlich auf den Kooperationserfolg auswirken, war Gegenstand der ersten Forschungsfrage.

Zur Beantwortung dieser Frage wurden für beide Stichproben entsprechende Forschungshypothesen aufgestellt und in den vorangegangenen Abschnitten überprüft. Die wesentlichen Erfolgsfaktoren einer Kooperation von Controllerbereich und Interner Revision ergaben sich demnach aus der Überprüfung der Forschungshypothesen H1a bis H7a bzw. H1b bis H7b. Die folgende Abbildung gibt einen Überblick über die Ergebnisse dieser Hypothesenprüfung:

[495] Vgl. Levenstein/Suslow (2006), S. 43ff.

Controllerbereich	**Bestätigt**	**Abgelehnt**
H1a: Die Kooperationsmotivation wirkt positiv auf den Kooperationserfolg des Controllerbereichs	X*	
H2a: Der Austausch von Informationen und Methoden wirkt positiv auf den Kooperationserfolg des Controllerbereichs	X***	
H3a: Der Austausch von Mitarbeitern wirkt positiv auf den Kooperationserfolg des Controllerbereichs		X
H4a: Das formelle Interaktionsniveau wirkt positiv auf den Kooperationserfolg des Controllerbereichs		X
H5a: Das informelle Interaktionsniveau wirkt positiv auf den Kooperationserfolg des Controllerbereichs	X***	
H6a: Die Kooperationstiefe wirkt positiv auf den Kooperationserfolg des Controllerbereichs		X
H7a: Die Kooperationsstabilität wirkt positiv auf den Kooperationserfolg des Controllerbereichs	X*	
$p < 0.05$: signifikant (*), $p < 0.01$: hoch signifikant (**), $p < 0.001$: höchst signifikant (***)		

Abbildung 39: Hypothesentest Erfolgsfaktoren Controllerbereich

Interne Revision	**Bestätigt**	**Abgelehnt**
H1b: Die Kooperationsmotivation wirkt positiv auf den Kooperationserfolg der Internen Revision	X***	
H2b: Der Austausch von Informationen und Methoden wirkt positiv auf den Kooperationserfolg der Internen Revision	X***	
H3b: Der Austausch von Mitarbeitern wirkt positiv auf den Kooperationserfolg der Internen Revision		X
H4b: Das formelle Interaktionsniveau wirkt positiv auf den Kooperationserfolg der Internen Revision		X
H5b: Das informelle Interaktionsniveau wirkt positiv auf den Kooperationserfolg der Internen Revision	X*	
H6b: Die Kooperationstiefe wirkt positiv auf den Kooperationserfolg der Internen Revision		X
H7b: Die Kooperationsstabilität wirkt positiv auf den Kooperationserfolg der Internen Revision	X**	
$p < 0.05$: signifikant (*), $p < 0.01$: hoch signifikant (**), $p < 0.001$: höchst signifikant (***)		

Abbildung 40: Hypothesentest Erfolgsfaktoren Interne Revision

Demnach konnten für beide Stichproben die gleichen, wesentlichen Erfolgsfaktoren mit einem signifikanten Einfluss auf den Kooperationserfolg identifiziert werden. Während die Erfolgsfaktoren *Kooperationsmotivation*, *Austausch von Informationen & Methoden*, *Informelles Interaktionsniveau* und

Kooperationsstabilität einen signifikant positiven Einfluss auf den Kooperationserfolg aufweisen, mussten die entsprechenden Forschungshypothesen bezüglich des Einflusses des Austauschs von Mitarbeitern, des formellen Interaktionsniveaus und der Kooperationstiefe verworfen werden.

Bis auf wenige Ausnahmen konnten in beiden Stichproben keine nennenswerten Unterschiede zwischen den Messergebnissen für „große" Unternehmen mit mehr als 5000 Mitarbeitern und „kleine" mit weniger als 5000 Mitarbeitern festgestellt werden. Dies lässt den Schluss zu, dass die hier identifizierten Erfolgsfaktoren von Kooperationen zwischen Controllerbereich und Interner Revision unabhängig von der Unternehmensgröße Gültigkeit besitzen.

3.2 Kooperationserfolg und Aktionsfelder des Controllerbereichs

3.2.1 Strukturmodell des Beitrags zu den Aktionsfeldern des Controllerbereichs und Überprüfung der Forschungshypothesen

Gemäß der Definition des Kooperationserfolgs in dieser Arbeit galt es, den Erfolg der Zusammenarbeit nach Effizienz- und Effektivitätskriterien zu bemessen. Die Effizienz einer Kooperation ist demnach immer dann gewährleistet, wenn diejenigen Erfolgsfaktoren besondere Berücksichtigung finden, die den stärksten Einfluss auf die Höhe des Kooperationserfolgs haben. Diese Untersuchung erfolgte bereits im Zuge der Beantwortung der ersten Forschungsfrage in Abschnitt E3.1. Die folgenden Ausführungen untersuchen die Effektivität der Kooperation, d.h. den Einfluss der Zusammenarbeit auf die Aktionsfelder des Controllerbereichs und der Internen Revision.

Einen Überblick über die untersuchten Wirkungsbeziehungen dieses zweiten Teilmodells der Untersuchung für die Stichprobe der Controllerbereiche gibt das in Abbildung 41 dargestellte Strukturmodell.

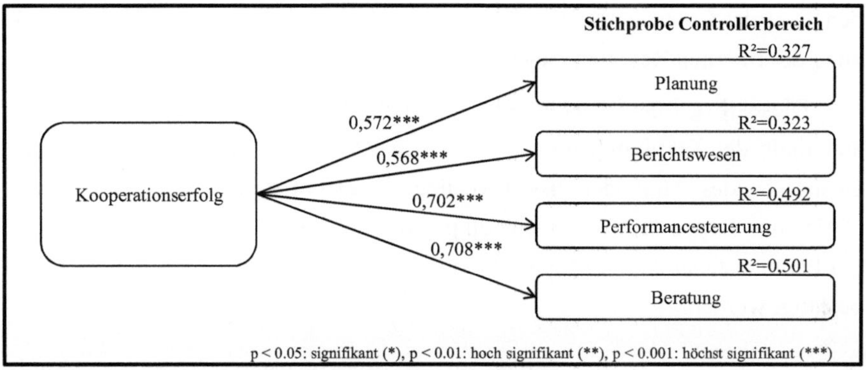

Abbildung 41: Strukturmodell Erfolgsbeitrag Controllerbereich

3.2.2 Überprüfung der Forschungshypothesen

Zur Beantwortung der zweiten Forschungsfrage werden im Folgenden die Forschungshypothesen in Bezug auf die Zielerreichung der Kooperationspartner getrennt überprüft. Zunächst erfolgt dies für Forschungshypothesen H8 bis H11 auf Seiten des Controllerbereichs.

H8: Der Kooperationserfolg wirkt positiv auf die Planungsgüte des Controllerbereichs

Die Wirkungsbeziehung zwischen dem Kooperationserfolg und dem Beitrag der Internen Revision zur Güte der Planungsaktivitäten des Controllerbereichs weist eine Faktorladung von 0,572 bei einem t-Wert von 9,373 auf, was darauf schließen lässt, dass der Kooperationserfolg den Planungserfolg des Controllerbereichs einen höchst signifikanten Einfluss ($p < 0,001$), auf die Planungsgüte des Controllerbereichs hat.

Die Forschungshypothese H8 kann demnach beibehalten werden. Der positive Einfluss auf die Planungsgüte fällt im Vergleich zu den anderen Aktionsfeldern des Controllerbereichs jedoch relativ gering aus. Diese Einschätzung steht im Einklang mit den Messergebnissen in Abschnitt E2.3.1; diese lassen erkennen, dass der Controllerbereich auf diesem Aktionsfeld wenig auf die Unterstützung der Internen Revision angewiesen ist.

Dieses Ergebnis ist nicht verwunderlich, da Planungsaufgaben traditionell außerhalb der Kernkompetenz der Internen Revision liegen und demnach kein entsprechendes Methodenwissen vorliegt.[496] Damit konnte der nach Deyhle (1975) und Deppe (1987) tendenziell positive Einfluss der Internen Revision auf die Planungstechniken und -verfahren des Controllerbereichs nur eingeschränkt bestätigt werden.[497]

H9: Der Kooperationserfolg wirkt positiv auf die Berichtsgüte des Controllerbereichs

Hinsichtlich des Aktionsfeld Berichtswesen ist bei einer Faktorladung von 0,568 und einem t-Wert von 8,726 ebenfalls von einer einen höchst signifikanten Wirkungsbeziehung zwischen dem Kooperationserfolg und dem Berichtserfolg des Controllerbereichs auszugehen.

Die Forschungshypothese H9 kann demnach beibehalten werden, jedoch fällt das Ausmaß des positiven Einflusses ebenfalls relativ gering aus. Auch hier weisen die Messergebnisse in Abschnitt E2.3.2 für den Controllerbereich auf keinen ausgeprägten Unterstützungsbedarf durch die Interne Revision hin.

Dieses Ergebnis bestätigt die empirischen Untersuchungen von Birl (2007), der in diesem Zusammenhang die Wirkung einer Zusammenarbeit auf die Ergebnisqualität der Informationsversorgungsaufgaben überprüft und einen schwach positiven Einfluss aufzeigt.[498]

H10: Der Kooperationserfolg wirkt positiv auf die Steuerungsgüte des Controllerbereichs

---

[496] Vgl. Fiege (2006), S. 222; vgl. Berwanger/Kullmann (2008), S. 78f.
[497] Vgl. Deyhle (1975), S. 83f.; vgl. Deppe (1987), S. 135.
[498] Vgl. Birl (2007), S. 159.

Im Vergleich zum Beitrag der Internen Revision zur Planungs- bzw. Berichtsgüte des Controllerbereichs fällt die Faktorladung zwischen dem Kooperationserfolg und Beitrag der Internen Revision zum Steuerungserfolg mit 0,702 höher aus. Mit einem t-Wert von 14,797 ist die Wirkungsbeziehung ebenfalls als höchst signifikant einzustufen ($p < 0{,}001$). Auch die Messergebnisse in Abschnitt E2.3.3 lassen im Vergleich zur Planungs- bzw. Berichtsgüte ein höheres Interesse an einer Zusammenarbeit erkennen. Die Forschungshypothese H10 kann demnach beibehalten werden.

H11: Der Kooperationserfolg wirkt positiv auf die Beratungsgüte des Controllerbereichs

Die Wirkungsbeziehung des Kooperationserfolgs und der Güte der Beratungsleistungen des Controllerbereichs weist eine hohe Faktorladung von 0,708 auf. Analog zu den vorherigen Aktionsfeldern ist die Wirkungsbeziehung mit einem t-Wert von 12,609 ebenfalls höchst signifikant ($p < 0{,}001$). Damit weist die Beratungsgüte unter den betrachteten Aktionsfeldern des Controllerbereichs den stärksten Wirkungszusammenhang mit dem Kooperationserfolg auf. Auch die Messergebnisse in Abschnitt E2.3.4 fallen vergleichsweise positiv aus. Somit kann auch Forschungshypothese H11 beibehalten werden.

Hierdurch werden ebenfalls Ergebnisse von Birl (2007) bestätigt, der auf einen signifikant positiven Zusammenhang zwischen einer erfolgreichen Zusammenarbeit mit der Internen Revision und der Qualität der eigenen Beratungsleistungen hinweist.[499]

Schließlich hat die Überprüfung der Forschungshypothesen H8 bis H11 gezeigt, dass die Beiträge der Internen Revision zu allen Aktionsfeldern des Controllerbereichs von der Zusammenarbeit positiv beeinflusst werden. Die Verbesserung der Zusammenarbeit bzw. die Steigerung des Kooperationserfolgs verspricht, gemessen an den jeweiligen Faktorladungen, für den Beitrag zu den

[499] Vgl. Birl (2007), S. 160.

Beratungsleistungen und den Beitrag zur Performancesteuerung das höchste Entwicklungspotenzial.

Im Hinblick auf die erreichte Stichprobengröße von n=70 besteht diesbezüglich jedoch noch Forschungsbedarf. Spätere Studien sollten zum Ziel haben, die Ergebnisse dieser Studie im Hinblick auf mögliche Kontextfaktoren wie Branchenzugehörigkeit und Unternehmensgröße anhand einer größeren Stichprobe eingehender zu untersuchen.

3.3 Kooperationserfolg und Aktionsfelder der Internen Revision

3.3.1 Strukturmodell des Beitrags zu den Aktionsfeldern der Internen Revision

Analog zur vorangegangenen Überprüfung der Forschungshypothesen zur Wirkung des Kooperationserfolgs auf die Aktionsfelder des Controllerbereichs, werden nun die Auswirkungen auf die einzelnen Prüfungsschwerpunkte sowie auf die Beratungstätigkeit der Internen Revision überprüft. Einen einleitenden Überblick gibt das in Abbildung 42 dargestellte entsprechende Strukturmodell für die Stichprobe der Internen Revision.

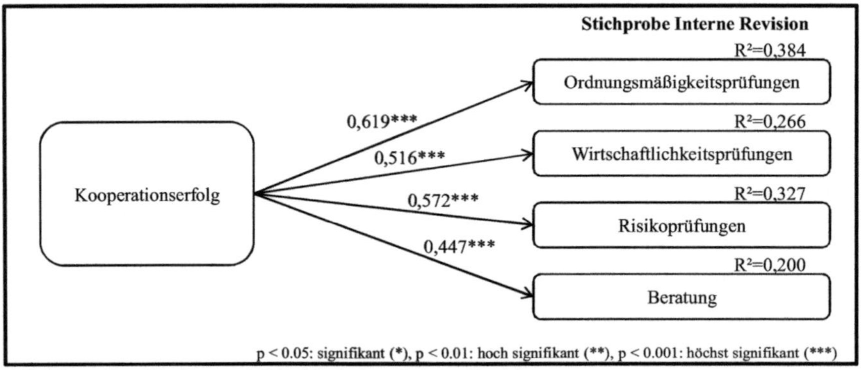

Abbildung 42: Strukturmodell Erfolgsbeitrag Interne Revision

3.3.2 Überprüfung der Forschungshypothesen

Nachdem die Forschungshypothesen H8 bis H11 für die Stichprobe des Controllerbereichs bereits in Abschnitt E3.2.2 einer Überprüfung unterzogen wurden, folgt nun die Betrachtung der Forschungshypothesen H12 bis H15 für die Stichprobe der Internen Revision.

H12: Der Kooperationserfolg wirkt positiv auf die Güte von Ordnungsmäßigkeitsprüfungen der Internen Revision

Zwischen dem Kooperationserfolg und dem betrachteten Messkonstrukt konnte eine hohe Faktorladung von 0,619 bei einem t-Wert von 10,068 beobachtet werden. Ein moderat negativer Zusammenhang zwischen dem Kooperationserfolg von Controllerbereich und Interner Revision und der Intensität mit der die Interne Revision Ordnungsmäßigkeitsprüfungen durchführt, wie Birl (2007) ihn beschreibt, wurde nicht bestätigt.[500] Die Forschungshypothese H12 kann somit beibehalten, und die Annahme eines positiven Effekts der Zusammenarbeit von Controllerbereich und Interner Revision auf den Prüfungsschwerpunkt der Ordnungsmäßigkeitsprüfung bestätigt werden. Diese Schlussfolgerung wird durch die Messergebnisse in Abschnitt E2.4.1 gestützt, die im Vergleich zu den in den vorangegangenen Abschnitten betrachteten Aktionsfeldern des Controllerbereichs eine generell höhere Zustimmung auf Seiten der Internen Revision erkennen lassen.

H13: Der Kooperationserfolg wirkt positiv auf die Güte von Wirtschaftlichkeitsprüfungen der Internen Revision

Im Vergleich zu den übrigen Aktionsfeldern der Internen Revision fällt der Einfluss des Kooperationserfolgs auf die Güte von Wirtschaftlichkeitsprüfungen mit einer Faktorladung von 0,516 zwar relativ gering aus, mit einem t-Wert von

[500] Vgl. Birl (2007), S. 216.

6,159 ist diese Wirkungsbeziehung jedoch ebenfalls als höchst signifikant einzustufen ($p < 0,001$). Die Forschungshypothese H13 kann somit beibehalten werden und der Kooperation von Controllerbereich und Interner Revision, gemäß der bei der Konzeptionalisierung in Abschnitt D2.2.2 getroffenen Annahmen, ein positiver Einfluss auf die Güte von Wirtschaftlichkeitsprüfungen attestiert werden. Unterstützt wird dieses Fazit durch die ebenfalls positiven Messergebnisse in Abschnitt E2.4.2, die auf eine entsprechende Relevanz einer Kooperation für dieses Aktionsfeld hinweisen.

H14: Der Kooperationserfolg wirkt positiv auf die Güte von Risikoprüfungen der Internen Revision

Die Annahme eines positiven Effekts der Zusammenarbeit von Controllerbereich und Interner Revision auf die Güte von Risikoprüfungen kann aufgrund der erhaltenen Ergebnisse bestätigt werden. Der Wirkungszusammenhang ist bei einer Faktorladung von 0,572 und einen t-Wert von 8,183 höchst signifikant. Die Forschungshypothese H14 wird somit angenommen. Auch für dieses Aktionsfeld liegen die Messergebnisse in Abschnitt E2.4.3 über den Vergleichswerten für die Stichprobe des Controllerbereichs.

H15: Der Kooperationserfolg wirkt positiv auf die Beratungsgüte der Internen Revision

Auch wenn die Faktorladung zwischen Kooperationserfolg und Erfolgsbeitrag zu den Beratungsleistungen der Internen Revision mit 0,447 den niedrigsten Wert unter den betrachteten Aktionsfeldern aufweist, ist von einem moderat positiven Beitrag des Kooperationserfolgs auf die Beratungsleistungen der Internen Revision auszugehen. Die Forschungshypothese H15 kann somit beibehalten werden, obschon die Messergebnisse in Abschnitt E.2.4.4 im Vergleich zu den übrigen Aktionsfeldern geringer ausfallen.

Aufgrund dieser Ergebnisse ist davon auszugehen, dass die Qualität der Beratungsleistungen der Internen Revision gemäß den Ausführungen von Heigl (1989) und Mosiek (2001) vornehmlich von dem gesamtheitlichen Überblick über die Strukturen und Prozesse des Unternehmens abhängt, den sie im Zuge ihrer Prüfungstätigkeit erlangt hat, und sie bei der Erbringung von Beratungsleistungen auch nicht zwingend auf Informationen aus dem Controllerbereich angewiesen ist.[501] Weiterhin zeigt sich anhand der unterschiedlichen Messergebnisse für „kleine" und „große" Unternehmen, dass mit zunehmender Größe die Bedeutung der Zusammenarbeit mit dem Controllerbereich für dieses Aktionsfeld abnimmt.

Dieser Unterschied kann damit begründet werden, dass das Spektrum der Beratungsleistungen der Internen Revision mit zunehmender Mitarbeiterzahl auch ohne die Einbeziehung anderer Funktionsbereiche gesteigert werden kann, indem durch gezielte Personalauswahl sichergestellt wird, dass sich die Fähigkeiten der Revisionsmitarbeiter diesbezüglich ergänzen.[502]

Analog zu den Aktionsfeldern des Controllerbereichs kann auch für die Interne Revision festgestellt werden, dass alle Aktionsfelder tendenziell positiv beeinflusst werden. Die entsprechenden vier Forschungshypothesen konnten beibehalten werden. Auch hier fällt die Intensität des Wirkungszusammenhangs unterschiedlich aus, wenngleich die Abweichungen geringer ausfallen als für die Stichprobe der Controllingleiter.

4 Vergleich der Messergebnisse zu Controllerbereich und Interner Revision

Nachdem die Beantwortung der ersten und zweiten Forschungsfrage, der Frage nach den wesentlichen Erfolgsfaktoren einer Kooperation und der Frage nach den Auswirkungen einer Kooperation auf die Aktionsfelder der Kooperationspartner, für beide Kooperationspartner getrennt erfolgt ist, wird nun zur Beantwortung der dritten Forschungsfrage eine multiple Gruppenanalyse der Messer-

[501] Vgl. Heigl (1989), S. 176f. sowie Mosiek (2002), S. 163.
[502] Vgl. Hunecke/Henke (2006), S. 164f.

gebnisse der beiden Stichproben durchgeführt. Dadurch sollen wesentliche Unterschiede zwischen Controllerbereich und Interner Revision hinsichtlich der Beurteilung einer erfolgreichen Zusammenarbeit identifiziert werden.

Da die Konstrukte zur Wirkungsbeziehung zwischen den Erfolgsfaktoren und dem Kooperationserfolg in beiden Stichproben die gleiche Operationalisierung aufweisen, können deren Messergebnisse zur Beantwortung der dritten Forschungsfrage direkt miteinander verglichen werden.

Kooperationserfolg Controllerbereich	**Faktorladung**	**t-Wert**	**Schätzrelevanz Q^2**	**Effektstärke f^2**
Kooperationsmotivation	0.209	2.099*	0.344	0.073
Kooperationsumfang (Mitarbeiter)	0.012	0.214	0.308	0.006
Kooperationsumfang (Informationen)	0.329	4.268***	0.243	0.238
Kooperationsinteraktion (formell)	0.051	1.096	0.648	0.012
Kooperationsinteraktion (informell)	0.297	4.477***	0.673	0.195
Kooperationstiefe	0.036	0.512	0.267	0.006
Kooperationsstabilität	0.174	2.367*	0.255	0.079
$p < 0.05$: signifikant (*), $p < 0.01$: hoch signifikant (**), $p < 0.001$: höchst signifikant (***)				

Tabelle 39: Erfolgsfaktoren der Kooperation Controllerbereich

Kooperationserfolg Interne Revision	**Faktorladung**	**t-Wert**	**Schätzrelevanz Q^2**	**Effektstärke f^2**
Kooperationsmotivation	0.360	4.234***	0.541	0.201
Kooperationsumfang (Mitarbeiter)	-0.051	0.890	0.309	0.011
Kooperationsumfang (Informationen)	0.282	3.429***	0.373	0.122
Kooperationsinteraktion (formell)	-0.011	0.236	0.312	0.005
Kooperationsinteraktion (informell)	0.197	2.093*	0.559	0.069
Kooperationstiefe	-0.054	1.068	0.313	0.011
Kooperationsstabilität	0.247	2.865**	0.488	0.111
$p < 0.05$: signifikant (*), $p < 0.01$: hoch signifikant (**), $p < 0.001$: höchst signifikant (***)				

Tabelle 40: Erfolgsfaktoren der Kooperation Interne Revision

Auf den ersten Blick zeigt sich, dass in beiden Stichproben die gleichen wesentlichen Erfolgsfaktoren einer Zusammenarbeit von Controllerbereich und Interner Revision identifiziert werden konnten bzw. deren Wirkungsbeziehung zum Kooperationserfolg, wenn auch auf unterschiedlichen Signifikanzniveaus, mit positivem Ergebnis überprüft wurden.

Gemäß der in Abschnitt C3.2 vorgestellten Methodik zur Durchführung einer multiplen Gruppenanalyse werden diese Unterschiede nun näher untersucht, d.h. die Differenzen der Pfadkoeffizienten der beiden Stichproben werden anhand entsprechender t-Tests[503] auf ihre Signifikanz hin überprüft. Die entsprechende Nullhypothese geht von signifikanten Unterschieden aus. Die Ausgangswerte und ermittelten t-Werte sind nachfolgend in Tabelle 41 aufgeführt.

[503] Zur Berechnung der entsprechenden t-Werte vgl. Abschnitt C3.2

Multipler Gruppenvergleich: Controller n=70, Revisoren m=111				
Erfolgsfaktor => Kooperationserfolg (Controllerbereich/Interne Revisions)	**Pfadkoffizienten**	**Varianz**	**t-Wert**	**Ergebnis**
Kooperationsmotivation	0.209 / 0.360	0.007 / 0.099	1.146	n.s.
Kooperationsumfang (Mitarbeiter)	0.012 / -0.051	0.003 / 0.003	0.744	n.s.
Kooperationsumfang (Informationen)	0.329 / 0.282	0.006 / 0.007	0.395	n.s.
Kooperationsinteraktion (formell)	0.051 / -0.011	0.002 / 0.002	0.883	n.s.
Kooperationsinteraktion (informell)	0.297 / 0.197	0.004 / 0.009	0.770	n.s.
Kooperationstiefe	0.036 / -0.054	0.005 / 0.003	1.062	n.s.
Kooperationsstabilität	0.174 / 0.247	0.005 / 0.007	0.592	n.s.
$p < 0.05$: signifikant (*), $p < 0.01$: hoch signifikant (**), $p < 0.001$: höchst signifikant (***)				

Tabelle 41: Ergebnisse des multipen Gruppenvergleichs

Die Ergebnisse der durchgeführten t-Tests belegen, dass auf keinem der betrachteten Signifikanzniveaus bedeutsame Unterschiede zwischen den Messergebnissen der beiden Stichproben existieren und die entsprechende Nullhypothese verworfen werden kann. Dieses Ergebnis lässt zwei Schlussfolgerungen zu:

- Die von Birl (2007) eingeräumte Gefahr eines Informant Bias aufgrund der einseitigen Befragung von Controllingleitern konnte für die mit dieser Studie vergleichbaren Einflussgrößen des Kooperationserfolgs weitestgehend ausgeräumt werden.
- Die vergleichbaren Präferenzen von Controllerbereich und Interner Revision im Hinblick auf die Ausgestaltung einer erfolgreichen Kooperation bestätigen die Anwendbarkeit der hier formulierten Handlungsempfehlungen zur Verbesserung der Zusammenarbeit auf beide untersuchten Gruppen.

Im Hinblick auf die Vorteilhaftigkeit einer Kooperation für die Kooperationspartner lassen die Messergebnisse zum Beitrag einer Kooperation zu den Aktionsfeldern von Controllerbereich und Interner Revision Unterschiede erkennen.

Im Vergleich zur Stichprobe der Controllingleiter, wurden auf Seiten der Internen Revision positivere Ergebnisse ermittelt. So weisen die Messergebnisse zum Einfluss des Controllerbereich auf die Aktionsfelder der Internen Revision leistet, für alle betrachteten Tätigkeitsfelder höhere Mittelwerte auf, als umgekehrt. Es zeigt sich weiterhin, dass der Controllerbereich einen größeren Beitrag zur Güte von Risiko- und Wirtschaftlichkeitsprüfungen leistet, als zu den anderen Aktionsfeldern, wohingegen eine Verbesserung der Zusammenarbeit bzw. eine Erhöhung des Kooperationserfolgs den stärksten Einfluss auf den Erfolgsbeitrag zur Prüfungsgüte von Ordnungsmäßigkeitsprüfungen verspricht.

Vor dem Hintergrund dieser Ergebnisse verwundert es nicht, dass die befragten Controllingleiter den erwarteten Nutzen einer Kooperation als Bestandteil ihrer Kooperationsmotivation tendenziell niedriger einschätzen als die befragten Revisionsleiter.[504] Verstärkt wird diese Tendenz bei der getrennten Betrachtung der Unternehmen mit mehr und weniger als 5000 Mitarbeitern: Während sich die Messergebnisse auf Seiten des Controllerbereichs in Abhängigkeit der Unternehmensgröße nur geringfügig unterscheiden, lassen die Ergebnisse auf Seiten der Internen Revision erkennen, dass der Nutzen einer Kooperation bei „kleinen" Unternehmen deutlich höher eingeschätzt wird, als bei „großen" Unternehmen.

Erklären lässt sich dies u.a. anhand der Forschungsergebnisse zur Kooperationsmotivation. Die Schlussfolgerung, dass die Interne Revision mit zunehmender Größe eher dazu in der Lage ist, eigene Ressourcen in Fachgebieten einzusetzen bzw. dort eigene Kompetenzen zu entwickeln, für die es sonst der Unterstützung des Controllerbereichs bedürfte, hat auch eine vermindernde Wirkung auf den Erwartungsnutzen der Zusammenarbeit.

---

504 Vgl. Abschnitt E2.1.1

5 Explorative Analyse der dyadischen Stichprobe

Neben einer möglichst umfangreichen, beidseitigen Befragung von Controllingleitern und Revisionsleitern, zielte die vorliegende empirische Untersuchung auch auf einen möglichst hohen Rücklauf dyadischer Fragebögen, d.h. Antworten aus Controllerbereich und Interner Revision desselben Unternehmens ab. Mit einem diesbezüglichen Rücklauf von n=19 wurde jedoch keine Stichprobengröße erreicht, mit der sich anhand konfirmatorischer Datenanalyse Erkenntnisse für die Beantwortung der Forschungsfragen gewinnen lassen.

Um mögliche Implikationen, die sich anhand dieser relativ kleinen Stichprobe ergeben könnten, dennoch nicht unberücksichtigt zu lassen, sollen die Rückläufe in diesem Abschnitt zumindest anhand einer explorativen Datenanalyse Einzug in die Betrachtung halten. Die Ergebnisse können dabei keinen Anspruch auf Allgemeingültigkeit haben, gleichwohl können sie für das Themenfeld interessante Aspekte beinhalten sowie Anknüpfungspunkte für zukünftige Studien aufzeigen.

In Anlehnung an den Gang der Untersuchung der Hauptstichprobe wird zunächst das Antwortverhalten in Bezug auf die Erfolgsfaktoren der Kooperation von Controllerbereich und Interner Revision verglichen. Im Anschluss werden der Kooperationserfolg und der Beitrag der Zusammenarbeit zu den Aktionsfeldern der Kooperationspartner dargestellt. Die Auswertung erfolgt aufgrund der geringen Stichprobengröße anhand von Mittelwerten.[505]

[505] Die Mittelwerte ergeben sich hierbei aus den durchschnittlichen Antworten zu den einzelnen Indikatoren eines Messkonstrukts. Wurde ein Indikator im Zuge der Gütebeurteilung der Konstruktmessung in Abschnitt E1 von der weiteren Betrachtung ausgeschlossen, bleibt dieser dementsprechend auch bei der Mittelwertberechnung unberücksichtigt.

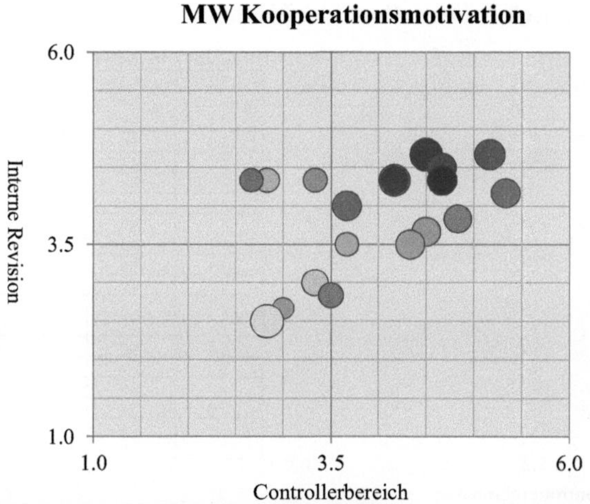

Controller	Revisoren	MW Erfolg
4.5	4.7	5.7
4.2	4.3	5.2
5.2	4.7	4.8
4.7	4.3	4.6
3.7	4.0	4.5
4.3	3.5	4.4
4.7	4.5	4.3
4.5	3.7	4.3
5.3	4.2	4.3
4.2	4.3	4.0
4.8	3.8	4.0
3.3	3.0	3.6
3.5	2.8	3.3
2.8	4.3	3.1
3.3	4.3	3.0
3.7	3.5	2.9
2.7	4.3	2.8
3.0	2.7	2.4
2.8	2.5	1.8

Abbildung 43: MW Kooperationsmotivation

Überträgt man die Mittelwerte der Antworten zur Kooperationsmotivation in ein Koordinatensystem und bestimmt die Größe der Datenpunkte nach dem durchschnittlichen Kooperationserfolg der betreffenden Datenpaare, zeigt sich, dass sich die Datenpunkte zur Kooperationsmotivation hauptsächlich im rechten oberen Quadranten der Abbildung 43 befinden. Die Größe der Datenpunkte nimmt dabei in Übereinstimmung mit den Messergebnissen der Hauptstichprobe tendenziell zu, je weiter der Datenpunkt vom Ursprung entfernt liegt. Demnach bewahrheitet sich auch hier, dass der Kooperationserfolg positiv von der Kooperationsmotivation beeinflusst wird.

Ein ähnliches Bild zeigt sich für den Austausch von Informationen und Methoden. Hier liegen ebenfalls fast alle Datenpunkte im rechten oberen Quadranten des Koordinatensystems.

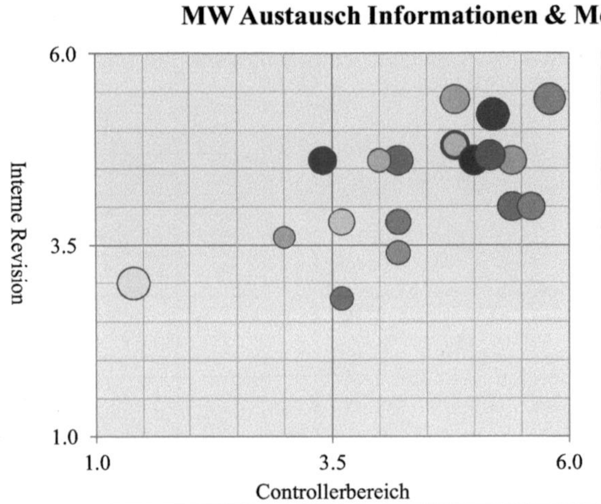

Controller	Revisoren	MW Erfolg
5.2	5.2	5.7
5.8	5.4	5.2
4.4	3.8	4.8
5.0	4.6	4.6
4.2	4.6	4.5
4.8	5.4	4.4
4.8	4.8	4.3
5.4	4.6	4.3
5.4	4.0	4.3
3.4	4.6	4.0
5.6	4.0	4.0
3.6	3.8	3.6
4.2	3.8	3.3
4.8	4.8	3.1
4.2	3.4	3.0
4.0	4.6	2.9
3.6	2.8	2.8
3.0	3.6	2.4
1.4	3.0	1.8

Abbildung 44: MW Austausch Informationen und Methoden

Die Größe der Datenpunkte lässt auch hier erkennen, dass die erfolgreichen Kooperationen tendenziell einen intensiveren Austausch von Informationen und Methoden beinhalten, als Kooperationen, die weniger erfolgreich sind. Dies steht im Einklang mit der Hypothese, dass ein derartiger Austausch einen wesentlichen Erfolgsfaktor der Zusammenarbeit darstellt.

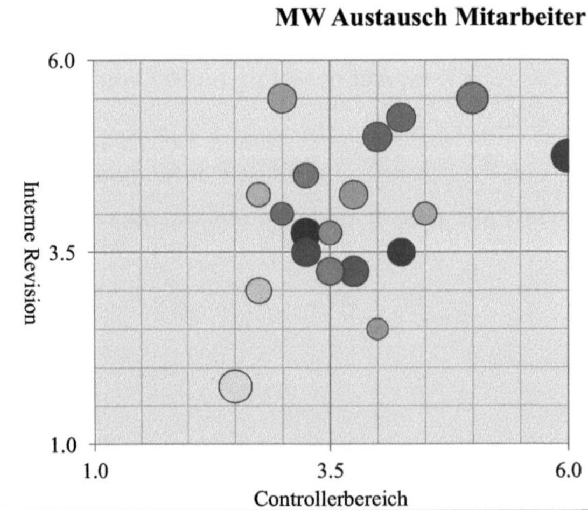

Controller	Revisoren	MW Erfolg
6.0	4.8	5.7
5.0	5.5	5.2
3.8	3.3	4.8
3.3	3.8	4.6
4.0	5.0	4.5
3.0	5.5	4.4
3.3	3.5	4.3
3.8	4.3	4.3
4.3	5.3	4.3
4.3	3.5	4.0
3.5	3.3	4.0
2.8	3.0	3.6
3.3	4.5	3.3
2.8	4.3	3.1
3.5	3.8	3.0
4.5	4.0	2.9
3.0	4.0	2.8
4.0	2.5	2.4
2.5	1.8	1.8

Abbildung 45: MW Austausch Mitarbeiter

Für den Austausch von Mitarbeitern ergibt sich jedoch kein einheitliches Bild. Die Streuung der Datenpunkte ist im Vergleich zur Kooperationsmotivation und dem Austausch von Informationen und Methoden relativ ausgeprägt. Es zeigt sich, dass es Unternehmen gibt, in denen sowohl der Controllerbereich als auch die Interne Revision einen Austausch von Mitarbeitern begrüßen, und auch solche, in denen ein oder beide Kooperationspartner dies ablehnen. Der Kooperationserfolg innerhalb dieser Unternehmen ist dabei unabhängig von der Präferenz für den Austausch von Mitarbeitern.

Zwar haben auch die Messergebnisse der Hauptstichprobe gezeigt, dass dieser Austausch keinen allgemeingültigen Erfolgsfaktor der Kooperation von Interner Revision und Controllerbereich darstellt, anhand einer größeren dyadischen Stichprobe ließe sich jedoch untersuchen, unter welchen Bedingungen, d.h. Kontextfaktoren wie z.B. Branche, Unternehmensgröße oder Organisationsstruktur der Funktionsbereiche, ein Mitarbeiteraustausch vorteilhaft ist bzw. wie Quadrant und Größe der Datenpunkte in Abbildung 45 beeinflusst werden.

MW Formelle Interaktion

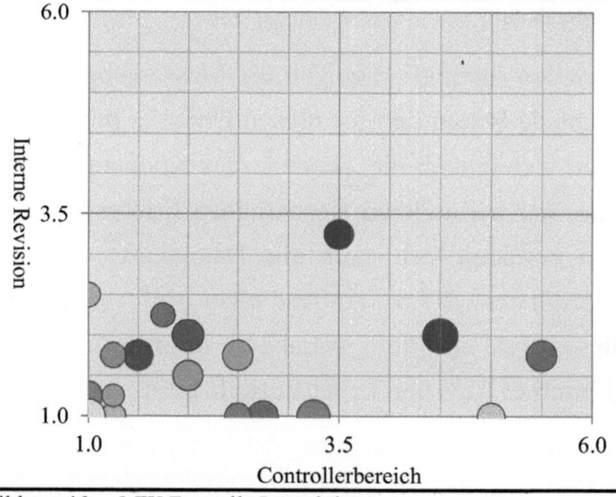

Controller	Revisoren	MW Erfolg
4.5	2.0	5.7
3.3	1.0	5.2
2.0	2.0	4.8
1.0	1.0	4.6
2.8	1.0	4.5
2.5	1.8	4.4
1.5	1.8	4.3
2.0	1.5	4.3
5.5	1.8	4.3
3.5	3.3	4.0
1.0	1.3	4.0
5.0	1.0	3.6
2.5	1.0	3.3
1.3	1.0	3.1
1.3	1.8	3.0
1.0	2.5	2.9
1.8	2.3	2.8
1.3	1.3	2.4
1.0	1.0	1.8

Abbildung 46: MW Formelle Interaktion

Einen deutlichen Trend wiederum lassen die Antworten zum formellen Interaktionsniveau von Controllerbereich und Interner Revision erkennen. Mit Ausnahme weniger Einzelfälle liegen in Abbildung 46 alle Datenpunkte im linken unteren Quadranten des Koordinatensystems. Somit bestätigt sich die Ablehnung der Forschungshypothesen zum formellen Interaktionsniveau. Die formelle Interaktion der Kooperationspartner stellt auch für die dyadische Stichprobe keinen Erfolgsfaktor der Kooperation dar.

MW Informelle Interaktion

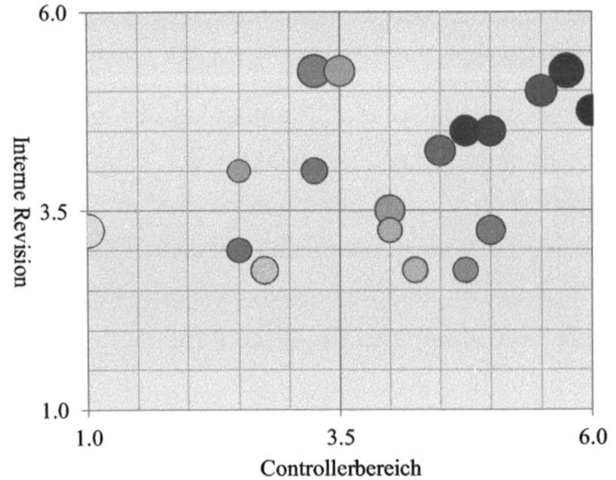

Controller	Revisoren	MW Erfolg
5.8	5.3	5.7
3.3	5.3	5.2
5.5	5.0	4.8
6.0	4.8	4.6
4.8	4.5	4.5
3.5	5.3	4.4
5.0	4.5	4.3
4.0	3.5	4.3
4.5	4.3	4.3
4.8	4.5	4.0
5.0	3.3	4.0
2.8	2.8	3.6
3.3	4.0	3.3
4.3	2.8	3.1
4.8	2.8	3.0
4.0	3.3	2.9
2.5	3.0	2.8
2.5	4.0	2.4
1.0	3.3	1.8

Abbildung 47: MW Informelle Interaktion

Im Gegensatz zur formellen Interaktion zeigen die Messergebnisse zur informellen Interaktion, dass beide Seiten den formlosen Umgang mit dem Kooperationspartner bevorzugen, wenngleich die Tendenz des Kooperationserfolgs nicht so stark ausgeprägt ist, wie bei anderen wesentlichen Erfolgsfaktoren der Zusammenarbeit. Weiterhin befinden sich nicht alle Datenpunkte im rechten oberen Quadranten des Koordinatensystems. Anhand einer größeren Stichprobe ließe sich u. U. auch in diesem Fall ermitteln, wann eine informelle Interaktion von Controllerbereich und Interner Revision keine Vorteile birgt.

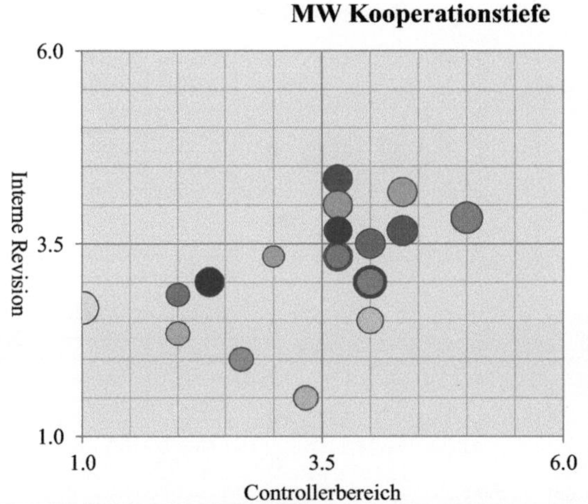

Controller	Revisoren	MW Erfolg
4.0	3.0	5.7
5.0	3.8	5.2
4.3	3.7	4.8
2.3	3.0	4.6
4.0	3.5	4.5
4.3	4.2	4.4
3.7	4.3	4.3
3.7	4.0	4.3
3.7	3.3	4.3
3.7	3.7	4.0
4.0	3.0	4.0
4.0	2.5	3.6
3.7	3.3	3.3
3.3	1.5	3.1
2.7	2.0	3.0
2.0	2.3	2.9
2.0	2.8	2.8
3.0	3.3	2.4
1.0	2.7	1.8

Abbildung 48: MW Kooperationstiefe

Die Ergebnisse zur Relevanz der Kooperationstiefe lassen für die vorliegende dyadische Stichprobe keine einheitliche Aussage zu. Dennoch verspricht die weitere Untersuchung anhand einer größeren Stichprobe auch hier weitere Erkenntnisse. So ließe sich anhand der o.g. Kontextfaktoren und ggf. unter Anpassung der Operationalisierung der entsprechenden Messkonstrukte[506] untersuchen, inwieweit organisatorische Aspekte, wie unterschiedliche Mitarbeiter- und Prozessstrukturen, Einfluss auf die Ausgestaltung und den Erfolg der Zusammenarbeit von Controllerbereich und Interner Revision haben können.

Die Antworten zur Kooperationsstabilität lassen wiederum keinen Zweifel an der Bedeutung dieses Erfolgsfaktors. Damit bestätigen sich auch für diese Mittelwertbetrachtung die Forschungsergebnisse der Hauptstichprobe, wonach die Kooperationsstabilität zu den wesentlichen Erfolgsfaktoren der Kooperation von Controllerbereich und Interner Revision zählt. In Abbildung 49 befinden sich nahezu alle Datenpunkte im rechten oberen Quadranten des Koordinatensystems, wobei auch hier der Kooperationserfolg mit zunehmendem Abstand vom Ursprung tendenziell zunimmt.

[506] Vgl. Abschnitt D1.2.4.

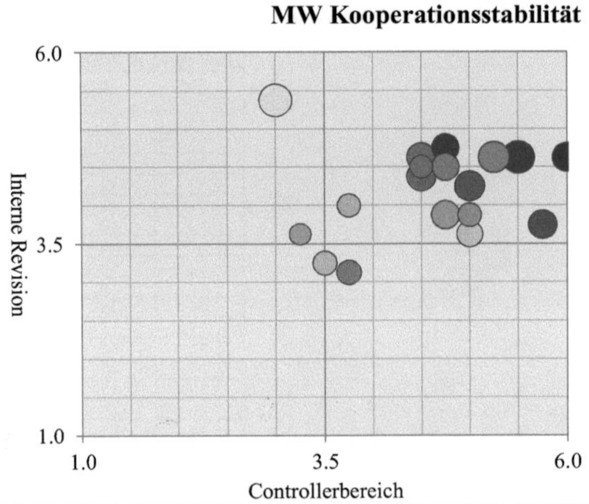

Controller	Revisoren	MW Erfolg
5.5	4.6	5.7
5.3	4.6	5.2
5.0	4.3	4.8
6.0	4.6	4.6
4.5	4.4	4.5
4.5	4.6	4.4
5.8	3.8	4.3
4.8	3.9	4.3
4.5	4.6	4.3
4.8	4.8	4.0
4.8	4.5	4.0
5.0	3.6	3.6
3.8	3.1	3.3
3.5	3.3	3.1
5.0	3.9	3.0
3.8	4.0	2.9
4.5	4.5	2.8
3.3	3.6	2.4
3.0	5.4	1.8

Abbildung 49: MW Kooperationsstabilität

Nach der Betrachtung der unterschiedlichen Erfolgsfaktoren der Zusammenarbeit von Controllerbereich und Interner Revision und einem Vergleich mit den Messergebnissen der Hauptstichprobe erfolgt nun die Auswertung der dyadischen Rückläufe in Hinblick auf den Kooperationserfolg.

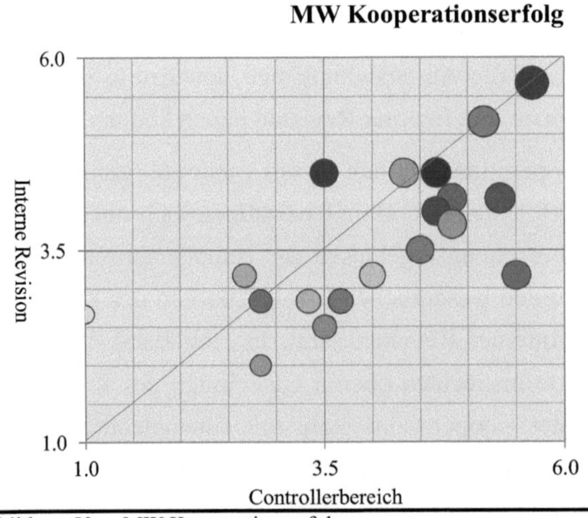

Controller	Revisoren	MW Erfolg
5.7	5.7	5.7
5.2	5.2	5.2
5.3	4.2	4.8
4.7	4.5	4.6
4.8	4.2	4.5
4.3	4.5	4.4
4.7	4.0	4.3
4.8	3.8	4.3
5.5	3.2	4.3
3.5	4.5	4.0
4.5	3.5	4.0
4.0	3.2	3.6
3.7	2.8	3.3
3.3	2.8	3.1
3.5	2.5	3.0
2.7	3.2	2.9
2.8	2.8	2.8
2.8	2.0	2.4
1.0	2.7	1.8

Abbildung 50: MW Kooperationserfolg

Die Größe der Datenpunkte, als durchschnittlicher Kooperationserfolg pro Datenpaar, ergibt sich in Abbildung 50 per Definition aus der Entfernung zum Ursprung. Die Datenpunkte zum Kooperationserfolg verlaufen vornehmlich unterhalb der ersten Winkelhalbierenden des Koordinatensystems; dies lässt darauf schließen, dass Quantität und Qualität der Kooperation auf Seiten des Controllerbereichs tendenziell höher eingeschätzt werden, als durch die Interne Revision.

MW Beitrag zu Aktionsfeldern

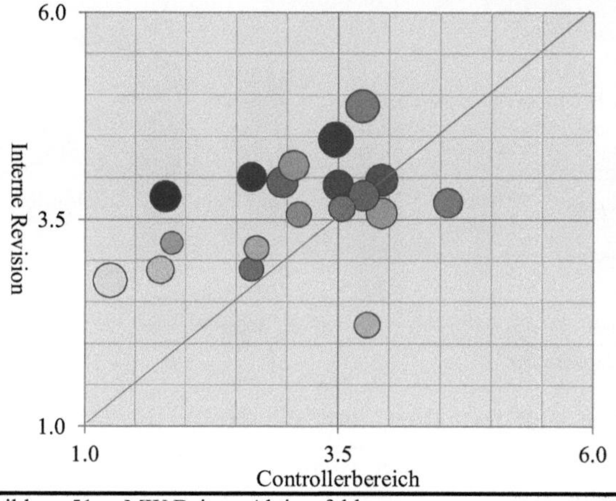

Controller	Revisoren	MW Erfolg
3.3	4.4	5.7
3.6	5.0	5.2
3.8	3.7	4.8
1.7	3.5	4.6
2.9	3.9	4.5
3.9	3.4	4.4
3.4	3.8	4.3
3.0	4.1	4.3
3.7	3.5	4.3
2.7	3.9	4.0
4.5	3.5	4.0
1.5	2.8	3.6
3.6	3.5	3.3
3.7	2.2	3.1
3.0	3.6	3.0
2.5	3.2	2.9
2.5	2.9	2.8
1.6	3.1	2.4
1.0	2.7	1.8

Abbildung 51: MW Beitrag Aktionsfelder

Der Beitrag, den die Kooperationspartner zu den Aktionsfeldern des jeweilig anderen leisten, zeigt für die dyadische Stichprobe ebenfalls Unterschiede auf. So fällt der Beitrag, den die Zusammenarbeit zu den Aktionsfeldern des Controllerbereichs leistet, deutlich geringer aus, als auf Seiten der Internen Revision. Lediglich die Güte der Beratungsleistungen des Controllerbereichs wird von der Kooperation genauso positiv beeinflusst wie die Güte der Beratungsleistungen der Internen Revision. Warum die Interne Revision den Einfluss der Zusammenarbeit auf die eigenen Aktionsfeldern zwar höher einschätzt, als der Controllerbereich, gleichzeitig aber den eigentlichen Kooperationserfolg niedriger bewertet, lässt sich aufgrund des geringen Stichprobenumfangs jedoch nicht näher untersuchen.

Auch hier könnte eine größere dyadische Stichprobe eine Erweiterung der Forschungsergebnisse dieser Arbeit ermöglichen. So wären tiefer gehende Erkenntnisse zum Einfluss unterschiedlicher Kontextfaktoren auf den Kooperationserfolg erreichbar, was auch die Formulierung kontextspezifischer Handlungsempfehlungen zur Steigerung des Kooperationserfolgs und des Beitrags der Zusammenarbeit auf die einzelnen Aktionsfelder von Controllerbereich und Interner Revision ermöglichen würde.

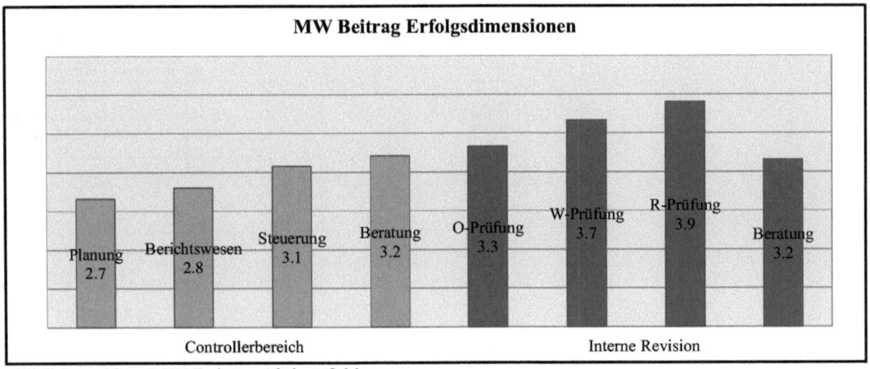

Abbildung 52: MW Beitrag Aktionsfelder

Zusammenfassend lässt sich festhalten, dass die explorative Analyse der dyadischen Rückläufe die Ergebnisse aus der Auswertung der Hauptstichprobe im Wesentlichen bestätigen, jedoch auch einige interessante Ansatzpunkte für weitere Forschungen liefern. So zeigt eine direkte Gegenüberstellung der paarweisen Antworten, dass für einige Erfolgsfaktoren der Kooperation von Controllerbereich und Interner Revision keine Übereinstimmungen zwischen den Beurteilungen ihrer Wirkungsweise bestehen, d.h. die entsprechenden Datenpunkte der paarweisen Rückläufe im linken oberen sowie dem rechten unteren Quadranten des Koordinatensystems zu finden sind. Die Gründe für diese Unterschiede konnten aufgrund des zu geringen dyadischen Rücklaufs hier jedoch nicht näher untersucht werden und geben somit Anlass für weitere Forschungen.

F Schlussbetrachtung

1 Zusammenfassung der zentralen Ergebnisse

Die Zusammenarbeit von Controllerbereich und Interner Revision fand in den vergangenen 25 Jahren in der Literatur vielfältige Beachtung und gewann zunehmend an Bedeutung. Empirische Erkenntnisse zum Verhältnis dieser beiden Unternehmensbereiche liegen dagegen bislang nur wenige vor. Die Zielsetzung der vorliegenden Arbeit bestand darin, diesen geringen Erkenntnisstand der empirischen Forschung zu erweitern und dabei erstmalig auf Basis einer Erhebung unter Leitern des Controllerbereichs und Leitern der Internen Revision die wesentlichen Erfolgsfaktoren und Auswirkungen der Zusammenarbeit beidseitig zu untersuchen.

Zur Erreichung dieses Ziels wurde eine Online-Erhebung unter 810 deutschen Unternehmen bzw. unter den Firmenmitgliedern des DIIR durchgeführt. Diese Untersuchung wurde dyadisch konzipiert, d.h. es wurden sowohl der Leiter des Controllerbereichs als auch der Leiter der Internen Revision desselben Unternehmens befragt und, soweit möglich, vergleichend gegenübergestellt.

Die Ergebnisse dieser Untersuchung sollen im Folgenden anhand der drei im Rahmen der Einleitung vorgestellten Forschungsfragen dieser Arbeit zusammenfassend dargestellt werden:

Forschungsfrage 1: Welches sind die wesentlichen Erfolgsfaktoren der Kooperation von Controllerbereich und Interner Revision?

Zur Beantwortung dieser Forschungsfrage wurden die bisherigen Erkenntnisse der Kooperationsforschung im Hinblick auf die Themenstellung beurteilt und deren Gültigkeit für Kooperationen von Controllerbereich und Interner Revision empirisch überprüft.

Dazu wurden die potentiellen Einflussgrößen auf den Kooperationserfolg anhand von 40 reflektiven Indikatoren bemessen, wovon 29 nach einer Gütebeurteilung der gewählten Messinstrumente zu 7 Erfolgsfaktoren der Kooperation von Controllerbereich und Interner Revision zusammengefasst wurden. Die entsprechenden Forschungshypothesen fanden in Form der Wirkungspfade zwischen Erfolgsfaktor und Kooperationserfolg Einzug in das im Rahmen dieser Arbeit entwickelte Forschungsmodell. Diese Pfade wurden im darauffolgenden Schritt zur Überprüfung der jeweiligen Forschungshypothesen auf Signifikanz getestet.

Im Ergebnis konnten als wesentliche Erfolgsfaktoren die Kooperationsmotivation, der Austausch von Informationen & Methoden, die informelle Interaktion sowie die Stabilität der Kooperation identifiziert werden und als weiterer Erkenntnisfortschritt entsprechende Handlungsempfehlungen abgeleitet werden, deren Hauptaugenmerk auf einer verbesserten Kommunikation zwischen Controllerbereich und Interner Revision sowie einer gemeinsamen Evaluierung des Nutzens einer Zusammenarbeit liegt. Dabei wurden nicht nur bisherige Forschungsergebnisse zur Kooperation von Controllerbereich und Interner Revision, die im Wesentlichen auf dem Antwortverhalten von Controllern basierten, für beide Kooperationspartner bestätigt, sondern ebenfalls um einige Aspekte, wie Kooperationsentschlossenheit und Erwartungswert des Kooperationsnutzens, erweitert.

Weiterhin wurde der Kooperationserfolg anhand von acht reflektiven Indikatoren gemessen, von denen nach der Gütebeurteilung der Messung sechs Einzug in die weitere Betrachtung hielten. Dabei wurde die Höhe des Kooperationserfolgs von Controllerbereich und Interner Revision sowohl anhand qualitativer als auch quantitativer Kriterien beurteilt.

Die Ergebnisse der Analyse zeigen, dass die Qualität der Zusammenarbeit von beiden Kooperationspartnern überwiegend als sehr gut beurteilt wird, jedoch der Status quo ein Verbesserungspotenzial bezüglich der Häufigkeit der Zusammenarbeit erkennen lässt. Unterstrichen wird diese Empfehlung von einer weiteren wesentlichen Erkenntnis dieser Arbeit: einem ausgeprägten positiven Zusammenhang zwischen der Quantität und der Qualität der Zusammenarbeit dieser beiden Unternehmensbereiche.

Forschungsfrage 2: Wie wirkt sich die erfolgreiche Kooperation von Controllerbereich und Interner Revision auf die Aktionsfelder der Kooperationspartner aus?

Im Rahmen der vorliegenden Arbeit wurden erstmalig die Auswirkungen einer Kooperation von Controllerbereich und Interner Revision auf die Zielerreichung beider Kooperationspartner empirisch untersucht. Die einzige bisherige Erhebung im Bereich der Themenstellung wurde von Birl (2007) unter Leitern von Controllerbereichen deutscher Unternehmen durchgeführt und beinhaltete lediglich die Aktionsfelder des Controllerbereichs.

Die hier untersuchten vier Aktionsfelder des Controllerbereichs wurden auf Grundlage der bestehenden Controllingliteratur operationalisiert und der Einfluss des Kooperationserfolgs auf diese Aktionsfelder anhand von insgesamt 19 reflektiven Indikatoren gemessen. Auf Seiten der Internen Revision erfolgte die Operationalisierung in Anlehnung an das Leitbild des DIIR und an die relevante Fachliteratur. Hieraus ergaben sich ebenfalls vier Aktionsfelder; der Beitrag einer erfolgreichen Kooperation auf diese Aktionsfelder wurde anhand von 19 reflektiven Indikatoren gemessen. Analog zur ersten Forschungsfrage bildeten die Wirkungspfade zwischen dem Kooperationserfolg und den einzelnen Aktionsfeldern im zweiten Teilmodell die entsprechenden Forschungshypothesen ab. Auch hier erfolgte eine Überprüfung anhand von Signifikanztests der entsprechenden Wirkungspfade.

Im Ergebnis konnte für den Controllerbereich festgehalten werden, dass alle Aktionsfelder des Controllerbereichs von der Zusammenarbeit mit der Internen Revision beeinflusst werden, die Intensität jedoch mit Ausnahme der Beratungsleistungen überwiegend gering ausfällt.

Für die Interne Revision hingegen konnte für alle Aktionsfelder ein mittlerer Einfluss des Kooperationserfolgs beobachtet werden, wobei die Zusammenarbeit den höchsten Beitrag zur Güte von Risiko- und Wirtschaftlichkeitsprüfungen leistet. Eine weitere wesentliche Erkenntnis dieser Untersuchung ist, dass die Interne Revision in kleineren Unternehmen einen tendenziell höheren

Nutzen aus der Zusammenarbeit mit dem Controllerbereich erwartet bzw. dass hier der Beitrag des Controllerbereichs zu den Aktionsfeldern der Internen Revision im Vergleich zu großen Unternehmen höher ausfällt.

Forschungsfrage 3: Welche wesentlichen Unterschiede bestehen zwischen Controllerbereich und Interner Revision hinsichtlich der Beurteilung einer erfolgreichen Zusammenarbeit?

Aufgrund der erstmalig beidseitigen empirischen Erhebung konnten nicht nur die Auswirkungen einer Kooperation von Controllerbereich und Interner Revision auf die individuellen Aktionsfelder, sondern auch die unterschiedliche Wahrnehmung der Erfolgsfaktoren der Zusammenarbeit untersucht werden. Zu diesem Zweck wurden die Messergebnisse beider Stichproben miteinander verglichen. Der Vergleich erfolgte anhand einer multiplen Gruppenanalyse, mit deren Hilfe etwaige signifikante Unterschiede zwischen den Pfaden der einzelnen Erfolgsfaktoren und des Kooperationserfolgs identifiziert werden sollten.

Wie die Analyse ergeben hat, existieren im Vergleich der beiden Messmodelle keine signifikanten Unterschiede zwischen den Pfadkoeffizienten. D.h. es wurden für beide Stichproben die gleichen wesentlichen Erfolgsfaktoren der Zusammenarbeit identifiziert. Zusätzlich wurde die vergleichsweise geringe Stichprobe der dyadischen Rückläufe einer explorativen Analyse unterzogen. Die Ergebnisse bestätigten im Wesentlichen die Erkenntnisse aus der Auswertung der Hauptstichprobe. Damit konnte die von Birl (2007) eingeräumte Gefahr eines Informant Bias aufgrund der einseitigen Befragung von Controllingleitern weitestgehend ausgeräumt werden.

2 Kritische Würdigung und Implikationen für die weitere Forschung

Die Ergebnisse der vorliegenden Arbeit liefern wesentliche neue Erkenntnisse hinsichtlich der effizienten und effektiven Ausgestaltung von Kooperationen zwischen Controllerbereich und Interner Revision und tragen zu einem tieferen

Verständnis der Problemstellung bei. Auf Grundlage einer großzahligen empirischen Studie konnte erstmalig eine umfassende, beidseitige Untersuchung der wesentlichen Erfolgsfaktoren einer Zusammenarbeit dieser Unternehmensbereiche sowie ein Vergleich ihrer Auswirkungen auf die individuellen Aktionsfelder der Kooperationspartner vorgenommen werden.

Zur Auswertung der Messergebnisse wurde ein ganzheitliches Forschungsmodell entwickelt, das dazu geeignet ist, den Themenkomplex der Kooperation von Controllerbereich und Interner Revision im Rahmen der empirischen Untersuchung umfänglich zu erfassen und eine Überprüfung der Forschungshypothesen sowie die Beantwortung der Forschungsfragen zu ermöglichen. Dies zeigt sich in beiden Teilelementen des Forschungsmodells, der Messung der wesentlichen Erfolgsfaktoren der Kooperation von Controllerbereich und Interner Revision, und der Messung der Auswirkungen erfolgreicher Zusammenarbeit auf die individuellen Aktionsfelder des Controllerbereichs und der Internen Revision.

Es konnten somit erstmalig praxisrelevante Handlungsempfehlungen zur erfolgreichen Anbahnung und Durchführung von Kooperationen zwischen Controllerbereich und Interner Revision formuliert werden, deren Gültigkeit für beide Unternehmensbereiche empirisch belegt wurde.

Weiterhin konnte die Relevanz bisheriger Erkenntnisse der Kooperationsforschung sowie bisherige Forschungsergebnisse auf dem Gebiet der Zusammenarbeit von Controllerbereich und Interner Revision überprüft und erweitert werden. Zusätzlich wurde die Vermutung eines Informant Bias bei der getrennten Befragung der Kooperationspartner widerlegt, und aufgezeigt, dass es zwischen den Kooperationspartnern keine wesentlichen Unterschiede in der Beurteilung der verschiedenen Erfolgsfaktoren einer Zusammenarbeit vorliegen.

Neben den zentralen Ergebnissen dieser Arbeit ergaben sich jedoch auch vielfältige Ansatzpunkte für weitere Forschungen. Zwar erfolgte die Befragung der unterschiedlichen Unternehmen branchenübergreifend; branchenspezifische Auswertungen waren jedoch aufgrund der geringen Fallzahl nicht möglich. Zukünftige Studien könnten die Gültigkeit der erlangten Forschungsergebnisse für einzelne Branchen überprüfen bzw. branchenabhängige Unterschiede in der

Vorteilhaftigkeit einer Zusammenarbeit von Controllerbereich und Interner Revision näher untersuchen. Gleiches gilt für andere Kontextfaktoren wie bspw. der Größe der Unternehmen, gemessen an deren Mitarbeiterzahlen oder Finanzkennzahlen. Die Ergebnisse der explorativen Analyse der dyadischen Rückläufe deuten diesbezüglich auf einige Unterschiede im Antwortverhalten der Kooperationspartner hin.

Zukünftige Studien könnten im Hinblick auf den hier beobachteten Trend, dass die Interne Revision in kleineren Unternehmen stärker als in größeren von einer Zusammenarbeit mit dem Controllerbereich profitiert, ebenfalls untersuchen, ob eine Kooperation mit dem Controllerbereich ab einer gewissen Größe des Unternehmens bzw. der Internen Revision nicht mehr vorteilhaft ist, und falls ja, aus welchen Gründen.

Weiterhin zeigten die Messergebnisse weiteren Forschungsbedarf bei der Operationalisierung und Untersuchung der Prozess- und Hierarchiedurchdringung der Zusammenarbeit. Die Bedeutung von Kommunikations- bzw. Kooperationsstrukturen, wie sie von Endres/Wehner (2009) hervorgehoben werden, konnte hier nicht abschließend beurteilt werden.[507]

Letztendlich ließen sich auch anhand einer Querschnittsuntersuchung die Ergebnisse der empirischen Erhebungen des DIIR sowie die Ausführungen von Lück/Henke/Hunecke (2000) überprüfen, nach denen sich die Zusammenarbeit mit dem Controllerbereich in Zukunft weiter verstärken wird.[508]

Es zeigt sich, dass anhand der vorliegenden Arbeit zwar wichtige neue Erkenntnisse auf dem Gebiet der Kooperation von Controllerbereich und Interner Revision gewonnen werden konnten, das Themenfeld jedoch noch reichlich Potenzial für weitere Forschungen bietet.

---

[507] Vgl. Endres/Wehner (2006), S. 347f.
[508] Vgl. Lück/Henke/Hunecke (2000), S. 32f. sowie DIIR (2008), S. 31.

Anhang

Kooperationserfolg	Controllerbereich			Relative Antworthäufigkeit in %					
	MW	M	SA	1	2	3	4	5	6
Die Zusammenarbeit zwischen Controlling und Interner Revision ist sehr gut (1=trifft gar nicht zu, …, 6 =trifft voll zu / N = 70)	4.03	4.00	1.32	4.29	12.86	12.86	22.86	40.00	7.14
Das Miteinander ist oftmals problematisch (6=trifft gar nicht zu, …, 1 =trifft voll zu / N = 70)	4.84	5.00	1.18	0.00	8.57	4.29	12.86	42.86	31.43
Zwischen Controlling und Interner Revision findet eine regelmäßige Zusammenarbeit statt (1=trifft gar nicht zu, …, 6 =trifft voll zu / N = 70)	3.40	3.00	1.48	10.00	21.43	22.86	18.57	18.57	8.57
Controlling und Interne Revision unterstützen sich wiederholt bei der Lösung von Aufgaben (1=trifft gar nicht zu, …, 6 =trifft voll zu / N = 70)	3.13	3.00	1.36	12.86	20.00	31.43	17.14	14.29	4.29
Controlling und Interne Revision ergänzen sich selten (6=trifft gar nicht zu, …, 1 =trifft voll zu / N = 70)	3.57	3.00	1.66	12.86	18.57	20.00	8.57	27.14	12.86
Die Zusammenarbeit zwischen Interner Revision und Controlling liefert zufriedenstellende Ergebnisse (1=trifft gar nicht zu, …, 6 =trifft voll zu / N = 70)	3.73	4.00	1.27	5.71	12.86	18.57	34.29	22.86	5.71
Es besteht die Notwendigkeit die Zusammenarbeit weiter zu verbessern (6=trifft gar nicht zu, …, 1 =trifft voll zu / N = 70)	4.01	4.00	1.45	5.71	11.43	18.57	20.00	28.57	15.71
Kooperationen zwischen Controlling und Interner Revision sind zu empfehlen (1=trifft gar nicht zu, …, 6 =trifft voll zu / N = 70)	4.29	5.00	1.43	4.29	11.43	8.57	24.29	30.00	21.43

Messwerte Kooperationserfolg Controllerbereich

Kooperationserfolg	Interne Revision			Relative Antworthäufigkeit in %					
	MW	M	SA	1	2	3	4	5	6
Die Zusammenarbeit zwischen Controlling und Interner Revision ist sehr gut (1=trifft gar nicht zu, …, 6 =trifft voll zu / N = 111)	4.02	4.00	1.28	1.80	10.81	23.42	25.23	25.23	13.51
Das Miteinander ist oftmals problematisch (6=trifft gar nicht zu, …, 1 =trifft voll zu / N = 111)	4.96	5.00	1.13	0.00	3.60	9.91	13.51	32.43	40.54
Zwischen Controlling und Interner Revision findet eine regelmäßige Zusammenarbeit statt (1=trifft gar nicht zu, …, 6 =trifft voll zu / N = 111)	3.32	3.00	1.43	7.21	27.93	21.62	20.72	13.51	9.01
Controlling und Interne Revision unterstützen sich wiederholt bei der Lösung von Aufgaben (1=trifft gar nicht zu, …, 6 =trifft voll zu / N = 111)	3.19	3.00	1.40	7.21	33.33	18.92	23.42	8.11	9.01
Controlling und Interne Revision ergänzen sich selten (6=trifft gar nicht zu, …, 1 =trifft voll zu / N = 111)	3.94	4.00	1.63	7.21	18.02	17.12	9.91	27.03	20.72
Die Zusammenarbeit zwischen Interner Revision und Controlling liefert zufriedenstellende Ergebnisse (1=trifft gar nicht zu, …, 6 =trifft voll zu / N = 111)	3.88	4.00	1.20	4.50	7.21	23.42	31.53	27.03	6.31
Es besteht die Notwendigkeit die Zusammenarbeit weiter zu verbessern (6=trifft gar nicht zu, …, 1 =trifft voll zu / N = 111)	3.38	3.00	1.62	18.02	15.32	18.02	17.12	22.52	9.01
Kooperationen zwischen Controlling und Interner Revision sind zu empfehlen (1=trifft gar nicht zu, …, 6 =trifft voll zu / N = 111)	4.74	5.00	1.27	2.70	3.60	8.11	23.42	27.03	35.14

Messwerte Kooperationserfolg Interne Revision

Kooperationsmotivation	Controllerbereich			Relative Antworthäufigkeit in %					
	MW	M	SA	1	2	3	4	5	6
Von Seiten der Internen Revision ist die Bereitschaft zu einer Kooperation gegeben (1=trifft gar nicht zu, …, 6 =trifft voll zu / N = 70)	4.49	5.00	1.26	2.86	4.29	11.43	28.57	28.57	24.29
Von Seiten des Controllings ist die Bereitschaft zu einer Kooperation gegeben (1=trifft gar nicht zu, …, 6 =trifft voll zu / N = 70	4.64	5.00	1.14	0.00	4.29	11.43	28.57	27.14	28.57
Die Berichtslinien der Internen Revision und Controlling sind unterhalb der Unternehmensleitung (z.B. Vorstand) unabhängig (1=trifft gar nicht zu, …, 6 =trifft voll zu / N = 70)	4.79	6.00	1.68	8.57	7.14	5.71	5.71	21.43	51.43
Über die eigene Budgetverwendung kann frei entschieden werden (1=trifft gar nicht zu, …, 6 =trifft voll zu / N = 70)	4.69	5.00	1.58	7.14	7.14	5.71	12.86	24.29	42.86
Die Kooperationsinhalte können nicht bilateral vereinbart werden (6=trifft gar nicht zu, …, 1 =trifft voll zu / N = 70)	4.16	4.00	1.52	4.29	12.86	18.57	15.71	24.29	24.29
Von einer Kooperation sind erhebliche Vorteile zu erwarten (1=trifft gar nicht zu, …, 6 =trifft voll zu / N = 70)	3.47	3.00	1.28	2.86	25.71	24.29	18.57	25.71	2.86
Eine Kooperation birgt Einsparungspotential für Interne Revision und Controlling (1=trifft gar nicht zu, …, 6 =trifft voll zu / N = 70)	2.59	2.00	1.38	24.29	32.86	18.57	10.00	12.86	1.43
Die Zusammenarbeit lässt verbesserte Arbeitsergebnisse im eigenen Bereich erwarten (1=trifft gar nicht zu, …, 6 =trifft voll zu / N = 70)	3.51	4.00	1.37	5.71	24.29	15.71	27.14	21.43	5.71
Durch die Zusammenarbeit zwischen Controlling und Interner Revision werden für beide Bereiche Vorteile geschaffen (1=trifft gar nicht zu, …, 6 =trifft voll zu / N = 70)	3.77	4.00	1.40	7.14	12.86	18.57	28.57	22.86	10.00

Messwerte Kooperationsmotivation Controllerbereich

Kooperationsmotivation	Interne Revision			Relative Antworthäufigkeit in %					
	MW	M	SA	1	2	3	4	5	6
Von Seiten der Internen Revision ist die Bereitschaft zu einer Kooperation gegeben (1=trifft gar nicht zu, …, 6 =trifft voll zu / N = 111)	4.82	5.00	1.15	0.90	2.70	9.91	20.72	31.53	34.23
Von Seiten des Controllings ist die Bereitschaft zu einer Kooperation gegeben (1=trifft gar nicht zu, …, 6 =trifft voll zu / N = 111)	4.26	4.00	1.29	0.90	8.11	23.42	18.92	28.83	19.82
Die Berichtslinien der Internen Revision und Controlling sind unterhalb der Unternehmensleitung (z.B. Vorstand) unabhängig (1=trifft gar nicht zu, …, 6 =trifft voll zu / N = 111)	5.56	6.00	0.94	0.90	2.70	0.90	3.60	18.92	72.97
Über die eigene Budgetverwendung kann frei entschieden werden (1=trifft gar nicht zu, …, 6 =trifft voll zu / N = 111)	5.20	6.00	1.30	4.50	2.70	2.70	6.31	26.13	57.66
Die Kooperationsinhalte können nicht bilateral vereinbart werden (6=trifft gar nicht zu, …,1 =trifft voll zu / N = 111)	4.95	5.00	1.20	0.90	6.31	4.50	13.51	34.23	40.54
Von einer Kooperation sind erhebliche Vorteile zu erwarten (1=trifft gar nicht zu, …, 6 =trifft voll zu / N = 111)	4.15	4.00	1.25	2.70	8.11	17.12	28.83	29.73	13.51
Eine Kooperation birgt Einsparungspotential für Interne Revision und Controlling (1=trifft gar nicht zu, …, 6 =trifft voll zu / N = 111)	3.05	3.00	1.51	14.41	31.53	17.12	17.12	11.71	8.11
Die Zusammenarbeit lässt verbesserte Arbeitsergebnisse im eigenen Bereich erwarten (1=trifft gar nicht zu, …, 6 =trifft voll zu / N = 111)	4.07	4.00	1.24	2.70	9.91	16.22	30.63	29.73	10.81
Durch die Zusammenarbeit zwischen Controlling und Interner Revision werden für beide Bereiche Vorteile geschaffen (1=trifft gar nicht zu, …, 6 =trifft voll zu / N = 111)	4.06	4.00	1.38	4.50	10.81	17.12	23.42	29.73	14.41

Messwerte Kooperationsmotivation Interne Revision

Kooperationsumfang (Mitarbeiter)	Controllerbereich			Relative Antworthäufigkeit in %					
	MW	M	SA	1	2	3	4	5	6
Ein Controller sollte mit der Arbeit eines Revisors vertraut sein (1=trifft gar nicht zu, ..., 6 =trifft voll zu / N = 70)	4.50	5.00	1.21	1.43	8.57	5.71	27.14	37.14	20.00
Ein Revisor sollte mit der Arbeit eines Controllers vertraut sein (1=trifft gar nicht zu, ..., 6 =trifft voll zu / N = 70	4.13	4.00	1.31	1.43	14.29	11.43	31.43	25.71	15.71
Personaltransfers sind eine sinnvolle Ergänzung für Kooperationen zwischen Interner Revision und Controlling (1=trifft gar nicht zu, ..., 6 =trifft voll zu / N = 70)	3.49	3.00	1.55	8.57	25.71	17.14	17.14	20.00	11.43
Personal des Kooperationspartners wird gern in den eigenen Bereich übernommen (1=trifft gar nicht zu, ..., 6 =trifft voll zu / N = 70)	3.01	3.00	1.51	18.57	27.14	12.86	21.43	15.71	4.29

Messwerte Kooperationsumfang Mitarbeiter Controllerbereich

Kooperationsumfang (Mitarbeiter)	Interne Revision			Relative Antworthäufigkeit in %					
	MW	M	SA	1	2	3	4	5	6
Ein Controller sollte mit der Arbeit eines Revisors vertraut sein (1=trifft gar nicht zu, ..., 6 =trifft voll zu / N = 111)	4.51	5.00	1.17	1.80	2.70	15.32	24.32	34.23	21.62
Ein Revisor sollte mit der Arbeit eines Controllers vertraut sein (1=trifft gar nicht zu, ..., 6 =trifft voll zu / N = 111	3.95	4.00	1.34	3.60	11.71	19.82	29.73	20.72	14.41
Personaltransfers sind eine sinnvolle Ergänzung für Kooperationen zwischen Interner Revision und Controlling (1=trifft gar nicht zu, ..., 6 =trifft voll zu / N = 111)	3.84	4.00	1.49	5.41	18.02	18.02	18.92	25.23	14.41
Personal des Kooperationspartners wird gern in den eigenen Bereich übernommen (1=trifft gar nicht zu, ..., 6 =trifft voll zu / N = 111)	3.30	3.00	1.39	10.81	19.82	25.23	22.52	16.22	5.41

Messwerte Kooperationsumfang Mitarbeiter Interne Revision

Kooperationsumfang (Information & Methoden)	Controllerbereich			Relative Antworthäufigkeit in %					
	MW	M	SA	1	2	3	4	5	6
Erkenntnisse und Berichte aus Prüfungen der Internen Revision sind nützlich für die Arbeit des Controllings (1=trifft gar nicht zu, ..., 6 =trifft voll zu / N = 70)	4.17	4.00	1.38	4.29	11.43	10.00	28.57	28.57	17.14
Berichte und Analysen des Controllings sind nützlich für die Arbeit der Interne Revision (1=trifft gar nicht zu, ..., 6 =trifft voll zu / N = 70	4.20	4.00	1.34	5.71	7.14	10.00	30.00	32.86	14.29
Das Fachwissen der Internen Revision birgt keinen Nutzen für die Prozesse des Controllings (6=trifft gar nicht zu, ..., 1 =trifft voll zu / N = 70)	4.43	5.00	1.44	4.29	10.00	7.14	22.86	28.57	27.14
Das Fachwissen des Controllings birgt keinen Nutzen für die Prozesse der Internen Revision (6=trifft gar nicht zu, ..., 1 =trifft voll zu / N = 70)	4.94	5.00	0.99	0.00	0.00	12.86	12.86	41.43	32.86
Interne Revision und Controlling tauschen regelmäßig Erkenntnisse und Ergebnisse ihrer Arbeit aus (1=trifft gar nicht zu, ..., 6 =trifft voll zu / N = 70)	3.26	3.00	1.49	12.86	24.29	15.71	27.14	11.43	8.57

Messwerte Kooperationsumfang Information Controllerbereich

Kooperationsumfang (Information & Methoden)	Interne Revision			Relative Antworthäufigkeit in %					
	MW	M	SA	1	2	3	4	5	6
Erkenntnisse und Berichte aus Prüfungen der Internen Revision sind nützlich für die Arbeit des Controllings (1=trifft gar nicht zu, …, 6 =trifft voll zu / N = 111)	3.90	4.00	1.26	2.70	11.71	22.52	29.73	22.52	10.81
Berichte und Analysen des Controllings sind nützlich für die Arbeit der Interne Revision (1=trifft gar nicht zu, …, 6 =trifft voll zu / N = 111	4.15	4.00	1.11	0.90	7.21	18.02	33.33	30.63	9.91
Das Fachwissen der Internen Revision birgt keinen Nutzen für die Prozesse des Controllings (6=trifft gar nicht zu, …, 1 =trifft voll zu / N = 70)	4.91	5.00	1.08	0.90	2.70	5.41	21.62	34.23	35.14
Das Fachwissen des Controllings birgt keinen Nutzen für die Prozesse der Internen Revision (6=trifft gar nicht zu, …, 1 =trifft voll zu / N = 70)	4.95	5.00	1.14	0.90	4.50	4.50	18.02	33.33	38.74
Interne Revision und Controlling tauschen regelmäßig Erkenntnisse und Ergebnisse ihrer Arbeit aus (1=trifft gar nicht zu, …, 6 =trifft voll zu / N = 111)	3.22	3.00	1.42	10.81	26.13	21.62	18.92	17.12	5.41

Messwerte Kooperationsumfang Information Interne Revision

Kooperationsinteraktion (formell)	Controllerbereich			Relative Antworthäufigkeit in %					
	MW	M	SA	1	2	3	4	5	6
Für Kooperationsinhalte bestehen konzernweite Vorschriften (1=trifft gar nicht zu, …, 6 =trifft voll zu / N = 70)	2.54	2.00	1.80	47.14	14.29	5.71	10.00	15.71	7.14
Kooperationsziele werden vorab schriftlich fest gehalten (1=trifft gar nicht zu, …, 6 =trifft voll zu / N = 70	2.56	2.00	1.64	40.00	18.57	10.00	11.43	17.14	2.86
An die Zusammenarbeit werden regulatorische Anforderungen gestellt (1=trifft gar nicht zu, …, 6 =trifft voll zu / N = 70)	2.59	2.00	1.68	38.57	21.43	7.14	15.71	10.00	7.14
Eine Dokumentation von Art, Umfang und Ergebnis einer Kooperation ist erforderlich (1=trifft gar nicht zu, …, 6 =trifft voll zu / N = 70)	3.16	3.00	1.68	25.71	15.71	10.00	20.00	22.86	5.71

Messwerte Formelle Kooperationsinteraktion Controllerbereich

Kooperationsinteraktion (formell)	Interne Revision			Relative Antworthäufigkeit in %					
	MW	M	SA	1	2	3	4	5	6
Für Kooperationsinhalte bestehen konzernweite Vorschriften (1=trifft gar nicht zu, …, 6 =trifft voll zu / N = 111)	1.41	1.00	0.92	75.68	17.12	1.80	2.70	1.80	0.90
Kooperationsziele werden vorab schriftlich fest gehalten (1=trifft gar nicht zu, …, 6 =trifft voll zu / N = 111	1.48	1.00	0.92	70.27	19.82	4.50	3.60	0.90	0.90
An die Zusammenarbeit werden regulatorische Anforderungen gestellt (1=trifft gar nicht zu, …, 6 =trifft voll zu / N = 111)	1.68	1.00	1.21	63.06	22.52	6.31	2.70	1.80	3.60
Eine Dokumentation von Art, Umfang und Ergebnis einer Kooperation ist erforderlich (1=trifft gar nicht zu, …, 6 =trifft voll zu / N = 111)	2.22	2.00	1.49	46.85	18.92	15.32	8.11	6.31	4.50

Messwerte Formelle Kooperationsinteraktion Interne Revision

Kooperationsinteraktion (informell)	Controllerbereich			Relative Antworthäufigkeit in %					
	MW	M	SA	1	2	3	4	5	6
Controlling und Interne Revision sind auch ohne entsprechende Vorschriften im ständigen Austausch (1=trifft gar nicht zu, …, 6 =trifft voll zu / N = 70)	3.53	3.50	1.47	10.00	15.71	24.29	21.43	18.57	10.00
Bei der Zusammenarbeit wird ein möglichst formloses Miteinander bevorzugt (1=trifft gar nicht zu, …, 6 =trifft voll zu / N = 70)	4.17	5.00	1.53	7.14	11.43	11.43	17.14	32.86	20.00
Es bestehen gut funktionierende Netzwerke zwischen Controllern und Revisoren (1=trifft gar nicht zu, …, 6 =trifft voll zu / N = 70)	3.83	4.00	1.46	8.57	10.00	21.43	22.86	24.29	12.86
Die Mitarbeiter der Internen Revision und des Controllings tauschen sich auch jenseits formeller Kontakte regelmäßig aus (1=trifft gar nicht zu, …, 6 =trifft voll zu / N = 70	3.31	4.00	1.52	15.71	20.00	11.43	28.57	18.57	5.71

Messwerte Informelle Kooperationsinteraktion Controllerbereich

Kooperationsinteraktion (informell)	Interne Revision			Relative Antworthäufigkeit in %					
	MW	M	SA	1	2	3	4	5	6
Controlling und Interne Revision sind auch ohne entsprechende Vorschriften im ständigen Austausch (1=trifft gar nicht zu, …, 6 =trifft voll zu / N = 111)	3.86	4.00	1.43	3.60	19.82	16.22	20.72	27.03	12.61
Bei der Zusammenarbeit wird ein möglichst formloses Miteinander bevorzugt (1=trifft gar nicht zu, …, 6 =trifft voll zu / N = 111)	4.50	5.00	1.16	1.80	1.80	17.12	24.32	34.23	20.72
Es bestehen gut funktionierende Netzwerke zwischen Controllern und Revisoren (1=trifft gar nicht zu, …, 6 =trifft voll zu / N = 111)	4.05	4.00	1.42	3.60	14.41	16.22	22.52	26.13	17.12
Die Mitarbeiter der Internen Revision und des Controllings tauschen sich auch jenseits formeller Kontakte regelmäßig aus (1=trifft gar nicht zu, …, 6 =trifft voll zu / N = 111)	3.78	4.00	1.44	5.41	18.02	16.22	27.03	19.82	13.51

Messwerte Informelle Kooperationsinteraktion Interne Revision

Kooperationstiefe	Controllerbereich			Relative Antworthäufigkeit in %					
	MW	M	SA	1	2	3	4	5	6
Die Zusammenarbeit mit dem Controlling erhöht die Qualität von Prozessen innerhalb der Internen Revision (1=trifft gar nicht zu, …, 6 =trifft voll zu / N = 70)	3.27	3.50	1.30	8.57	25.71	15.71	31.43	17.14	1.43
Die Zusammenarbeit mit der Internen Revision erhöht die Qualität von Prozessen innerhalb des Controllings (1=trifft gar nicht zu, …, 6 =trifft voll zu / N = 70)	3.16	3.00	1.24	8.57	25.71	24.29	24.29	17.14	0.00
Die Zusammenarbeit steht in keiner Verbindung zur eigenen Prozessstruktur (6=trifft gar nicht zu, …, 1 =trifft voll zu / N = 70)	3.71	4.00	1.68	11.43	20.00	11.43	17.14	22.86	17.14
Eine Zusammenarbeit findet hauptsächlich zwischen Führungskräften der beiden Bereiche statt (6=trifft gar nicht zu, …, 1 =trifft voll zu / N = 70)	3.69	4.00	1.46	5.71	21.43	17.14	20.00	25.71	10.00
Eine Zusammenarbeit findet hauptsächlich zwischen einzelnen Revisoren und Controllern statt (1=trifft gar nicht zu, …, 6 =trifft voll zu / N = 70)	3.34	4.00	1.38	10.00	24.29	14.29	25.71	24.29	1.43
Die Mitarbeit an einem Kooperationsvorhaben wird von jedem Mitarbeiter verlangt (1=trifft gar nicht zu, …, 6 =trifft voll zu / N = 70)	3.30	4.00	1.69	21.43	18.57	7.14	22.86	21.43	8.57

Messwerte Kooperationstiefe Controllerbereich

Kooperationstiefe	Interne Revision			Relative Antworthäufigkeit in %					
	MW	M	SA	1	2	3	4	5	6
Die Zusammenarbeit mit dem Controlling erhöht die Qualität von Prozessen innerhalb der Internen Revision (1=trifft gar nicht zu, ..., 6 =trifft voll zu / N = 111)	3.03	3.00	1.34	12.61	29.73	18.92	21.62	15.32	1.80
Die Zusammenarbeit mit der Internen Revision erhöht die Qualität von Prozessen innerhalb des Controllings (1=trifft gar nicht zu, ..., 6 =trifft voll zu / N = 111)	3.07	3.00	1.25	9.01	27.03	29.73	18.02	14.41	1.80
Die Zusammenarbeit steht in keiner Verbindung zur eigenen Prozessstruktur (6=trifft gar nicht zu, ..., 1 =trifft voll zu / N = 111)	3.76	4.00	1.66	8.11	20.72	18.92	13.51	17.12	21.62
Eine Zusammenarbeit findet hauptsächlich zwischen Führungskräften der beiden Bereiche statt (6=trifft gar nicht zu, ..., 1 =trifft voll zu / N = 111)	3.67	4.00	1.46	6.31	18.02	24.32	17.12	22.52	11.71
Eine Zusammenarbeit findet hauptsächlich zwischen einzelnen Revisoren und Controllern statt (1=trifft gar nicht zu, ..., 6 =trifft voll zu / N = 111)	3.22	3.00	1.45	9.01	29.73	22.52	16.22	14.41	8.11
Die Mitarbeit an einem Kooperationsvorhaben wird von jedem Mitarbeiter verlangt (1=trifft gar nicht zu, ..., 6 =trifft voll zu / N = 111)	2.99	3.00	1.68	26.13	21.62	11.71	16.22	16.22	8.11

Messwerte Kooperationstiefe Interne Revision

Kooperationsstabilität	Controllerbereich			Relative Antworthäufigkeit in %					
	MW	M	SA	1	2	3	4	5	6
Kooperation zwischen Controlling und Interner Revision findet hauptsächlich für einzelne Projekte Anwendung (6=trifft gar nicht zu, ..., 1 =trifft voll zu / N = 70)	3.89	4.00	1.57	8.57	18.57	8.57	17.14	34.29	12.86
Die Zusammenarbeit zwischen Controlling und Interner Revision ist langfristig ausgerichtet (1=trifft gar nicht zu, ..., 6 =trifft voll zu / N = 70)	3.37	4.00	1.55	14.29	21.43	12.86	22.86	21.43	7.14
Die gegenwärtige Zusammenarbeit zwischen Controlling und Interner Revision unterliegt keinen zeitlichen Restriktionen (1=trifft gar nicht zu, ..., 6 =trifft voll zu / N = 70)	4.19	5.00	1.56	7.14	11.43	12.86	15.71	30.00	22.86
Kooperationen zwischen Interner Revision und Controlling sind unabhängig vom Marktumfeld (z.B. Finanzkrise) (1=trifft gar nicht zu, ..., 6 =trifft voll zu / N = 70)	4.71	5.00	1.48	5.71	7.14	2.86	17.14	28.57	38.57
Die Rahmenbedingungen für eine Kooperation können sich schnell ändern (6=trifft gar nicht zu, ..., 1 =trifft voll zu / N = 70)	4.27	5.00	1.48	7.14	8.57	11.43	14.29	40.00	18.57
Kooperationen zwischen Interner Revision und Controlling gelten als stabil (1=trifft gar nicht zu, ..., 6 =trifft voll zu / N = 70)	4.13	4.00	1.41	7.14	7.14	11.43	31.43	25.71	17.14
Der Kooperationspartner zeichnet sich durch Fachkompetenz aus (1=trifft gar nicht zu, ..., 6 =trifft voll zu / N = 70)	4.73	5.00	0.96	0.00	1.43	10.00	24.29	42.86	21.43
Es besteht Vertrauen in die Arbeit des Kooperationspartners (1=trifft gar nicht zu, ..., 6 =trifft voll zu / N = 70)	4.76	5.00	0.98	0.00	2.86	5.71	28.57	38.57	24.29

Messwerte Kooperationsstabilität Controllerbereich

Kooperationsstabilität	Interne Revision			Relative Antworthäufigkeit in %					
	MW	M	SA	1	2	3	4	5	6
Kooperation zwischen Controlling und Interner Revision findet hauptsächlich für einzelne Projekte Anwendung (6=trifft gar nicht zu, …, 1 =trifft voll zu / N = 111)	3.51	4.00	1.54	11.71	21.62	11.71	19.82	28.83	6.31
Die Zusammenarbeit zwischen Controlling und Interner Revision ist langfristig ausgerichtet (1=trifft gar nicht zu, …, 6 =trifft voll zu / N = 111)	3.44	3.00	1.52	12.61	18.02	20.72	18.02	22.52	8.11
Die gegenwärtige Zusammenarbeit zwischen Controlling und Interner Revision unterliegt keinen zeitlichen Restriktionen (1=trifft gar nicht zu, …, 6 =trifft voll zu / N = 111)	4.24	5.00	1.64	9.01	9.01	12.61	17.12	22.52	29.73
Kooperationen zwischen Interner Revision und Controlling sind unabhängig vom Marktumfeld (z.B. Finanzkrise) (1=trifft gar nicht zu, …, 6 =trifft voll zu / N = 111)	4.59	5.00	1.49	5.41	7.21	9.91	12.61	30.63	34.23
Die Rahmenbedingungen für eine Kooperation können sich schnell ändern (6=trifft gar nicht zu, …, 1 =trifft voll zu / N = 111)	4.02	4.00	1.45	7.21	9.01	18.92	18.92	31.53	14.41
Kooperationen zwischen Interner Revision und Controlling gelten als stabil (1=trifft gar nicht zu, …, 6 =trifft voll zu / N = 111)	3.98	4.00	1.26	2.70	9.01	27.03	19.82	31.53	9.91
Der Kooperationspartner zeichnet sich durch Fachkompetenz aus (1=trifft gar nicht zu, …, 6 =trifft voll zu / N = 111)	4.77	5.00	1.02	0.90	2.70	5.41	24.32	42.34	24.32
Es besteht Vertrauen in die Arbeit des Kooperationspartners (1=trifft gar nicht zu, …, 6 =trifft voll zu / N = 111)	4.63	5.00	1.12	0.90	5.41	8.11	21.62	43.24	20.72

Messwerte Kooperationsstabilität Interne Revision

Beitrag einer Kooperation zur Erfüllung der Planungsaufgaben	Controllerbereich			Relative Antworthäufigkeit in %					
	MW	M	SA	1	2	3	4	5	6
Erkenntnisse aus der Zusammenarbeit mit der Internen Revision helfen die Planungsqualität zu steigern (1=trifft gar nicht zu, …, 6 =trifft voll zu / N = 70)	2.63	2.00	1.41	24.29	34.29	10.00	18.57	11.43	1.43
Die Zusammenarbeit mit der Internen Revision führt zu verbesserten Planungsprozessen (1=trifft gar nicht zu, …, 6 =trifft voll zu / N = 70)	2.44	2.00	1.15	24.29	32.86	20.00	20.00	2.86	0.00
Ohne Beteiligung der Internen Revision sind Planungsaufgaben einfacher zu erfüllen (6=trifft gar nicht zu, …, 1 =trifft voll zu / N = 70)	4.39	5.00	1.50	5.71	10.00	8.57	17.14	32.86	25.71
Informationen der Internen Revision führen zu einer adäquateren Ermittlung von Plangrößen (1=trifft gar nicht zu, …, 6 =trifft voll zu / N = 70)	1.99	2.00	1.11	44.29	27.14	17.14	8.57	2.86	0.00
Aus einer Kooperation ergeben sich effiziente Möglichkeiten der Berechnung von Plangrößen (1=trifft gar nicht zu, …, 6 =trifft voll zu / N = 70)	2.14	2.00	1.13	37.14	30.00	15.71	15.71	1.43	0.00

Messwerte Planung

Beitrag einer Kooperation zur Ausführung des Berichtswesens	Controllerbereich			Relative Antworthäufigkeit in %					
	MW	M	SA	1	2	3	4	5	6
Die Zusammenarbeit mit der Internen Revision erleichtert die Validierung eigener Berichtsinhalte (1=trifft gar nicht zu, …, 6 =trifft voll zu / N = 70)	2.93	3.00	1.35	15.71	25.71	24.29	24.29	4.29	5.71
Informationen der Internen Revision sind nützlich für die Erstellung von Berichten (1=trifft gar nicht zu, …, 6 =trifft voll zu / N = 70)	2.77	3.00	1.33	18.57	28.57	24.29	17.14	8.57	2.86
Die Zusammenarbeit mit der Internen Revision hat keinen Einfluss auf das Berichtswesen (6=trifft gar nicht zu, …, 1 =trifft voll zu / N = 70)	3.47	4.00	1.73	20.00	14.29	12.86	15.71	25.71	11.43
Für das Berichtswesen ist eine Zusammenarbeit mit der Internen Revision erforderlich (1=trifft gar nicht zu, …, 6 =trifft voll zu / N = 70)	2.20	2.00	1.28	37.14	30.00	17.14	10.00	2.86	2.86
Eine Kooperation mit der Internen Revision führt zu einer effizienteren Erstellung von Berichten (1=trifft gar nicht zu, …, 6 =trifft voll zu / N = 70)	2.21	2.00	1.19	34.29	31.43	18.57	10.00	5.71	0.00

Messwerte Berichtswesen

Beitrag einer Kooperation zur Performancesteuerung	Controllerbereich			Relative Antworthäufigkeit in %					
	MW	M	SA	1	2	3	4	5	6
Die Zusammenarbeit mit der Internen Revision erhöht die Wirksamkeit der Performancesteuerung (1=trifft gar nicht zu, …, 6 =trifft voll zu / N = 70)	2.73	2.00	1.37	18.57	35.71	15.71	17.14	10.00	2.86
Informationen der Internen Revision sind nützlich für die Definition von Steuerungsgrößen (1=trifft gar nicht zu, …, 6 =trifft voll zu / N = 70)	2.70	3.00	1.29	20.00	28.57	24.29	17.14	8.57	1.43
Revisionsprüfungen der Prozesse zur Performancesteuerung steigern deren Effektivität (1=trifft gar nicht zu, …, 6 =trifft voll zu / N = 70)	3.34	3.50	1.51	15.71	15.71	18.57	25.71	17.14	7.14
In Zusammenarbeit mit der Internen Revision lassen sich bessere Performancekennzahlen festlegen (1=trifft gar nicht zu, …, 6 =trifft voll zu / N = 70)	2.56	2.00	1.29	22.86	35.71	14.29	17.14	10.00	0.00
Die Kooperation mit der Internen Revision führt nicht zu einer verbesserten Überwachung der Performancemaße (1=trifft gar nicht zu, …, 6 =trifft voll zu / N = 70)	3.40	3.00	1.50	15.71	15.71	18.57	25.71	17.14	7.14

Messwerte Performancesteuerung

Beitrag einer Kooperation zur Beratungsfunktion	Controllerbereich			Relative Antworthäufigkeit in %					
	MW	M	SA	1	2	3	4	5	6
Die Zusammenarbeit mit der Internen Revision steigert die Qualität der eigenen Beratungsleistungen (1=trifft gar nicht zu, …, 6 =trifft voll zu / N = 70)	3.04	3.00	1.26	11.43	25.71	24.29	25.71	11.43	1.43
Die Interne Revision liefert nützliche Information für Beratungsleistungen des Controllings (1=trifft gar nicht zu, …, 6 =trifft voll zu / N = 70)	3.17	3.00	1.32	10.00	25.71	22.86	21.43	18.57	1.43
Eine Kooperation mit der Internen Revision ist ohne Belang für die Beratungsinhalte des Controllings (6=trifft gar nicht zu, …, 1 =trifft voll zu / N = 70)	3.94	4.00	1.59	8.57	15.71	11.43	18.57	28.57	17.14
Beratungsinhalte werden seltener hinterfragt, wenn sie durch Ergebnisse der Internen Revision bestätigt werden (1=trifft gar nicht zu, …, 6 =trifft voll zu / N = 70)	3.17	3.00	1.57	14.29	31.43	10.00	18.57	18.57	7.14

Messwerte Beratung Controllerbereich

Beitrag einer Kooperation zur Durchführung von Ordnungsmäßigkeitsprüfungen	Interne Revision			Relative Antworthäufigkeit in %					
	MW	M	SA	1	2	3	4	5	6
Einer Kooperation mit dem Controlling erleichtert die Ermittlung des Ist-Zustands in den zu prüfenden Unternehmensbereichen (1=trifft gar nicht zu, …, 6 =trifft voll zu / N = 111)	3.72	4.00	1.47	5.41	18.92	20.72	22.52	18.02	14.41
Einer Kooperation mit dem Controlling erleichtert die Ermittlung des Soll-Zustands in den zu prüfenden Unternehmensbereichen (1=trifft gar nicht zu, …, 6 =trifft voll zu / N = 111)	3.25	3.00	1.44	12.61	20.72	22.52	25.23	10.81	8.11
Informationen aus dem Controlling erleichtern die Durchführung von Ordnungsmäßigkeitsprüfungen (1=trifft gar nicht zu, …, 6 =trifft voll zu / N = 111)	3.26	3.00	1.38	11.71	19.82	24.32	23.42	16.22	4.50
Information des Controllings sind für die Planung von Ordnungsmäßigkeitsprüfungen von wesentlicher Bedeutung (1=trifft gar nicht zu, …, 6 =trifft voll zu / N = 111)	3.23	3.00	1.47	9.91	29.73	18.92	17.12	17.12	7.21
Bei Soll/Ist-Vergleichen liefert das Controlling nützliches Fachwissen (1=trifft gar nicht zu, …, 6 =trifft voll zu / N = 111)	3.55	4.00	1.37	7.21	16.22	25.23	26.13	16.22	9.01

Messwerte Ordnungsmäßigkeitsprüfung

Beitrag einer Kooperation zur Durchführung von Wirtschaftlichkeitsprüfungen	Interne Revision			Relative Antworthäufigkeit in %					
	MW	M	SA	1	2	3	4	5	6
Die Kooperation mit dem Controlling erhöht die Effektivität von Wirtschaftlichkeitsprüfungen (1=trifft gar nicht zu, …, 6 =trifft voll zu / N = 111)	4.04	4.00	1.26	3.60	9.01	16.22	34.23	25.23	11.71
Erfahrungen des Controllings sind unerheblich für die Durchführung von Wirtschaftlichkeitsprüfungen (6=trifft gar nicht zu, …, 1 =trifft voll zu / N = 111)	4.86	5.00	1.29	0.90	9.01	4.50	13.51	33.33	38.74
Informationen des Controllings erleichtern die Identifizierung unwirtschaftlicher Prozesse (1=trifft gar nicht zu, …, 6 =trifft voll zu / N = 111)	3.77	4.00	1.30	5.41	9.91	27.03	27.03	21.62	9.01
Information des Controllings sind für die Planung von Wirtschaftlichkeitsprüfungen von wesentlicher Bedeutung (1=trifft gar nicht zu, …, 6 =trifft voll zu / N = 111)	3.80	4.00	1.37	5.41	12.61	24.32	21.62	26.13	9.91
Die Zusammenarbeit mit dem Controlling erleichtert die Durchführung von Wirtschaftlichkeitsprüfungen (1=trifft gar nicht zu, …, 6 =trifft voll zu / N = 111)	3.74	4.00	1.32	3.60	17.12	20.72	27.93	21.62	9.01

Messwerte Wirtschaftlichkeitsprüfung

Beitrag einer Kooperation zur Durchführung von Risikoprüfungen	Interne Revision			Relative Antworthäufigkeit in %					
	MW	M	SA	1	2	3	4	5	6
Information des Controlling sind für die Planung von Risikoprüfungen von wesentlicher Bedeutung (1=trifft gar nicht zu, …, 6 =trifft voll zu / N = 111)	3.93	4.00	1.38	2.70	14.41	24.32	18.92	25.23	14.41
Erkenntnisse aus der Kooperation mit dem Controlling erleichtern die Bewertung des Risikomanagements eines Unternehmensbereichs (1=trifft gar nicht zu, …, 6 =trifft voll zu / N = 111)	3.93	4.00	1.45	5.41	14.41	18.92	18.02	29.73	13.51
Informationen des Controllings erleichtern die Identifizierung wesentlicher Risiken der zu prüfenden Unternehmensbereiche (1=trifft gar nicht zu, …, 6 =trifft voll zu / N = 111)	3.67	4.00	1.44	5.41	18.92	24.32	18.02	21.62	11.71
Das Fachwissen des Controllings ist für Risikoprüfungen hilfreich (1=trifft gar nicht zu, …, 6 =trifft voll zu / N = 111)	3.51	3.00	1.34	3.60	24.32	23.42	21.62	19.82	7.21
Die Zusammenarbeit mit dem Controlling liefert keine nützlichen Erkenntnisse für die Durchführung von Risikoprüfungen (6=trifft gar nicht zu, …, 1 =trifft voll zu / N = 111)	4.70	5.00	1.42	0.90	10.81	12.61	8.11	27.93	39.64

Messwerte Risikoprüfung

Beitrag einer Kooperation zur Beratungsfunktion	Interne Revision			Relative Antworthäufigkeit in %					
	MW	M	SA	1	2	3	4	5	6
Die Zusammenarbeit mit dem Controlling steigert die Qualität der eigenen Beratungsleistungen (1=trifft gar nicht zu, …, 6 =trifft voll zu / N = 111)	3.27	3.00	1.19	3.60	27.03	27.03	27.03	11.71	3.60
Das Controlling liefert nützliche Information für Beratungsleistungen der Internen Revision (1=trifft gar nicht zu, …, 6 =trifft voll zu / N = 111)	3.29	3.00	1.23	3.60	29.73	20.72	30.63	10.81	4.50
Eine Kooperation mit dem Controlling ist ohne Belang für die Beratungsinhalte der Internen Revision (6=trifft gar nicht zu, …, 1 =trifft voll zu / N = 111)	4.13	5.00	1.55	2.70	20.72	11.71	14.41	27.03	23.42
Beratungsinhalte werden seltener hinterfragt, wenn sie durch Ergebnisse des Controllings bestätigt werden (1=trifft gar nicht zu, …, 6 =trifft voll zu / N = 111)	3.49	4.00	1.47	12.61	12.61	23.42	25.23	17.12	9.01

Messwerte Beratung Interne Revision

Literaturverzeichnis

Albers, S./Götz, O. (2006): Messmodelle mit Konstrukten zweiter Ordnung in der betriebswirtschaftlichen Forschung, in: Die Betriebswirtschaft, Jg.66/2006, S. 669-677.

Albers, S./Hildebrandt, L. (2006): Methodische Probleme bei der Erfolgsfaktorenforschung - Messfehler, formative vs. reflektive Indikatoren und die Wahl des Strukturgleichungs-Modells, in: zfbf - Schmalenbachs Zeitschrift für betriebswirtschaftliche Forschung 01/2006, S. 2-33.

Albrecht, T. (2007): Interne Revision & Controlling – Instrumente moderner Unternehmensführung in Kooperation, in: ZfCM – Zeitschrift für Controlling & Management, Jg. 51/2007, S. 326-332.

Alcami, R. (1998): The establishment of cooperative agreements among SMEs: An appropriate way to reduce uncertainty, in: Managing in Uncertainty: Theory and Practice, hrsg. v. Zopounidis, C./Pardalos, P., Dortrecht.

Anderson, J./Gerbing D. (1991): Predicting the Performance of Measures in a Confirmatory Facto Analysis with a Pretest Assessment of their Substantive Validities, in: Journal of Applied Psychology, Vol. 76, 1991, No.5, S. 732-740.

Angelkort, H. (2010): Integration des Rechnungswesens als Erfolgsfaktor für die Controllerarbeit – Eine empirische Untersuchung deutscher Großunternehmen, Frankfurt am Main.

Armstrong, J. S./Overton, T. S. (1977): Estimating Nonresponse Bias in Mail Surveys, in: Journal of Marketing Research, Vol. 14/1977, S. 396-402.

Backhaus, K./Erichson, B./Plinke, W./Weiber, R. (2005): Multivariate Analysemethoden - Eine anwendungsorientierte Einführung, 11. Aufl., Heidelberg et al.

Barney, J.B. (1991): Firm Resources and Sustained Competitive Advantage. In: Journal of Management, 17. Jg, 1991, S. 99-120.

Barth, T./Barth D. (2008): Controlling, 2. Auflage, München.

Baumgarth, C./Eisend, M./Evanschitzky, H. (2003): Empirische Mastertechniken – Eine anwendungsorientiere Einführung für die Marketing- und Managementforschung, 1. Auflage, Wiesbaden.

Beckmann, H. (2004): Supply Chain Management: Strategien und Entwicklungstendenzen in Spitzenunternehmen, Heidelberg.

Behnke, J./Baur, N./Behnke, N. (2006): Empirische Methoden der Politikwissenschaften, Paderborn.

Berens, W./Schmitting, W. (2004): Zum Verhältnis von Controlling, Interner Revision und Früherkennung, in: Corporate Governance und Controlling, hrsg. v. Freidank, C.-C., Heidelberg, S. 51-75.

Berwanger, J./Kullmann, S. (2008): Interne Revision: Wesen, Aufgabe und rechtliche Verankerung, 1. Auflage, Wiesbaden.

Bickman, L./Rog, D. (1998): Handbook of Applied Social Research Methods, Thousand Oaks CA.

Birl, H. (2007): Kooperation von Controllerbereich und Innenrevision: Messung, Auswirkungen, Determinanten, Wiesbaden.

Birl, H./Hirsch, B./Weber, J. (2008): Lohnt eine Kooperation von Controllerbereich und Innenrevision?, in: Zeitschrift für Controlling & Management, Jg. 52, Heft 4, S. 254-268.

Bischof, J. (2002): Die Balanced Scorecard als Instrument einer modernen Controlling-Konzeption: Beurteilung und Gestaltungsempfehlungen auf der Basis des Stakeholder-Ansatzes, Wiesbaden.

Black, T. (1999): Doing Quantitative Research in the Social Sciences – An Integrated Approach to Research Design, Measurement and Statistics, London.

Bliemel, F. (2005): Die PLS-Pfadmodellierung: Mehr als eine Alternative zur Kovarianzstrukturanalyse, in: Handbuch PLS-Pfadmodellierung - Methode, Anwendung, Praxisbeispiele, hrsg. v. Bliemel, F. et al., Stuttgart, S.11-26.

Blohm, H. (1991): Interne Revision - quo vadis?, in: Zeitschrift Interne Revision, 26. Jahrgang (1), S. 3-17.

Boecker, C. (2010): Accounting Fraud aufdecken und vorbeugen – Formen der Kooperation von Unternehmensführung und -überwachung, Berlin.

Boldt, O./Gomm, M. (2004): Die schriftliche Befragung als Methode empirischer Datenerhebung in der Logistik, in: Netzkompetenz in Supply Chains : Grundlagen und Umsetzung, hrsg. v. Pfohl, H.-C., Wiesbaden, S.121-137.

Bortz, J., Döring, N. (2006): Forschungsmethoden und Evaluation für Human- und Sozialwissenschaftler, 4. Aufl., Heidelberg.

Bouncken, R.B/Golze, A. (2008): Management und Führung von Kooperationen, hrsg. v. Schmeisser, W. et al, Band 3, München.

Bragg, S. (2009): Controllership: The Work of the Managerial Accountant, 8th Edition, New Jersey.

Bruce, M./Leverick, F./Littler, D./Wilson, D. (1995): Success factors for collaborative product development: a study of suppliers of information and communications technology, in: R&D Management, Volume 25 (1), S.33-44.

Brüsemeister, T. (2008): Qualitative Forschung: Ein Überblick, 2.Auflage, Wiesbaden.

Bubendorfer, R./Krumm, M. (2007): Stellung der Internen Revision im Rahmen der Unternehmensorganisation, in: Corporate Governance und Interne Revision, hrsg. v. Freidank, C.-C../Peemöller, V., 1. Auflage, Berlin, S. 47-55.

Buchholz, L. (2009): Strategisches Controlling: Grundlagen – Instrumente – Konzepte, Wiesbaden.

Buderath, H. (2006): Interne Revision als Instrument der Corporate Governance, in: Zentrale Tätigkeitsbereiche der Internen Revision, hrsg. v. Lück, W., Berlin, S. 121-152.

Burzan, N. (2005): Quantitative Methoden der Kulturwissenschaften, Konstanz.

Buzzell, R.D./Gale, B.T. (1989): Das PIMS-Programm: Strategien und Unternehmenserfolg, Wiesbaden.

Chin, W. (1998): The partial least squares approach to structural equation modeling, in: Marcoulides, G. A. (Hrsg.), Modern methods for business research, Mahwah, S. 295-336.

Chin, W. (2000): Frequently Asked Questions – Partial Least Squares & PLS-Graph, http://disc-nt.cba.uh.edu/chin/plsfaq/plsfaq.htm, aufgerufen am: 06.12.2010.

Chin, W./Newsted, P. (1999): Structural Equation Modelling: Analysis with small samples using partial leased squares, in: Statistical Strategies for Small Sample Research, New York, S. 307-341.

Churchill, G.A. (1979): A Paradigm for Developing Better Measures of Marketing Constructs, in: Journal of Marketing Research, Vol. 16, No.1, S. 64-73.

Christophersen, T./Grape, C. (2007): Die Erfassung latenter Konstrukte mit Hilfe formativer und reflektiver Messmodelle, in: Methodik der empirischen Forschung, hrsg. v. Albers, S. et al, 2. Auflage, Wiesbaden, S.103-118.

Crumbley, L. (2004): U.S. Master Auditing Guide, Third Edition, Chicago

David, U. (2005): Strategisches Management von Controllerbereichen – Konzept und Fallstudien, Wiesbaden 2005

Denz, H. (2005): Grundlagen einer empirischen Soziologie: der Beitrag des quantitativen Ansatzes, 2., Münster.

Deppe, H. (1987): Möglichkeiten und Grenzen der Zusammenarbeit von Interner Revision und Controlling, in: Betriebswirtschaftliche Forschung und Praxis, S. 127-138.

Deutsch, M. (1949): A Theory of Cooperation and Competition, in: Human Relations, S. 129-152.

Deyhle, A. (1975): Controller-Funktionen und Interne Revision, in: Zeitschrift Interne Revision, Jahrgang 10 (2), S. 73-84.

Diamantopoulos, A./Winklhofer, H. (2001): Index construction with formative indicators: an alternative to scale development, Journal of Marketing Resaerch, Volume 38 (2), S. 269-277.

DIIR (2009): Definition "Interne Revision", http://www.diir.de/ueber-das-diir/berufsgrundlagen/definition-interne-revision/, aufgerufen am: 11.04.2011.

DIIR, Deutsches Institut für Interne Revision /IIA, Institut für Interne Revision Österreich/SVIR, Schweizerischer Verband für Interne Revision (2004): Die Interne Revision in Deutschland, in Österreich und in der Schweiz 2004, Frankfurt a. M./Wien/Zürich.

DIIR, Deutsches Institut für Interne Revision /IIA, Institut für Interne Revision Österreich/SVIR, Schweizerischer Verband für Interne Revision (2008): Die Interne Revision in Deutschland, in Österreich und in der Schweiz 2008, Frankfurt a. M./Wien/Zürich.

Dyckhoff, H./Ahn, H. (2002): Kernaufgaben des Controlling – Grundlegende Anmerkungen im Hinblick auf die Sicherstellung der Effektivität und Effizienz, in: Controlling als akademische Disziplin, hrsg. v. Weber, J./Hirsch B., 1. Auflage, Wiesbaden, S. 133-122.

Dyer, J./Nobeoka, K. (1998): Creating and managing a high-performance knowledge-sharing network: the Toyota case, in: Strategic Management Journal, Volume 21 (3), S. 345-367.

Eberl, M. (2006): Unternehmensreputation und Kaufverhalten – Methodische Aspekte komplexer Strukturmodelle, Wiesbaden.

Eberl, S./Hachmeister, D. (2007): Veränderungen des Aufgabengebiets der Internen Revision und die Abgrenzung zum Controlling, in ZfCM – Zeitschrift für Controlling & Management, Jg. 51/2007, S. 317-325.

ECIIA - European Confederation of Institutes of Internal Auditing (2007): The role of internal audit in corporate governance in Europe: Current Status, Necessary Improvements, Future Tasks, Berlin.

Eisenhardt, K.M./Schoonhoven, C.B. (1996): Resource-based view of strategic alliance formation: strategic and social effects in entrepreneurial firms , in: Organization Science, Volume 7 (2), S. 136-150.

Endres, E./Wehner, T. (2006): Störungen zwischenbetrieblicher Kooperationen – Eine Fallstudie zum Grenzstellenmanagement in der Automobilindustrie, in: Management von Netzwerkorganisationen, hrsg. v. Sydow, J., 4. Auflage, Wiesbaden, S. 309-354.

Ermisch, R. (2008): Management strategischer Kooperationen im Bereich Forschung und Entwicklung, Wiesbaden.

Esposito, V./Trinchera, L./Amato, S. (2010): PLS Path Modeling: From Foundations to Recent Developments an Open Issues for Model Assessment and Improvement, in: Handbook of Partial Least Squares: Concepts, Methods and Applications, hrsg. v. Esposito, V. et al., Berlin, S. 713-735.

Etter, C. (2003): Nachgründungsdynamik neugegründeter Unternehmen in Berlin im interregionalen Vergleich, Berlin.

Ewert, R. (2002): Der informationsökonomische Ansatz von Controlling, in: Controlling als akademische Disziplin- Eine Bestandsaufnahme, hrsg. v. Weber, J./Hirsch, B., Wiesbaden, S. 21-37.

Ewert, R./Wagenhofer, A. (2005): Interne Unternehmensrechnung, 6. Auflage, Berlin et al.

Fassott, G. (2005): Die PLS-Pfadmodellierung: Entwicklungsrichtungen; Möglichkeiten, Grenzen, in: Handbuch PLS-Pfadmodellierung – Methode, Anwendung, Praxisbeispiele, hrsg. v. Bliemel, F. et al., Stuttgart.

Fiege, S. (2006): Risikomanagement- und Überwachungssystem nach KonTraG, Wiesbaden.

Fischer, B. (2006): Vertikale Innovationsnetzwerke – Eine theoretische und empirische Analyse, Wiesbaden.

Flesher, D./Zanzig, J. (2000): Management accountants express a desire for change in the functioning of internal auditing, in: Managerial Auditing Journal, Volume 15, Issue 7, S. 331-337.

Fornell, C./Larcker, D. F. (1981): Evaluating structural equation models with unobservable variables and measurement error, in: Journal of Marketing Research, Volume 18, Issue 1, S. 39 ff.

Freidank, C.-C./Altes, P. (2007): Rechnungslegung und Corporate Governance, Berlin.

Freidank, C.-C./Paetzmann, K. (2004): Bedeutung des Controlling im Rahmen der Reformbestrebungen zur Verbesserung der Corporate Governance, in: Corporate Governance und Controlling, hrsg. v. Freidank, C.-C., Heidelberg, S. 1-23.

Freidank, C.-C./Velte, P. (2007): Einfluss der Corporate Governance auf die Weiterentwicklung von Controlling und Interne Revision, in: Corporate Governance und Interne Revision, hrsg. v. Freidank, C.-C../Peemöller, V., 1. Auflage, Berlin, S. 711-746.

Friedl, B. (2003): Controlling, Stuttgart.

Friese, M. (1998): Kooperation als Wettbewerbsstrategie für Dienstleistungsunternehmen, Wiesbaden.

Fritz, W. (2004): Success Factors of Internet-based Business Models, in: Modern Concepts of the Theory of the Firm: Managing Enterprises of the New Economy, hrsg. V. Fandel, G. et al, Berlin, Heidelberg, New York, S. 69-84.

Füss, R. (2005): Die Interne Revision, Berlin.

Geisser, S. (1974): A predictive approach to the random effect model, Biometrika, Jg. 61, H. 1, S. 101 ff.

Gefen, D./Straub, D.W./Boudreau, M.-C. (2000): Structural equation modeling and regression: guidelines for research practice, Communications of the Association for Information Systems, Volume 4, Issue 7, S. 1-78.

Gehrig, C. (2009): Anwendungssystemgestütztes strategisches Controlling – Konzeption und empirische Ergebnisse, Frankfurt am Main.

Gladen, W. (2008): Performance Measurement – Controlling mit Kennzahlen, 4. Auflage, Wiesbaden.

Gläser, J./Jaudel, G. (2009): Experteninterviews und qualitative Inhaltsanalyse, 3. Auflage, Wiesbaden.

Göbel, R. (1990): Interne Überwachung mit Hilfe von Auswahlverfahren – Möglichkeiten zur Steigerung der Wirtschaftlichkeit Interner Überwachungssysteme, Berlin.

Goeke, C. (2008): Unternehmenskooperationen und Branchentransformation – Eine Analyse aus coevolutorischer Perspektive, Bochum.

Götz, O./Liehr-Gobbers, K. (2004): Analyse von Strukturgleichungsmodellen mit Hilfe der Partial-Least-Squares-(PLS-)Methode, in: Der Betriebswirt, S. 714-738.

Grieshop, H. (2010): Kooperation von Controllerbereich und externem Rechnungswesen, in: Schriften des Center for Controlling & Management (CCM), hrsg. v. Weber, J., 1. Auflage, Wiesbaden.

Griffin, A./Hauser J. (1996): Integrating R&D and Marketing: A Review and Analysis of the Literature, in: Journal of Product Innovation Management, Volume 13, Issue 3 , S. 191-216.

Günther, T./Gonschorek, T. (2007): Auswirkungen der wertorientierten Unternehmensführung auf die Interne Revision, in: Corporate Governance und Interne Revision, hrsg. v. Freidank, C.-C../Peemöller, V., 1. Auflage, Berlin, S. 127-144.

Hadaschik, M. (1993): Revision und Controlling in einer Abteilung, in: Zeitschrift Interne Revision, 28. Jahrgang (1), S. 27-35.

Haenecke, H. (2002): Methodenorientierte Systematisierung der Kritik an der Erfolgsfaktorenforschung, in: Zeitschrift für Betriebswirtschaft 72, (2), S. 165-183.

Hagenhoff, S. (2008): Innovationsmanagement für Kooperationen – Eine instrumentenorientierte Betrachtung, Göttingen.

Hahn, U. (2007): Berufsgrundlagen der Internen Revision – Standards von IIA und IIR, in: Corporate Governance und Interne Revision, hrsg. v. Freidank, C.-C../Peemöller, V., 1. Auflage, Berlin, S. 73-126.

Hair, J./Ringle, C./Sarsted, M. (2011): PLS-SEM: Indeed a Silver Bullet, in: Journal of Marketing Theory and Practice, Volume 19, Issue 2, S. 139-151.

Hair, J./Sarsted, M./Ringle, C./Mena, J. (2011): An assessment of the use of partial least squares structural equation modeling in marketing research, in: Journal of the Academy of Marketing Science, Volume 40, Issue 3, S. 414-433.

Heerlein, A. (2009): Einflussfaktoren auf die Kapazität der Internen Revision, Wiesbaden.

Heese, K. (2006): Informationstechnologie und Interne Revision, in: Zentrale Tätigkeitsbereiche der Internen Revision, hrsg. v. Lück, W., Berlin, S. 63-78.

Heigl, A. (1978): Controlling – Interne Revision, in: Grundwissen der Ökonomik, hrsg. v. Bea, F./Dichtl, E./Schweitzer, M., Stuttgart.

Heigl, A. (1989): Controlling - Interne Revision, Stuttgart.

Heinze, T. (2001): Qualitative Sozialforschung: Einführung, Methodologie und Forschungspraxis, Oldenbourg.

Henseler, J. (2005): Einfühung in die PLS-Pfadmodellierung, in: Wirtschaftswissenschaftliches Studium 34 (2005), Nr. 2, S. 70–75.

Henseler, J./Fassott, G. (2010): Testing Moderating Effects in PLS Path Models: An Illustration of Available Procedures, in: Handbook of Partial

Least Squares: Concepts, Methods and Applications, hrsg. v. Esposito, V. et al., Berlin, S. 713-735.

Hermann, A./Huber, F./Kressmann, F. (2006): Varianz- und kovarianzbasierte Strukturgleichungsmodelle – Ein Leitfaden zu deren Spezifikation, Schätzung und Beurteilung, in: zfbf - Schmalenbachs Zeitschrift für betriebswirtschaftliche Forschung, Jg. 58/ 2006, S. 34-66.

Himme, A. (2009): Gütekriterien der Messung: Reliabilität, Validität und Generalisierbarkeit, in: Methodik der empirischen Forschung, hrsg. v. Albers, S. et al, 3. Auflage, Wiesbaden, S.485-500.

Hinton, P./Brownlow, C./McMurray, I./Cozens, B. (2004): SPSS Explained, New York.

Höck, C./ Ringle, C. (2007): Analyse der Zufriedenheit von Besuchern moderner Multi-funktionsarenen. Eine kausalanalytische Untersuchung und indexwertorientierte Ergebnisbeurteilung, in: Marketing Zeitschrift für Forschung und Praxis, H. 3/2007 , S. 181-193.

Hofmann, R. (1972): Interne Revision - Organisation und Aufgaben der Konzern-Revision, Opladen.

Hofmann, R. (1997): Unterschlagungsprophylaxe und Unterschlagungsprüfung, 2. Auflage, Berlin.

Hofmann, R. (2005): Prüfungs-Handbuch – Leitfäden für eine Überwachungs- und Revisionskonzeption in der Corporate Governance, 5. Auflage, Berlin.

Homburg, C./Baumgartner, H. (1995): Beurteilung von Kausalmodellen – Bestandsaufnahme und Anwendungsempfehlungen, in: Marketing: Zeitschrift für Forschung und Praxis, 17. Jg., S. 162-176.

Homburg, C./Giering, A. (1996): Konzeptualisierung und Operationalisierung komplexer Konstrukte – Ein Leitfaden für die Marketingforschung, in: Marketing: Zeitschrift für Forschung und Praxis, 18. Jg., S. 5-24.

Homburg, C./Klarmann, M. (2006): Die Kausalanalyse in der empirischen betriebswirtschaftlichen Forschung – Problemfelder und Anwendungsempfehlungen, in: Die Betriebswirtschaft, 66. Jg., S. 727-748.

Horváth, P. (2007): Projektberatung, in: Corporate Governance und Interne Revision, hrsg. v. Freidank, C.-C../Peemöller, V., 1. Auflage, Berlin, S. 211-222.

Horváth, P. (2009): Controlling, 11. Auflage, München.

Horváth, P./Reichmann T. (2003): Vahlens Großes Controllinglexikon, 2. Auflage, Vahlen.

Huber, F./Herrmann, A./Meyer, F./Vogel J./Vollhardt, K. (2007): Kausalmodellierung mit Partial Least Square – Eine anwendungsorientierte Einführung, 1. Auflage, Wiesbaden.

Hunecke, J./Henke, M. (2006): Internal Consulting durch die Interne Revision – Ergebnisse einer empirischen Untersuchung, in: Zentrale Tätigkeitsbereiche der Internen Revision, hrsg. v. Lück, W., Berlin, S. 153-172.

International Group of Controlling (2002): ICG Controllerleitbild, http://www.igc-controlling.org/DE/_leitbild/leitbild.php, aufgerufen am: 06.01.2010.

Ittner, C./Larcker, D./Meyer, M. (2003): Subjectivity and Weighting of Performance Measures: Evidence from a Balanced Scorecard, in: The Accounting Review, Volume 78, Issue 3, S. 725-758.

Jahn, S. (2007): Strukturgleichungsmodellierung mit LISREL, AMOS und SmartPLS – Eine Einführung, Arbeitspapier Nr. 86, Chemnitz.

Jarvis, C. B./Mackenzie, S. B./Podsakoff, P. M. (2003): A Critical Review of Construct Indicators and Measurement Model Misspecification in Marketing and Consumer Research, in: Journal of Consumer Research, S. 199-218.

Jöreskog, K./Wold, H. (1982): The ML and PLS Techniques for Modeling with Latent Variables: Historical and Comparative Aspects, in: Systems

Under Direct Observations: Causality, Structure, Prediction, hrsg. v. Jöreskog K.G./Wold H., Amsterdam, S. 263-270.

Jung, H. (2007): Controlling, 2. Auflage, München.

Kagermann, M./Küting, K./Weber, C.-P. (2006): Handbuch der Revision – Management mit der SAP®-Revisions-Roadmap, Stuttgart.

Kahn, K. B. (1996): Interdepartmental Integration: A Definition with Implications for Product Development Performance, in: Journal of Product Innovation Management, S. 137-151.

Kaminski, B. (2007): Allgemeine Anforderungen der Unternehmensführung an die Interne Revision, in: Corporate Governance und Interne Revision, hrsg. v. Freidank, C.-C../Peemöller, V., 1. Auflage, Berlin, S. 57-72.

Kaplan, D. (2000): Structural Equation Modeling – Foundations and Extensions, Thousand Oaks Kalifornien.

Kaya, M. (2007): Verfahren der Datenerhebung, in: Methodik der empirischen Forschung, hrsg. v. Albers, S. et al, 2. Auflage, Wiesbaden, S.49-64.

Keller, B./Weber, A. (2007): Wirtschaftlichkeitsprüfungen, in: Corporate Governance und Interne Revision, hrsg. v. Freidank, C.-C../Peemöller, V., 1. Auflage, Berlin, S. 195-210.

Knapp, E. (2005): Interne Revision und Corporate Governance, Berlin.

Knollmann, R./Hirsch, B./Weber, J. (2007): Role Making für Controllerbereiche? – Eine empirische Analyse zu den Auswirkungen von Gestaltungsfreiräumen für Controllerbereiche, in: Zeitschrift für Planung & Unternehmenssteuerung, Volume 18, S. 365-386.

Knop, R. (2007): Erfolgsfaktoren strategischer Netzwerke kleiner und mittlerer Unternehmen, Klagenfurt.

Küpper, H.-U. (2001): Controlling, 3. Auflage, Stuttgart.

Küpper, H.-U./Weber, J./Zünd, A. (1990): Zum Verständnis und Selbstverständnis des Controlling, Thesen zur Consensbildung, in: ZfB, 60. Jg., Heft 3, S. 281-293.

Krey, S. (2001): Konzeption und Anwendung eines risikoorientierten Prüfungsansatzes in der Internen Revision, Berlin.

Krüger, W./Schwarz, G. (1997): Strategische Stimmigkeit von Erfolgsfaktoren und Erfolgspotentialen, in: Strategische Unternehmensplanung – Strategische Unternehmensführung – Stand und Entwicklungstendenzen, hrsg. v. Hahn, D./Taylor, B., 7. Auflage, Heidelberg, S. 75–104.

Kundiger, P. (2007): Die Interne Revision als Change Agent – Veränderungen anstoßen und erfolgreich umsetzen, Berlin.

Kuß, A. (2007): Marktforschung: Grundlagen der Datenerhebung und Datenanalyse, 2. Auflage, Wiesbaden.

Lachnit, L./Müller, S. (2006): Unternehmenscontrolling – Managementunterstützung bei Erfolgs-, Finanz-, Risiko- und Erfolgspotenzialsteuerung, Wiesbaden.

Laux, H. (2005): Entscheidungstheorie. 6. Auflage, Heidelberg.

Levenstein, M./Suslow, V. (2006): What Determines Cartel Success?, in: Journal of Economic Literature, Volume 44, Issue 1, S. 43-95.

Litz, H.-P. (2000): Multivariate Statistische Methoden, München.

Löhr, B. (2010): Integriertes Risikocontrolling für Industrieunternehmen – Eine normative Konzeption im Kontext der empirischen Controllingforschung von 1990 bis 2009, Gießen.

Lou, Y. (2002): Contract, Cooperation and Performance in International Joint Ventures, in: Strategic Management Journal, Volume 23, Issue 10, S. 903-919.

Lück, W. (2001): Lexikon der Internen Revision, München.

Lück, W. (2003): Zusammenarbeit von Interner Revision und Abschlussprüfer, Berlin.

Lück, W./Henke, M./Hunecke, J. (2000): Die Zukunft der Internen Revision – Entwicklungstendenzen der unternehmensinternen Überwachung, Berlin.

Lück, W./Unmuth, A. (2006): Interne Revision (IR) und Risikomanagement, in: Zentrale Tätigkeitsbereiche der Internen Revision, hrsg. v. Lück, W., Berlin, S. 13-32.

Lück, W. (2009): Anforderungen an die Interne Revision: Grundsätze, Methoden, Perspektiven, Berlin.

Lunze, D./Girmscheid, G. (2009): Success Factors of Strategic System Service Oriented Cooperations - Lessons for the Construction Industry, in: Challenges, opportunities and solutions in structural engineering and construction, ISEC 05, Las Vegas, S. 835-840.

Maltz, E. (1997): An Enhanced Framework for Improving Cooperation Between Marketing and Other Functions: The Differential Role of Integrating Mechanisms, in: Journal of Market Focused Management, Volume 2, S. 83-98.

Maltz, E./Kohli, A. K. (1996): Market Intelligence Dissemination Across Functional Boundaries, in: Journal of Marketing Research, S. 47-61.

Marx, F.-J. (2007): Einfluss internationaler Prüfungsnormen auf die Interne Revision, in: Corporate Governance und Interne Revision, hrsg. v. Freidank, C.-C../Peemöller, V., 1. Auflage, Berlin, S. 927-944.

Mellewigt, T. (2003): Management von Strategischen Kooperationen – Eine ressourcen-orientierte Untersuchung in der Telekommunikationsbranche, Wiesbaden.

Mellewigt, T./Decker, C. (2006): Messung des Organisationserfolgs, in: Organisationscontrolling – Konzepte und Praxisbeispiele, hrsg. v. Werder, A.v./Stöber, H./Grundei, J., 1. Auflage, Wiesbaden, S. 51-82.

Morgan, R.M./Hunt, S.D. (1994): The Commitment-Trust Theory of Relationship Marketing, Journal of Marketing, Volume 58, S. 20-38.

Mosiek, T. (2002): Interne Kundenorientierung des Controlling, Frankfurt am Main.

Müller, N. (2006): Die Wirkung innovationsorientierter Kooperationsnetzwerke auf den Innovationserfolg, in: Neue Perspektiven des strategischen

Kompetenz-Managements, hrsg. v. Burmann, C. et al, 1. Auflage, Wiesbaden.

Müller-Stewens, G./Knoll, S. (2005): Erfolgreiches Management von Cross-Business-Synergien – Die Bedeutung des organisatorischen Kontextes, in: Handbuch strategisches Management, hrsg. v. Hungenberg, H./Meffert, J., 2. Auflage, Wiesbaden, S. 791-814.

Nedeß, S./Friedeland, A./Neumann, L. (2006): Management von Kooperationsrisiken in der Investitionsgüterindustrie, in: Innovative Kooperationsnetzwerke, Schriftenreihe der Hochschulgruppe für Arbeits- und Betriebsorganisation e.V, hrsg. v. Wojda, F./Barth,A, Wiesbaden.

Nicolai, A./Kieser, A. (2002): Trotz eklatanter Erfolgslosigkeit: Die Erfolgsfaktorenforschung weiter auf Erfolgskurs, in: Die Betriebswirtschaft (DBW), Jg. 62, S.579-596.

Nitzl, C. (2010): Eine anwenderorientierte Einführung in die Partial Least Square (PLS) – Methode, Arbeitspapier Nr. 21, Hamburg.

North, K. (2005): Wissensorientierte Unternehmensführung – Wertschöpfung durch Wissen, 4. Auflage, Wiesbaden.

Norusis, M. (1993): SPSS for WindowS. Professional StatisticS. Release 6.0, Chicago.

Nunnally, Jum C. (1978): Psychometric Theory, 2. Auflage, New York et al.

Oelsnitz, D. (2005): Kooperation: Entwicklung und Verknüpfung von Kernkompetenzen, in: Kooperationen, Allianzen und Netzwerke, hrsg. v. Zentes, J./Swoboda, B./Morschett, D., 2. Auflage, Wiesbaden, S. 183-210.

Paetzmann, K. (2007): Bedeutung der Internen Revision im Rahmen der Reformbestrebungen zur Verbesserung der Corporate Governance, in: Corporate Governance und Interne Revision, hrsg. v. Freidank, C.-C../Peemöller, V., 1. Auflage, Berlin, S. 17-46.

Panten, G./Boßow-Thies, S. (2007): Analyse kausaler Zusammenhänge mit Partial Least Square (PLS), in: Methodik der empirischen Forschung, hrsg. v. Albers S. et al, 2. Auflage, Wiesbaden, S.311-326.

Peemöller, V. (1995): Controlling und Interne Revision, in: Versicherungswirtschaft, S. 1250-1253.

Peemöller, V. (2001): Qualitätssicherung der Interne Revision, in: Betriebsberater, S. 1347-1353.

Peemöller, V. (2004): Interner Revisor, in: Wirtschaftsprüfung und Interne Revision, hrsg.v. Förschle, G./Peemöller, V., Heidelberg, S. 151-197.

Peemöller, V. (2007): Stand und Entwicklung der Internen Revision, in: Corporate Governance und Interne Revision, hrsg. v. Freidank, C.-C../Peemöller, V., 1. Auflage, Berlin, S. 1-17.

Peemöller, V./Richter, M. (2000): Entwicklungstendenzen in der Internen Revision – Chancen für die unternehmensinterne Überwachung, Berlin.

Penrose, E. (1959): The Theory of Growth of the Firm, New York.

Perlitz, M. (1997): Internationales Management, 5. Auflage, Stuttgart.

Pester, M. (1993): Das Prinzip Kooperation: Dimensionen strategischer Kooperation und ihre Relevanz für den genossenschaftlichen Finanzverbund, Regensburg.

Peterson, R. (1994): A Meta-Analysis of Cronbach`s Alpha, in: Journal of Consumer Research, Volume 21, S. 381-391.

Petry, T. (2006): Netzwerkstrategie – Kern eines integrierten Managements von Unternehmensnetzwerken, Wiesbaden.

Pfestorf, J. (1993): Revision und Controlling in einer Abteilung – Stellungnahme zu dem gleichnamigen Aufsatz von Dr. M. Hadaschick, in: Zeitschrift Interne Revision, 28. Jahrgang (1), S. 158-161.

Pfohl, H.-C. (2010): Logistiksysteme – Betriebswirtschaftliche Grundlagen, 8. Auflage, Heidelberg.

Pickett, K. H. (2005): The essential handbook of internal auditing, Hoboken, New Jersey.

Pietsch, G. (2003): Reflexionsorientiertes Controlling – Konzeption und Gestaltung, Wiesbaden.

Podsakoff, P. /Organ, D. (1986): Self-Reports in Organizational Research: Problems and Prospects, in: Journal of Management, S. 531-544.

Podsakoff, P./MacKenzie, S. B./Lee, J.-Y/Podsakoff, N. (2003): Common method bias in behavioral research: A critical review of the literature and recommended remedies, in: Journal of Applied Psychology, 88/2003, S. 879-903.

Porst, R. (2009): Fragebogen – Ein Arbeitsbuch, 2. Auflage, Wiesbaden.

Porschen, S. (2008): Austausch impliziten Erfahrungswissens, Wiesbaden.

Potzner, A. (2008): Innovationskooperationen entlang Supply Chains: Eine Analyse der europäischen Aviation-Industrie, Wiesbaden.

Preißler, P. (2007): Controlling - Lehrbuch und Intensivkurs, 13. Auflage, München.

Prenzler, C./David, U. (2003): Gestaltung von Controllerbereichen – Fallstudien in deutschen Unternehmen, in: Empirische Controllingforschung, hrsg. v. Weber, J./Kunz, J., Wiesbaden, S. 321-355.

Qureshi, I./Compeau, D. (2009): Assessing between-group differences in information systems research: A comparison of covariance- and component-bases SEM, in: Management Information Systems Quarterly, Vol. 33, No. 1, S. 197-214.

Raithel, J. (2008): Quantitative Forschung – Ein Praxiskurs, 2. Auflage, Wiesbaden.

Reichmann, T. (2001): Controlling mit Kennzahlen und Managementberichten, 6. Auflage, München.

Reimer, K. (2007): Bootstrapping und andere Resampling-Methoden, in: Methodik der empirischen Forschung, hrsg. v. Albers, S. et al, 2. Auflage, Wiesbaden, S.391-406.

Reinecke, J. (1999): Interaktionseffekte in Strukturgleichungsmodellen mit der Theorie des geplanten Verhaltens: Multiple Gruppenvergleiche und Produktterme mit latenten Variablen, in: ZUMA-Nachrichten, Jg. 23/1999, S. 88-114.

Reinecke, J. (2005): Strukturgleichungsmodelle in den Sozialwissenschaften, München.

Riesenhuber, F. (2007): Großzahlige empirische Forschung, in: Methodik der empirischen Forschung, hrsg. v. Albers, S. et al, 2. Auflage, Wiesbaden, S.1-16.

Ringle, C. M. (2004a): Messung von Kausalmodellen – Ein Methodenvergleich, Arbeitspapier Nr.14, Hamburg.

Ringle, C. M. (2004b): Gütemaße für den Partial Least Squares-Ansatz zur Bestimmung von Kausalmodellen, Arbeitspapier Nr.16, Hamburg.

Rittenberg, L./ Covaleski, M. (2001): Internalization versus externalization of the internal audit function: an examination of professional and organizational imperatives, in: Accounting, Organizations and Society, Volume 26, S. 617-641.

Rittenberg, L./Purdy, C. (1978): The Internal Auditor´s Role in MIS Developments, in: MIS Quarterly, Volume 2, No. 4, S. 47-57.

Rockart, J. F. (1971): Chief Executives define their own data needs, in: Harvard Business Review, Jg. 57, S.61-78.

Röderstein, R. (2009): Erfolgsfaktoren im Supply Chain Management der DIY-Branche, Wiesbaden.

Rossow, H. (1994): Entwicklung und Entwicklungsmöglichkeiten der Internen Revision als Systemelement des personalbezogenen Überwachungssystems, Berlin.

Rotering, C. (1990): Forschungs- und Entwicklungskooperationen zwischen Unternehmen: Eine empirische Analyse, Stuttgart.

Rothe, G. (1989): Jackknife und Bootstrap: Resamplingverfahren zur Genauigkeit von Parameterschätzungen, ZUMA-Arbeitsbericht Nr 89/04, Mannheim.

Schäffer, U./Binder, C./Gmür, M. (2006): Struktur und Entwicklung der Controllingforschung - Eine Zitations- und Kozitationsanalyse von Controllingbeiträgen in deutschsprachigen wissenschaftlichen Zeitschriften von 1970 bis 2003, in: Zeitschrift für Betriebswirtschaft, 76. Jahrgang, Heft 4/2006, S. 395-440.

Schartmann, B./Lindner, M. (2006): Prüfung des Internen Kontrollsystems durch die Interne Revision, in: Zentrale Tätigkeitsbereiche der Internen Revision, hrsg. v. Lück, W., Berlin, S. 33-62.

Scheer, L. (2008): Antezedenzen und Konsequenzen der Koordination von Unternehmensnetzwerken, Wiesbaden.

Schlick, C./Killich, S. (2006): Identifikation von Kooperationspotenzialen in bestehenden Netzwerken, in: Innovative Kooperationsnetzwerke, Schriftenreihe der Hochschulgruppe für Arbeits- und Betriebsorganisation e.V, hrsg. v. Wojda, F./Barth,A, Wiesbaden.

Schlüter, H. (2009): Interne Beratung durch den Controllerbereich: Messung-Wirkung-Determinanten, Wiesbaden.

Schmalen, C./Kunert, M./Weindlmaier, H. (2006): Erfolgsfaktorenforschung: Theoretische Grundlagen, methodische Vorgehensweise, in: Schriften der Gesellschaft für Wirtschafts- und Sozialwissenschaften des Landbaues e.V., Band 41, Münster-Hiltrup: Landwirtschaftsverlag, S. 351-362.

Schmid, R. (1990): Abgrenzung von Controlling und Interner Revision, in: Handbuch Controlling, hrsg. v. Mayer, E./Weber, J., Stuttgart, S. 381-391.

Schmitz, T./Wehrheim, M. (2006): Risikomanagement: Grundlagen - Theorie – Praxis, Stuttgart.

Schnell, R./Hill, P./Esser, E. (2008): Methoden der empirischen Sozialforschung, 8. Auflage, München.

Schneider, J. (2000): Erfolgsfaktoren der Unternehmensüberwachung: Coporate Governance aktienrechtlicher Aufsichtsorgane im internationalen Vergleich, Berlin.

Schneider, T. (2003): Controlling und Interne Revision im Internen Kontrollsystem, in: Der Schweizer Treuhänder, Jg. 1-2, S. 33-40.

Schögel, M. (2006): Kooperationsfähigkeiten im Marketing, Wiesbaden.

Scholderer, J./Balderjahn, I. (2006): Was unterscheidet harte und weiche Strukturgleichungsmodelle nun wirklich? Ein Klärungsversuch zur LISREL-PLS-Frage, in: Marketing ZFP, Jg. 26, S. 57-70.

Scholta, C. (2005): Erfolgsfaktoren unternehmensübergreifender Kooperation am Beispiel der mittelständischen Automobilindustrie in Sachsen, in: Wissenschaftliche Schriftenreihe des Instituts für Betriebswissenschaften und Fabriksysteme, Heft 48, Chemnitz.

Schroeter, B. (2002): Operatives Controlling: Aufgaben, Objekte, Instrumente, Wiesbaden.

Schuster, H. (1998): Kooperation zwischen internen Service-Bereichen, Wiesbaden.

Siebert, H. (2010): Ökonomische Analyse von Unternehmensnetzwerken, in: Management von Netzwerkorganisationen hrsg. v. Sydow, J., 5. Aufl., Wiesbaden.

Sill, F. (2008): Controllerbereichserfolg aus Sicht des Managements – Eine empirische Analyse, Vallendar.

Simonin, B. (1997): The Importance of Collaborative Know-How: An empirical Test of the Learning Organization, in: Academy of Management Journal, Volume 40 (5), S. 1150-1174.

Sisaye, S. (2001): Organizational Change and Development in Management Control Systems: Process Innovation for Internal Auditing and Management Accounting, in: Studies in Managerial and Financial Accounting, Volume 10, Oxford.

Spillecke, D. (2006): Interne Kundenorientierung des Controllerbereichs, Wiesbaden.

Spiller, K. (1975): Interne Revision und Controlling - Praktische Erfahrungen in einem deutschen Unternehmen, in: Zeitschrift Interne Revision, Jahrgang 10 (2), S. 65-72.

Söhnchen, F. (2009): Common Method Variance und Single Source Bias, in: Methodik der empirischen Forschung, hrsg. v. Albers, S. et al, 3. Auflage, Wiesbaden, S.137-152.

Staats, S. (2009): Metriken zur Messung von Effizienz und Effektivität von Konfigurationsmanagement- und Qualitätsmanagementverfahren, in: Wismarer Schriften zu Management und Recht, hrsg. v. Kramer, J. et al., Bremen.

Steenkamp, J./Baumgartner, H. (1998): Assessing measurement invariance in crossnational consumer research. In: Journal of Consumer Research, Vol.25, S. 78-90.

Stone, M. (1974): Cross-validatory choice and assessment of statistical predictions, Journal of the Royal Statistical Society, Series B, Jg. 36, H. 2, S. 111 ff.

Swoboda, B. (2005): Kooperationen: Erklärungsperspektiven grundlegender Theorien, Ansätze und Konzepte im Überblick, in: Kooperationen, Allianzen und Netzwerke, hrsg. v. Zentes, J./Swoboda, B./Morschett, D., 2. Auflage, Wiesbaden, S. 35-64.

Teichert, T. (1997): Success potential of international R&D co-operations, in: International Journal of Technology Management, 14 (6/7/8), S. 804-821.

Temme, D./Kreis, H. (2005): Der PLS-Ansatz zur Schätzung von Strukturgleichungsmodellen mit latenten Variablen: Ein Softwareüberblick, in:

Handbuch PLS-Pfadmodellierung – Methode, Anwendung, Praxisbeispiele, hrsg. v. Bliemel, F. et al., Stuttgart.

Theurl, T./Meyer, E. C. (2004): Kooperationscontrolling und Verrechnungspreise, in: Trendberichte zum Controlling – Festschrift für Heinz Lothar Grob, hrsg. v. Bensberg, F. et al., Heidelberg.

Thompson, J./Martin, F. (2005): Strategic Management – Awarenessand Change, 5th Edition, London

Tjaden, G. (2003): Erfolgsfaktoren virtueller Unternehmen – Eine theoretische und empirische Untersuchung, Wiesbaden.

Toutenburg, H./Heumann, C. (2008): Induktive Statistik – Eine Einführung mit R und SPSS für Windows, 4. Auflage, Berlin et al.

Wallenburg, C. M./Weber, J. (2005): Kooperation in Logistik und Supply Chain Mangement, in: Kooperationen, Allianzen und Netzwerke, hrsg. v. Zentes, J./Swoboda, B./Morschett, D., 2. Auflage, Wiesbaden.

Weber, J. (2004): Einführung in das Controlling, Stuttgart.

Weber, J. (2008): Das Advanced-Controlling-Handbuch Volume 2: Richtungsweisende Konzepte, Steuerungssysteme und Instrumente, Weinheim 2008.

Weber, J. (2009): Erfolg der Controller: Wie Controller zum Unternehmenserfolg beitragen, Weinheim 2009.

Weber, J./Hirsch, B./Rambusch, R./Schlüter, H./Sill, F./Spatz, A. (2006): Controlling 2006 - Stand und Perspektiven, Vallendar 2006.

Weber, J./Schäffer, U. (1999): Sicherstellung der Rationalität von Führung als Aufgabe des Controlling?, in: Die Betriebswirtschaft (DBW), 59. Jahrgang, Heft 6, S. 731-747.

Weber, J./Schäffer, U. (2000): Balanced Scorecard & Controlling - Implementierung - Nutzen für Manager und Controller – Erfahrungen in deutschen Unternehmen, Wiesbaden.

Weber, J./Schäffer, U. (2001): Rationalitätssicherung der Führung – Beiträge zu einer Theorie des Controlling, Wiesbaden.

Weber, J./Schäffer, U. (2006): Einführung in das Controlling, Stuttgart.

Weiber, R./Mühlhaus, D. (2010): Strukturgleichungsmodellierung: Eine anwendungsorientierte Einführung in die Kausalanalyse mit Hilfe von AMOS, Smart PLS und SPSS, Heidelberg.

Weißenberger, B. (1997): Die Informationsbeziehung zwischen Management und Rechnungswesen – Analyse institutionaler Koordination, Wiesbaden.

Weißenberger, B. (2002): Controlling als Teilgebiet der Betriebswirtschaftslehre – Konzeptionelle Einordnung und Konsequenzen, in: Controlling als akademische Disziplin- Eine Bestandsaufnahme, hrsg. v. Weber, J./Hirsch, B., Wiesbaden, S. 389-408.

Weißenberger, B. (2004): Theoretische Grundlagen der Erfolgsmessung im Controlling, in. Controlling – Theorie und Konzeption, hrsg. v. Scherm, E./Pietsch, G., München, S. 289-313.

Weißenberger, B. (2005): Controlling unter IFRS – Möglichkeiten und Grenzen einer integrierten Unternehmensrechnung, in: Internationalisierung des Controllings, hrsg. v. Weber, J./Meyer, M., Wiesbaden, S. 185-212.

Weißenberger, B. (2006): Ergebnisrechnung nach IFRS und interne Performancemessung, in: Controlling und IFRS-Rechnungslegung: Konzepte, Schnittstellen, Umsetzung, hrsg. v. Wagenhofer, A., Berlin, S. 49-79.

Weißenberger, B. (2007): IFRS für Controller: Alles, was Controller über IFRS wissen müssen, München.

Weißenberger, B./Angelkort, H. (2007): Controller Excellence unter IFRS in Österreich – Eine Studie der Justus-Liebig-Universität Gießen mit Unterstützung des Österreichischen Controller-Instituts, Wien.

Weißenberger, B./Löhr, B. (2008): Verzahnung des Risikocontrollings mit den traditionellen Controllingaktivitäten: Konzeptionelle Gestaltungsvorschläge und Status quo im deutschsprachigen Raum, Working Paper 4/2008.

White, S./ Lui, S. (2005): Distinguishing Costs Of Cooperation And Control In Alliances, in: Strategic Management Journal, Volume 26 (10), S. 913-932.

Wohlgemuth, O. (2002): Management netzwerkartiger Kooperation, Wiesbaden.

Wold, H. (1966): Estimation of Principal Components and Related Models by Iterative Least Squares, in: Multivariate Analysis, hrsg. v. Krishnaiah /P., New York, S. 391-420.

Wold, H. (1980): Model construction and evaluation when theoretical knowledge is scarce: Theory and application of partial least squares, in: Evaluation of econometric models, hrsg. v. Kmenta, K./Ramsey, J., New York, S. 47-74.

Wold, H. (1982): Soft Modeling: The Basic Design and Some Extensions, in: Systems Under Direct Observations: Causality, Structure, Prediction, Part 2, hrsg. v. Jöreskog K./Wold, H., Amsterdam, S. 1-54.

Wolff, C. (2005): Stabilität und Flexibilität von Kooperationen, München.

Woratschek, H./Roth, S. (2005): Kooperation: Erklärungsperspektive der Neuen Institutionenökonomik, in: Kooperationen, Allianzen und Netzwerke, hrsg. v. Zentes, J./Swoboda, B./Morschett, D., 2. Auflage, Wiesbaden, S. 141-166.

Wufka, C. (2007): Marketing-Controlling in jungen Wachstumsunternehmen – Eine Fallstudienanalyse mit Internet-Unternehmen, Aachen 2007.

Xie, J./Song, M./Stringfellow, A. (2003): Antecendents and Consequences of Goal Incongruity on New Product Development in Five Countries: A Marketing View, in: Journal of Product Innovation Management, S. 233-250.

Zentes, J./Swoboda, B./Morschett, D. (2005): Perspektiven der Führung kooperativer Systeme, in: Kooperationen, Allianzen und Netzwerke, hrsg. v. Zentes, J./Swoboda, B./Morschett, D., 2. Auflage, Wiesbaden, S. 935-962.

Zimmermann, D. (2000): Führung und Zusammenarbeit in mittelständischen Unternehmen, in: Kompetenzen entwickeln – Veränderungen gestalten, hrsg. v. Arbeitsgemeinschaft Betriebliche Weiterbildungsforschung e.V., Berlin.

Zünd, A. (1973): Kontrolle und Revision in der multinationalen Unternehmung – Die Überwachung als Führungsmittel internationaler Konzerne, in: Schriftenreihe „Planung und Kontrolle in der Unternehmung", hrsg. v. Haupt, P., Bern/Stuttgart.

Rechtsquellenverzeichnis

Aktiengesetz (AktG): in der Fassung v. 06.09.1965 (BGBl. I S. 1089) zuletzt geändert 31.07.2009 (BGBl. I S. 2509).

Deutscher Bundestag (Gesetzesbegründung): Gesetzentwurf der Bundesregierung, Entwurf eines Gesetzes zur Kontrolle und Transparenz im Unternehmensbereich (KonTraG), Drucksache 13/9712, 1998.

IIR Revisionsstandards: hrsg. v. Deutsches Institut für Interne Revision e.V., Frankfurt am Main 2011.

Kreditwesengesetz (KWG): in der Fassung v. 09.09.1998 (BGBl. I S. 2776) zuletzt geändert 23.10.2008 (BGBl. I S. 2026).

Mindestanforderungen an das Risikomanagement (MaRisk): BaFin Rundschreiben R05/2007 v. 30.07.2007.

Standards for the Professional Practice of Internal Auditing: hrsg. v. Institute of Internal Auditors Altamonte Springs 2011.

Controlling & Business Accounting

Herausgegeben von Prof. Dr. Barbara E. Weißenberger

Band 1 Michael Maier: Der Management Approach. Herausforderungen für Controller und Abschlußprüfer im Kontext der IFRS-Finanzberichterstattung. 2009.

Band 2 Christoph Gehrig: Anwendungssystemgestütztes strategisches Controlling. Konzeption und empirische Erkenntnisse. 2009.

Band 3 Hendrik Angelkort: Integration des Rechnungswesens als Erfolgsfaktor für die Controllerarbeit. Eine empirische Untersuchung deutscher Großunternehmen. 2010.

Band 4 Benjamin W. Löhr: Integriertes Risikocontrolling für Industrieunternehmen. Eine normative Konzeption im Kontext der empirischen Controllingforschung von 1990 bis 2009. 2010.

Band 5 Jochen A. Hönninger: Wertorientierte Steuerung dezentraler Entscheidungsträger im Produktlebenszyklus. Integration von wertorientierter Unternehmenssteuerung und strategischem Kosten- und Erlösmanagement auf Produktebene. 2010.

Band 6 Sebastian Wolf: Management Accountants' Business Orientation and Involvement in Incentive Compensation. Empirical Results from a Cross-Sectional Survey. 2011.

Band 7 Timo Schmidt: Corporate Governance, Controlling und Unternehmenserfolg. Konzeptionelle Gestaltung und empirische Analyse. 2011.

Band 8 Tom Sieber: Strategieorientierte Berichterstattung im Lagebericht. Eine empirische Untersuchung börsennotierter Unternehmen in Deutschland. 2011.

Band 9 Martin A. Binner: Erfolgsfaktoren und Auswirkungen der Kooperation von Controllerbereich und Interner Revision. Eine empirische Untersuchung deutscher Unternehmen. 2013.

www.peterlang.de